高等职业教育工程造价专业“十三五”精品教材

公路工程造价实训指导

主　编　陈桂珍　王正芬　周海芸

西南交通大学出版社
·成　都·

图书在版编目（CIP）数据

公路工程造价实训指导 / 陈桂珍，王正芬，周海芸主编. —成都：西南交通大学出版社，2020.9
ISBN 978-7-5643-7468-6

Ⅰ. ①公… Ⅱ. ①陈… ②王… ③周… Ⅲ. ①道路工程 – 工程造价 Ⅳ. ①U415.13

中国版本图书馆 CIP 数据核字（2020）第 102348 号

Gonglu Gongcheng Zaojia Shixun Zhidao

公路工程造价实训指导

主编　陈桂珍　王正芬　周海芸

责任编辑	杨　勇
封面设计	墨创文化
出版发行	西南交通大学出版社 （四川省成都市金牛区二环路北一段 111 号 西南交通大学创新大厦 21 楼）
发行部电话	028-87600564　028-87600533
邮政编码	610031
网　　址	http://www.xnjdcbs.com
印　　刷	四川森林印务有限责任公司
成品尺寸	185 mm × 260 mm
印　　张	12
字　　数	301 千
版　　次	2020 年 9 月第 1 版
印　　次	2020 年 9 月第 1 次
书　　号	ISBN 978-7-5643-7468-6
定　　价	29.00 元

课件咨询电话：028-81435775
图书如有印装质量问题　本社负责退换

前　言

“公路工程造价编制实训”是道路与桥梁工程技术专业、工程造价专业（公路方向）的一门实践技能必修课。本指导是根据云南交通职业技术学院审定的“公路工程概预算编制（实践部分）”教学大纲编写的，本指导书主要以已建项目路线工程和桥梁工程施工图预算文件编制的实例介绍其编制方法，使读者学习之后能独立参照进行公路工程造价编制，实训的学习，掌握我国现行的公路建设造价文件编制方法。

本书主要以已建公路路线工程、桥梁工程施工图预算文件编制的实例，介绍其编制方法、编制造价文件之前应该准备的资料、编制造价时工程施工方案拟订、工程属性表填写等知识。本书介绍了工程造价软件操作技能和方法，目的是让读者对整个桥梁（路线）工程建设项目及对整个编制过程有一个全面的了解，掌握工程造价编制基本方法与步骤，以便进一步掌握造价编制技能，并能够熟练应用造价软件，以提高造价文件的编制质量，重点使读者学习之后能独立参照进行公路工程、桥梁建设项目造价文件的编制。为了实现这一目的，书中还编写有公路工程造价编制实训任务书，并分别附有路线工程和桥梁两个工程项目的施工图文件相关资料，以便学习者进行造价软件学习上机练习之用。

本书是以交通运输部 2018 年颁布的《公路工程预算定额》《公路工程建设工程概算预算编制办法》等和 2019 年国家有关法律法规及工程造价软件编写的。

公路工程造价编制实训指导，是指引道路桥梁与工程技术专业学生进一步掌握编制公路建设项目工程造价方法和造价软件基本操作技能为主的实训课程的指导手册。公路工程造价编制实训时间为1至2周，技能目标是：学生能熟练使用公路基本建设工程概预算编制办法、公路工程定额及国家相关法律、法规，应用造价软件进行工程概、预算文件的编制。

全书由云南交通职业技术学院陈桂珍、王正芬、周海芸主编，由云南交通职业技术学院周荣英主审。全书由陈桂珍统稿。具体编写分工为：第1章1.2、第2章、第4章4.1实训任务2、4.2及附录1、附录2由陈桂珍编写；第1章1.1、第4章4.1及实训任务1由王正芬编写；第3章由周海芸编写。

编　者

2019年12月

目 录

第 1 章 公路工程施工图预算案例

1.1　公路路线工程施工图预算编制案例

1.1.1　项目工程背景

1. 工程概况

元江—红河二级公路，路线起于云南省元江县华侨农场 K0 + 000（H = 380 m）沿老路改建，于 K38 + 300（H = 360 m）进入红河县境内，在 K48 + 500 升坡达红河县城 K63 + 500 后，再沿原有公路左侧山坡布线下坡至路线止点土台。全线海拔最高点 K63 + 500，H = 930 m。最低点 K50 + 000，H = 380 m（坝罕）。

元江—红河二级公路（第六合同段）：K59 + 750 ~ K71 + 992　混合交通量为 1 745 辆/昼夜，路基宽 12 m，路面结构采用沥青混凝土路面，厚度为（3 + 5）cm，3 cm 细粒式沥青碎石，下面层用 5 cm 粗粒式沥青碎石。基层采用 32 cm 水泥稳定碎石，水泥含量 6%，200 t/h 的拌和机拌和；垫层为 12 cm 级配碎石。本合同段共有大、中、小桥 17 座，长 1 697 m，本案例不包括桥梁部分。

2. 主要工程数量

1）临时工程

施工便道 10.34 km（有路面），便桥 45 m。

2）路基工程

3）路面工程

4）涵洞工程

5）用地及拆迁补偿表

相关工程数量表见表 1-1 ~ 表 1-9，用地及拆迁补偿表见表 1-10。

表 1-1　路基每千米土石方数量汇总表

起讫里程	挖方/m^3							填方/m^3							弃方/m^3		计价方总数/m^3		总运量/（m^3/km）	
	总数量	土方			石方			总数量	本桩利用		纵向利用		借方							
		Ⅰ	Ⅱ	Ⅲ	Ⅳ	Ⅴ	Ⅵ		土	石	土	石	土	石	土	石	土	石	土	石
1	2	3	4	5	6	7	8	9	10	11	12	13	14	15	16	17	18	19	20	21
K59＋750～K71＋992																				
合计	1 874 312	196 803	459 208	656 012	449 832	112 457		1 139 911	73 518	14 721	778 965	327 838			459 540	247 135	1 312 023	562 289	2 310 825	1 035 616

表 1-2　截水沟、跌水槽工程数量表

起止桩号	长度/m	截水沟工程数量					跌水槽工程数量		
		7.5 号浆砌片石/m^3	C15 混凝土/m^3	10 号砂浆抹面/m^2	勾缝/m^2	挖基/m^3	7.5 号浆砌片石/m^3	10 号砂浆抹面/m^2	挖基/m^3
1	2	3	4	5	6	7	8	9	10
K59＋750～71＋992									
合　计	6 120	4 480	1 553	8 201	8 630	7 528	206	504	331

表 1-3　石砌边沟工程数量表

起止桩号	长度/m	7.5 号浆砌片石/m^3	10 号砂浆抹面/m^2	勾缝/m^2
K59＋750～K71＋992				
合　计	15 412	13 112	16 996	18 612

表 1-4　特殊路基设计工程数量表（上路床处理）

起止桩号	处理类型	采用图号	长度/m	宽度/m	工程项目及数量	
					碎石垫层/m^3	清淤泥土/m^3
	换填	S4-9-1				
合计			990	12	36 828	36 828

表 1-5　挡土墙工程数量汇总表（下挡墙）

单位：m^3

起止桩号	墙长/m	墙身/m^3		基础/m^3	抹面/m^2	勾缝面积/m^2	挖基		回填/m^3	基底面积/m^2	泄水孔	
		块石	片石				土	软石			回填砂砾/m^3	油毡/m^2
1	2	3	4	5	6	7	8	9	10	11	12	13
合　计	2 180	8 987	13 482	5 343	1 384	8 934	6 760	1 690	19 012	5 670	12 042	13 380

表 1-6　桩板墙（下挡）工程数量表

起止桩号	墙长/m	工程数量							
		C30 混凝土/m^3		ϕ32 钢筋/kg	ϕ25 钢筋/kg	ϕ16 钢筋/kg	ϕ18 钢筋/kg	ϕ8 钢筋/kg	挖基/m^3
		地下	地上						
1	2	3	4	5	6	7	8	9	10
合　计	366	415	4 556	58 057	41 637	79 306	16 723	14 683	3 145

表 1-7 拱形格植草护坡工程数量表

起止桩号	长度/m	拱形格植草护坡工程数量					急流槽工程数量		
		护坡面积/m^2	挖基/m^3	10 号浆砌片石/m^3	C25 混凝土/m^3	植草/m^2	C25 混凝土/m^3	砂垫层/m^3	挖基/m^3
1	2	3	4	5	6	7	8	9	10
合 计	13 737	171 450	26 146	16 339	451	13 157	112	42	278

表 1-8 路面工程数量表

起止桩号	铺筑长度/m	12 cm 级配碎石垫层	32 cm 水泥稳定碎石基层（水泥含量 6%，厂拌设备 200 t/h）	沥青混凝土（拌和设备生产能力 160 t/h）		透层	粘层	路缘石	
		面积/m^2	面积/m^2	5 cm 中粒式	3 cm 细粒式	面积/m^2	面积/m^2	7.5 号浆砌片石/m^3	10 号砂浆抹面/m^2
				面积/m^2	面积/m^2				
1	2	3	4	5	6	7	8	9	10
K59 + 750 ~ K71 + 992									
合计	12 242	160 540	154 070	147 860	147 860	147 860	147 860	1 095	1 309

表 1-9　涵洞工程数量表

序号	涵长/m	结构类型	进出口形式		工程数量（除钢筋单位为 kg 外，其余均为 m^3）												
					挖基		洞身部分					洞口部分					附属工程
			一字跌井	八字墙、挡墙	石方	土方	钢筋		C35 混凝土盖板	涵台基础	涵台身	铺底	墙身	墙基础	帽石	铺底	
							光圆	带肋		片石	片块石	片石	片块石	片石	C20 混凝土	块石	
1	2	3	4	5	6	7	8	9	10	11	12	13	14	15	16	17	
1～28		钢筋混凝土盖板涵															
合计	401				2 375	5 059	1 600	12 037	215	713	2 442	318	546	113	44	143	

注：构件运输 3 km。

表 1-10　用地及拆迁补偿表

用地补偿				拆迁补偿			
名称	单位	数量	单价/(元/亩)	名称	单位	数量	单价
水田	亩[①]	8	26 400	砖瓦房	m^2	250	850 元/m^2
旱地	亩	12	18 500	电杆	棵	4	28 00 元/棵
林地	亩	87	8 000	水池	m^3	4 38/2	150 元/m^3
荒山	亩	475	500	电线	m	200	8 元/m
鱼塘	亩	1.23	35 000				
甘蔗地	亩	14	30 000				
果树	棵	380	80（元/棵）				

注：① 1 亩≈666.67 m^2。

1.1.2　造价编制准备

1. 拟订施工方案

（1）对路基土石方，根据土石的工程分别与类别按规范要求进行鉴定。挖方主要采用 135 kW 推土机、3 m^3 装载机、12 t 自卸汽车配合施工，土方 90% 的机械施工、10% 的人工施工，石方 75% 的机械施工、25% 的人工施工；利用方要考虑天然密实与压实方之间的换算，填方主要是利用方考虑采用 15 t 的压路机压实。弃方本合同段设有弃土场 9 处。

（2）排水工程和防护工程主要采用人工施工。

（3）路面工程拌和站设在 K64 + 500 处，支线距离 0.1 km。拌和站需平整碾压场地，并考虑 30% 的厚 15 cm 的碎石垫层。

（4）涵洞工程主要采用人工施工，盖板的预制由于本合同段有 17 座大、中、小桥梁，所以不考虑单独设置预制场地，在桥梁预制场内一并考虑。

2. 本项目工程属性

（1）本合同段属于一般二级公路、改建工程。

（2）按《云南省基本建设工程概预算编制办法》补充规定属于二类工程。

（3）地形属于山岭重丘区，路基宽 12 m。路面采用沥青混凝土路面，厚度为（3 + 5）cm，基层为水泥稳定碎石，厚度为 32 cm，垫层为 12 cm 级配碎石。

1.1.3　施工图预算编制

施工图预算编制说明

1. 工程概况

元江—红河二级公路，路线起于元江县华侨农场 K0 + 000（H = 380 m），沿老路改建，于 K38 + 300（H = 360 m）进入红河县境内，在 K48 + 500 升坡达红河县城 K63 + 500 后，再沿原有公路左侧山坡布线降坡至止点土台。全线海拔最高点 K63 + 500，H = 930 m，最低点 K50 + 000，H = 380 m（坝罕）。

元江—红河二级公路（第六合同段）：K59 + 750 ~ K71 + 992　混合交通量为 1 745 辆/昼夜，路基宽 12 m，路面结构采用沥青混凝土路面，厚度为（3 + 5）cm，3 cm 细粒式沥青碎石，下层用 5 cm 粗粒式沥青碎石。基层采用 32 cm 水泥稳定碎石，水泥含量 6%，200 t/h 的拌和机拌和；垫层为 12 cm 级配碎石。

本合同段共有大、中、小桥 17 座，长 1 697 m，本案例不包括桥梁部分。

2. 编制依据

（1）本项目施工图设计文件资料。

（2）交通运输部的 JTG/T 3832—2018《公路工程预算定额》。

（3）交通运输部的 JTG/T 3833—2018《公路工程机械台班费用定额》。

（4）交通运输部的 JTG 3830—2018《公路工程建设项目概算预算编制办法》。

（5）云交基建〔2019〕34 号《云南省公路建设项目估算概算预算编制办法》补充规定。

3. 相关费率

（1）人工费按云交基建〔2019〕34 号《云南省公路建设项目估算概算预算编制办法》补充规定取 90.18 元/工日。

（2）自采材料按实地调查单价分析综合计算，运距 5 km。

（3）其余材料的供应价，按云南省交通运输厅公路工程定额管理局发布的 2019 年第 3 期《云南省交通运输工程材料及设备指导价》（云交造价〔2019〕52 号）计取。

（4）运杂费按云交基建〔2019〕34 号《云南省公路基本建设项目估算概算预算编制办法》补充规定计取。

（5）措施费费率按云交基建〔2019〕4 号《云南省公路基本建设项目估算概算预算编制办法》补充规定计取。

（6）车船使用税按《云南省人民政府关于车船税政策管理有关事项的通知》（云政发〔2011〕244 号）计算。

（7）主副食运费补贴费率按综合里程 5 km 计。

（8）规费费率和企业管理费费率、辅助生产间接费费率、利润按云交基建〔2019〕34 号《云南省公路基本建设项目估算概算预算编制办法》补充规定计取。

（9）征地补偿费用按 2014 年云南省土地补偿标准计取。

（10）建设项目管理费按云交基建〔2019〕34 号《云南省公路基本建设项目估算概算预算编制办法补充规定》计算。

（11）根据环境影响咨询收费标准及水利部保监〔2005〕22 号文计取环境影响评估费和水土保持评估费。

（12）环境影响评价费、水土保持评估费、地质灾害危险性评价、林地可行性研究报告编制费等专项评估费按合同计列。

4. 编制成果

总预算金额为 14 400.20 万元，平均每千米造价 1 176.30 万元。第一部分建筑安装工程费 12 864.71 万元；第二部分土地征用及拆迁补偿费 215.12 万元；第三部分工程建设其他费用 900.96 万元；第四部分预备费 419.42 万元。未计第五部分建设期贷款利息。

工程所需：人工 187 965 工日，HPB300 钢筋 58 t，HPB400 钢筋 171 t，32.5 级水泥 14 990 t，42.5 级水泥 251 t，原木 119 m^3，锯材 100 m^3，石油沥青 1 573 t。

1.1.4 路线工程施工图预算编制详表

具体预算编制详见以下预算文件成果表（部分）。

表 A.0.2-5 总预算表

建设项目名称：元江—红河二级公路（第六合同段）

编制范围：第六合同段　　　　第 1 页 共 3 页　　　　01 表

分项编号	工程或费用名称	单位	数量	金额/元	技术经济指标	各项费用比例/%	备注
1	第一部分 建筑安装工程费	公路公里	12.242	128 647 066	10 508 664.126	89.34	建设项目路线总长度（主线长度）
101	临时工程	公路公里	12.242	801 247	65 450.629	0.56	
10101	临时道路	km	10.34	709 237	68 591.539	0.49	
1010101	临时便道（修建、拆除与维护）	km	10.34	709 237	68 591.539	0.49	
10102	临时便桥、便涵	m/座	45/1	92 010	2 044.669/92 010.089	0.06	
1010201	临时便桥	m/座	45/1	92 010	2 044.669/92 010.089	0.06	
102	路基工程	km	12.242	78 853 144	6 441 197.833	54.76	
LJ02	路基挖方	m^3	1 874 312	34 924 713	18.633	24.25	
LJ0201	挖土方	m^3	1 312 023	18 154 252	13.837	12.61	
LJ0202	挖石方	m^3	562 289	16 770 461	29.825	11.65	
LJ03	路基填方	m^3	1 139 911	6 598 158	5.788	4.58	
LJ0301	利用土方填筑	m^3	767 564	4 069 934	5.302	2.83	
LJ0303	利用石方填筑	m^3	372 347	2 528 224	6.79	1.76	
LJ05	特殊路基处理	km	0.99	8 249 821	8 333 152.569	5.73	
LJ0501	软土地区路基处理	km	0.99	8 249 821	8 333 152.569	5.73	
LJ050102	垫层（软基处理）	m^3	36 828	8 249 821	224.009	5.73	
LJ06	排水工程	km	12.242	7 029 021	574 172.631	4.88	
LJ0601	边沟	m^3/m	12.242	4 508 221	368 258.54	3.13	
LJ060103	浆砌片片石边沟	m^3/m	13 112/15 412	4 508 221	343.824/292.514	3.13	
LJ0603	截水沟	m^3/m	6 033/6 121	2 520 800	417.835/411.828	1.75	
LJ060302	浆砌片（块）石截水沟	m^3/m	6 033/6 121	2 520 800	417.835/411.828	1.75	
LJ07	路基防护与加固工程	km	12.242	22 051 431	1 801 293.182	15.31	
LJ0701	挡土墙	m^3	27812	9 750 804	350.597	6.77	
LJ0702	高边坡防护与加固	km/处	12.242	12 300 627	1 004 789.046	8.54	

编制：王正芬　　　　复核：

表 A.0.2-5　总预算表

建设项目名称：元江—红河二级公路（第六合同段）

编制范围：第六合同段　　　　第 2 页共 3 页　　　　01 表

分项编号	工程或费用名称	单位	数量	金额/元	技术经济指标	各项费用比例/%	备注
LJ070201	桩板墙	m	366	5 380 048	14 699.585	3.74	
LJ070202	拱形格植草护坡	m	13 737	6 920 579	503.791	4.81	
103	路面工程	km	12.242	36 166 111	2 954 264.872	25.11	
LM01	沥青混凝土路面	km	12.242	36 166 111	2 954 264.872	25.11	
LM0101	路面垫层	m^2	160 540	5 249 849	32.701	3.65	
LM010101	12 cm 级配碎石垫层	m^2	160 540	5 249 849	32.701	3.65	
LM0103	路面基层	m^2	154 070	16 816 341	109.147	11.68	
LM010302	32 cm 水泥稳定碎石基层（水泥含量 6%）	m^2	154 070	16 816 341	109.147	11.68	
LM0104	透层、粘层、封层	m^2	147 860	1 029 486	6.963	0.71	
LM010401	透层	m^2	147 860	704 614	4.765	0.49	
LM010402	粘层	m^2	147 860	324 872	2.197	0.23	
LM0105	沥青混凝土面层	m^2	147 860	12 681 145	85.765	8.81	
LM010502	5 cm 中粒式沥青混凝土面层	m^2	147 860	7 342 186	49.656	5.10	
LM010503	3 cm 细粒式沥青混凝土面层	m^2	147 860	4 589 126	31.037	3.19	
LM010504	沥青混合料拌和设备安拆	座	1	749 832	749 832.43	0.52	
LM0106	路缘石	m^3	1 095	389 290	355.516	0.27	
104	桥梁涵洞工程	km	12.241	2 144 669	175 203.74	1.49	
10401	涵洞工程	m/道	401/28	2 144 669	5 348.302/76 595.321	1.49	
HD02	盖板涵	m/道	401/28	2 144 669	5 348.302/76 595.321	1.49	
110	专项费用	元		4 681 896		3.25	
11001	施工场地建设费	元		2 780 708		1.93	
11002	安全生产费	元		1 901 188		1.32	
111	设备购置费	元	12.242	6 000 000	490 115.994	4.17	
2	第二部分　土地征用及拆迁补偿费	公路公里	12.242	2 151 150	175 718.837	1.49	

编制：王正芬　　　　复核：

表 A.0.2-5　总预算表

建设项目名称：元江—红河二级公路（第六合同段）

编制范围：第六合同段　　　　第 3 页共 3 页　　　　01 表

分项编号	工程或费用名称	单位	数量	金额/元	技术经济指标	各项费用比例/%	备注
201	土地使用费	亩		1 860 150		1.29	
20101	永久征用土地	亩		1 860 150		1.29	
2010101	土地补偿费	亩		1 860 150		1.29	
202	拆迁补偿费	公路公里	12.242	291 000	23 770.626	0.20	
3	第三部分　工程建设其他费用	公路公里	12.242	9 009 584	735 956.862	6.26	
301	建设项目管理费	公路公里	12.242	6 100 388	498 316.268	4.24	
30101	建设单位（业主）管理费	公路公里	12.242	3 182 936	260 001.273	2.21	
30102	建设项目信息化费	公路公里	12.242	367 003	29 979.01	0.25	
30103	工程监理费	公路公里	12.242	2 298 931	187 790.501	1.60	
30104	设计文件审查费	公路公里	12.242	82 578	6 745.484	0.06	
30105	竣（交）工验收试验检测费	公路公里	12.242	168 940	13 800	0.12	
303	建设项目前期工作费	公路公里	12.242	2 814 811	229 930.617	1.95	
304	专项评价（估）费	公路公里	12.242				
30401	环境影响评价费	元					
30402	水土保持评估费	元					
305	联合试运转费	公路公里	12.242	44 683	3 649.977	0.03	
306	生产准备费	公路公里	12.242	49 703	4 060	0.03	
30602	办公和生活用家具购置费	公路公里	12.242	49 703	4 060	0.03	
30603	生产人员培训费	公路公里	12.242				
4	第四部分　预备费	公路公里	12.242	4 194 234	342 610.195	2.91	
401	基本预备费	元		4 194 234		2.91	
5	第一至四部分合计	公路公里	12.242	144 002 034	11 762 950.02	100.00	
7	公路基本造价	公路公里	12.242	144 002 034	11 762 950.02	100.00	

编制：王正芬　　　　复核：

表 A.0.2-6　人工、主要材料、施工机械台班数量汇总表

建设项目名称：元江—红河二级公路（第六合同段）

编制范围：第六合同段　　　　第 1 页共 6 页　　　　02 表

代号	规格名称	单位	单价/元	总数量	分项统计									场外运输损耗	
					临时工程	路基工程	路面工程	桥梁涵洞工程	专项费用	设备购置费			辅助生产	%	数量
1001001	人工	工日	90.18	187 965.361	1 749.346	121 718.063	5 493.629	6 070.321					52 934.002		
1051001	机械工	工日	90.18	64 092.344	380.232	37 113.558	2 859.528	186.959					23 552.067		
1517001	预制构件（预制构件）	m^3		44.440				44.440							
2001001	HPB300 钢筋	t	4 672.60	58.085		54.390		3.695							
2001002	HRB400 钢筋	t	5 041.72	171.245		160.860		10.385							
2001021	8～12 号铁丝（镀锌铁丝）	kg	3.97	6 245.640		6 066.360		179.280							
2001022	20～22 号铁丝（镀锌铁丝）	kg	4.69	887.942		840.000		47.942							
2003004	型钢（工字钢，角钢）	t	4 085.05	16.957	0.180	16.402	0.078	0.298							
2003008	钢管（无缝钢管）	t	4 348.07	1.195				1.195							
2003021	钢管桩（直径 219～2 440 mm，壁厚 5～20 mm）	t	4 700.85	0.304	0.304										
2003026	组合钢模板	t	5 755.89	14.401		13.634	0.167	0.600							
2009003	空心钢钎（优质碳素工具钢）	kg	6.50	4 096.476		4 063.701		32.775							
2009004	Φ50 mm 以内合金钻头（Φ43 mm）	个	20.26	7 718.818		7 667.993		50.825							
2009011	电焊条［结 422（502、506、507）3.2/4.0/5.0］	kg	5.99	1 146.965	2.800	1 134.000		10.165							
2009028	铁件（铁件）	kg	3.00	15 962.850	99.050	15 445.420	152.100	266.280							
2009030	铁钉（混合规格）	kg	4.00	254.560		224.680		29.880							
3001001	石油沥青	t	4 095.07	1 573.393		1.183	1 572.210								
3003001	重油	kg	6.15	197 030.777			197 030.777								
3003002	汽油（93 号）	kg	9.53	1 293.916			1 293.916								
3003003	柴油（0 号，－10 号，－20 号）	kg	7.81	1 978 750.690	9 464.199	1 837 297.972	123 348.531	3 821.758					4 818.231		

编制：王正芬　　　　复核：

表 A.0.2-6 人工、主要材料、施工机械台班数量汇总表

建设项目名称：元江—红河二级公路（第六合同段）

编制范围：第六合同段　　　　第 2 页共 6 页　　　　02 表

代号	规格名称	单位	单价/元	总数量	分项统计								辅助生产	场外运输损耗	
					临时工程	路基工程	路面工程	桥梁涵洞工程	专项费用	设备购置费				%	数量
3005001	煤	t	797.69	35.841			35.486							1.000	0.355
3005002	电	kW·h	0.65	306 443.734	638.744	34 904.506	115 032.998	2 052.042					153 815.444		
3005004	水	m^3	2.41	103 580.810	692.780	90 203.880	9 338.650	3 345.500							
4003001	原木（混合规格）	m^3	1 200.42	119.189	1.190	117.520		0.479							
4003002	锯材（中板δ= 19～35 mm，中方混合规格）	m^3	1 553.78	100.162	23.463	69.069	0.020	7.610							
4013001	草籽	kg	70.80	135.517		135.517									
5001013	PVC 塑料管（Φ50 mm）（Φ50 mm）	m	7.07	4 044.240		4 044.240									
5005002	硝铵炸药（1 号、2 号岩石硝铵炸药）	kg	8.05	58 550.711		58 177.598		373.113							
5005008	非电毫秒雷管（导爆管长 3～7 m）	个	2.27	67 258.853		66 781.478		477.375							
5005009	导爆索（爆速 6 000～7 000 m/s）	m	2.33	35 834.651		35 619.001		215.650							
5009012	油毛毡（400 g，0.915 m×21.95 m）	m^2	3.39	425.700				425.700							
5501003	黏土（堆方）	m^3	40.05	428.862		420.453								2.000	8.409
5501007	种植土	m^3	11.65	939.410		939.410									
5503005	中（粗）砂（混凝土、砂浆用堆方）	m^3	99.88	31 535.962		27 994.964	1 052.430	1 719.399						2.500	769.170
5503007	砂砾（堆方）	m^3	76.50	54.086		53.550								1.000	0.536
5503009	天然级配（堆方）	m^3	24.19	7 448.277	7 403.854									0.600	44.423
5503013	矿粉（粒径＜0.007 4 cm，重量比＞70%）	t	244.57	1 175.730			1 164.089							1.000	11.641
5503015	路面用石屑	m^3	77.98	4 992.396			4 942.966							1.000	49.430
5505005	片石（码方）	m^3	79.16	66 555.750		60 668.250	1 830.300	4 057.200							
5505006	开采片石	m^3	48.54	175 493.291									175 493.291		

编制：王正芬　　　　复核：

表 A.0.2-6　人工、主要材料、施工机械台班数量汇总表

建设项目名称：元江—红河二级公路（第六合同段）

编制范围：第六合同段　　　　第 3 页共 6 页　　　　02 表

代号	规格名称	单位	单价/元	总数量	分项统计									场外运输损耗	
					临时工程	路基工程	路面工程	桥梁涵洞工程	专项费用	设备购置费			辅助生产	%	数量
5505012	碎石（2 cm）（最大粒径 2 cm 堆方）	m^3	78.64	4 166.372		4 105.082		36.441						0.600	24.849
5505013	碎石（4 cm）（最大粒径 4 cm 堆方）	m^3	93.40	2 085.573		1 728.899	155.790	180.235						1.000	20.649
5505015	碎石（8 cm）（最大粒径 8 cm 堆方）	m^3	94.65	248.631		247.148								0.600	1.483
5505016	碎石（未筛分碎石统料堆方）	m^3	143.80	148 655.095		44 451.396	102 731.866							1.000	1 471.833
5505017	路面用碎石（1.5 cm）（最大粒径 1.5 cm 堆方）	m^3	103.41	10 067.556			9 967.877							1.000	99.679
5505018	路面用碎石（2.5 cm）（最大粒径 2.5 cm 堆方）	m^3	103.41	3 188.080			3 156.515							1.000	31.565
5505025	块石（码方）	m^3	128.53	11 270.320		9 436.350	1 049.620	784.350							
5509001	32.5 级水泥	t	412.54	14 990.027		8 580.165	5 855.414	406.031						1.000	148.416
5509002	42.5 级水泥	t	451.31	251.480		168.215		80.776						1.000	2.490
7801001	其他材料费	元	1.00	143 101.185	1 689.800	83 233.755	55 748.531	2 429.100							
7901001	设备摊销费	元	1.00	69 642.227	14 079.600		55 562.627								
8001002	功率 75 kW 以内履带式推土机（TY100）	台班	872.35	195.540	129.250	66.290									
8001003	功率 90 kW 以内履带式推土机（T120A）	台班	1 038.79	41.247		41.247									
8001004	功率 105 kW 以内履带式推土机（T140-1 带松土器）	台班	1 176.02	3 667.096		3667.096									
8001025	斗容量 0.6 m^3 履带式单斗挖掘机（WY60 液压）	台班	814.10	14.830			14.830								
8001027	斗容量 1.0 m^3 履带式单斗挖掘机（WY100 液压）	台班	1 190.53	138.473		138.473									
8001045	斗容量 1.0 m^3 轮胎式装载机（ZL20）	台班	587.26	642.322		591.196	10.950	40.176							
8001047	斗容量 2.0 m^3 轮胎式装载机（ZL40）	台班	1 003.80	308.972			308.972								
8001049	斗容量 3.0 m^3 轮胎式装载机（ZL50）	台班	1 276.29	1 998.216		1 989.087							9.129		

编制：王正芬　　　　复核：

表 A.0.2-6　人工、主要材料、施工机械台班数量汇总表

建设项目名称：元江—红河二级公路（第六合同段）

编制范围：第六合同段　　　　第 4 页共 6 页　　　　02 表

代号	规格名称	单位	单价/元	总数量	分项统计									场外运输损耗	
					临时工程	路基工程	路面工程	桥梁涵洞工程	专项费用	设备购置费			辅助生产	%	数量
8001058	功率 120 kW 以内平地机（F155）	台班	1 186.93	1 310.275		1 128.319	181.956								
8001078	机械自身质量 6～8 t 光轮压路机（2Y-6/8）	台班	352.02	10.237	10.237										
8001079	机械自身质量 8～10 t 光轮压路机（2Y-8/10）	台班	388.97	13.545	13.545										
8001081	机械自身质量 12～15 t 光轮压路机（3Y-12/15）	台班	585.79	158.861	42.394	72.551	43.916								
8001083	机械自身质量 18～21 t 光轮压路机（3Y-18/21）	台班	758.73	2 135.536		2 026.369	109.167								
8001085	机械自身质量 0.6 t 手扶式振动碾（YZS06B）	台班	149.69	43.325	43.325										
8001089	机械自身质量 15 t 以内振动压路机（CA25PD）	台班	1 073.31	666.501		666.501									
8001090	机械自身质量 20 t 以内振动压路机（YZ18A，YZJ19A）	台班	1 473.36	126.337			126.337								
8003010	生产能力 200 t/h 以内稳定土厂拌设备（WBC-200）	台班	978.57	97.064			97.064								
8003040	容量 8 000 L 以内沥青洒布车（LS-7500）	台班	836.05	8.872			8.872								
8003051	生产能力 160 t/h 以内沥青混合料拌和设备（LB2000）	台班	49 486.67	28.582			28.582								
8003059	最大摊铺宽度 9.0 m 以内沥青混合料摊铺机（带自动找平）（S1700）	台班	2 637.65	34.038			34.038								
8003063	机械自身质量 10 t 以内双钢轮振动压路机（YZC-10）	台班	1 083.40	128.226			128.226								
8003066	机械自身质量 9～16 t 轮胎式压路机（YL16）	台班	647.28	17.743			17.743								
8003067	机械自身质量 16～20 t 轮胎式压路机（YL20）	台班	765.10	103.148			103.148								
8003068	机械自身质量 20～25 t 轮胎式压路机（YL27）	台班	956.28	39.361			39.361								

编制：王正芬　　　　复核：

表 A.0.2-6　人工、主要材料、施工机械台班数量汇总表

建设项目名称：元江—红河二级公路（第六合同段）

编制范围：第六合同段　　　　第 5 页共 6 页　　　　02 表

代号	规格名称	单位	单价/元	总数量	分项统计									场外运输损耗	
					临时工程	路基工程	路面工程	桥梁涵洞工程	专项费用	设备购置费			辅助生产	%	数量
8005002	出料容量 250 L 以内强制式混凝土搅拌机（JD250）	台班	150.92	173.004		156.924	5.600	10.480							
8005010	出料容量 400 L 以内灰浆搅拌机（UJ325）	台班	117.39	970.908		899.169	9.855	61.884							
8007012	装载质量 5 t 以内自卸汽车（CA340）	台班	610.11	30.874			30.874								
8007015	装载质量 10 t 以内自卸汽车（QD361）	台班	763.56	918.453		312.301	606.152								
8007016	装载质量 12 t 以内自卸汽车（T138，SX360）	台班	848.16	12 938.372		12 877.219							61.153		
8007024	装载质量 20 t 以内平板拖车组	台班	934.29	20.292			12.810	7.482							
8007043	容量 10 000 L 以内洒水汽车（YGJ5170GSSJN）	台班	1 108.31	48.648			48.648								
8007046	装载质量 1.0 t 以内机动翻斗车（F10A）	台班	199.95	5 932.854		5 925.151		7.703							
8009020	提升质量 20 t 以内轮胎式起重机（QLY16A）	台班	1 118.93	4.128				4.128							
8009021	提升质量 25 t 以内轮胎式起重机（QLY25）	台班	1 200.36	0.180	0.180										
8009026	提升质量 8 t 以内汽车式起重机（QY8）	台班	691.71	397.473		376.618		20.855							
8009027	提升质量 12 t 以内汽车式起重机（QY12）	台班	827.32	3.590			3.590								
8009029	提升质量 20 t 以内汽车式起重机（QY20）	台班	1 190.80	17.140			17.140								
8009032	提升质量 40 t 以内汽车式起重机（QY40）	台班	2 210.99	9.460			9.460								
8009034	提升质量 75 t 以内汽车式起重机（QY75）	台班	3 472.01	24.260			24.260								
8009080	牵引力 30 kN 以内单筒慢动电动卷扬机（JJM-3）	台班	130.64	21.000		21.000									
8009081	牵引力 50 kN 以内单筒慢动电动卷扬机（JJM-5）	台班	145.27	10.292	10.292										

编制：王正芬　　　　复核：

表 A.0.2-6 人工、主要材料、施工机械台班数量汇总表

建设项目名称：元江—红河二级公路（第六合同段）

编制范围：第六合同段　　　　第 6 页共 6 页　　　　02 表

代号	规格名称	单位	单价/元	总数量	分项统计									场外运输损耗	
					临时工程	路基工程	路面工程	桥梁涵洞工程	专项费用	设备购置费			辅助生产	%	数量
8011012	激振力 300 kN 以内振动打拔桩锤（DZ30）	台班	501.28	0.400	0.400										
8015028	容量 32 kV·A 以内交流电弧焊机（BX1-330）	台班	151.00	75.586	0.300	73.500		1.786							
8015060	装料口径 150 mm×250 mm 电动颚式破碎机（PE150×250）	台班	118.74	11 642.196									11 642.196		
8015061	装料口径 250 mm×400 mm 电动颚式破碎机（PE250×4000）	台班	188.86	6.055									6.055		
8015081	生产率 8～20 m^3/h 滚筒式筛分机（YTSX1200×6000）	台班	211.40	11 833.534									11 833.534		
8017047	排气量 3 m^3/min 以内机动空气压缩机（CV-3/8-1）	台班	306.38	48.008		19.959		28.049							
8017049	排气量 9 m^3/min 以内机动空气压缩机（VY-9/7）	台班	741.43	2 358.471		2 358.471									
8019001	功率 44 kW 以内内燃拖轮	台班	656.17	0.160	0.160										
8019020	装载质量 80 t 以内工程驳船	台班	109.16	0.980	0.980										
8099001	小型机具使用费	元	1.00	144 585.400	38.100	141 657.624	1 698.396	1 191.280							

编制：王正芬　　　　复核：

表 A.0.2-7 建筑安装工程费计算表

建设项目名称：元江—红河二级公路（第六合同段）

编制范围：第六合同段 第 1 页共 2 页 03 表

序号	分项编号	工程名称	单位	工程量	定额直接费/元	定额设备购置费/元	直接费/元				设备购置费	措施费	企业管理费	规费	利润/元	税金/元	金额合计/元	
							人工费	材料费	施工机械使用费	合计					费率/% 7.42%	税率/% 9.0%	合计	单价
1	2	3	4	5	6	7	8	9	10	11	12	13	14	15	16	17	18	19
1	1010101	临时便道（修建、拆除与维护）	km	10.340	775 314		146 303	180 769	152 943	480 015		22 220	23 864	63 629	60 948	58 561	709 237	68 591.54
2	1010201	临时便桥	m/座	45.000	71 141		11 453	56 131	2 207	69 791		1 391	3 164	4 451	5 617	7 597	92 010	2 044.67
3	LJ0201	挖土方	m^3	1 312 023.000	13 610 983		1 807 243		11 549 589	13 356 832		739 594	344 984	1 123 457	1 090 411	1 498 975	18 154 252	13.84
4	LJ0202	挖石方	m^3	562 289.000	12 875 645		2 727 170	888 434	8 435 093	12 050 697		590 277	368 231	1 350 044	1 026 494	1 384 717	16 770 461	29.83
5	LJ0301	利用土方填筑	m^3	767 564.000	3 038 018		145 360		2 876 703	3 022 062		175 868	101 500	188 453	246 002	336 050	4 069 934	5.30
6	LJ0303	利用石方填筑	m^3	372 347.000	1 886 682		268 626		1 571 281	1 839 907		93 371	63 619	170 934	151 640	208 752	2 528 224	6.79
7	LJ050102	垫层（软基处理）	m^3	36 828.000	4 006 408		79 043	639 2111	546 493	7 017 647		62 873	121 140	56 054	310 929	681 178	8 249 821	224.01
8	LJ060103	浆砌片片石边沟	m^3/m	13 112.000	3 066 961		824 859	2 472 607	84 689	3 382 155		72 331	136 388	302 053	243 055	372 238	4 508 221	343.82
9	LJ060302	浆砌片（块）石截水沟	m^3/m	6 033.000	1 727 865		589 248	1 217 466	34 198	1 840 912		45 181	76 838	212 469	137 261	208 139	2 520 800	417.84
10	LJ0701	挡土墙	m^3	27 812.000	6 569 104		1 841 497	5 242 177	215 819	7 299 493		158 994	292 128	674 176	520 901	805 112	9 750 804	350.60
11	LJ070201	桩板墙	m	366.000	3 670 309		932 570	2 810 649	302 431	4 045 649		83 976	154 045	362 156	289 998	444 224	5 380 048	14 699.58

续表

序号	分项编号	工程名称	单位	工程量	定额直接费/元	定额设备购置费/元	直接费/元				设备购置费	措施费	企业管理费	规费	利润/元	税金/元	金额合计/元	
							人工费	材料费	施工机械使用费	合计					费率/% 7.42%	税率/% 9.0%	合计	单价
1	2	3	4	5	6	7	8	9	10	11	12	13	14	15	16	17	18	19
12	LJ070202	拱形格植草护坡	m	13 737.000	4 736 722		1 760 920	3 104 724	127 357	4 993 001		130 797	210 692	637 863	376 803	571 424	6 920 579	503.79
13	LM010101	12 cm 级配碎石垫层	m^2	160 540.000	2 485 962		30 403	4 253 301	210 740	4 494 443		32 253	76 518	20 632	192 529	433 474	5 249 849	32.70
14	LM010302	32 cm 水泥稳定碎石基层（水泥含量6%）	m^2	154 070.000	8 702 822		142 539	12 969 282	1 140 019	14 251 841		132 122	266 430	102 122	675 322	1 388 505	16 816 341	109.15
15	LM010401	透层	m^2	147 860.000	629 440		2 667	551 195	16 784	570 646		6 117	19 374	1 702	48 596	58 179	704 614	4.77
16	LM010402	粘层	m^2	147 860.000	288 031			261 739	2 650	264 389		2 484	8 866	95	22 214	26 824	324 872	2.20
17	LM010502	5 cm 中粒式沥青混凝土面层	m^2	147 860.000	5 963 031		34 802	4 732 365	1 201 522	5 968 689		93 752	182 670	27 872	462 967	606 236	7 342 186	49.66
18	LM010503	3 cm 细粒式沥青混凝土面层	m^2	147 860.000	3 759 488		21 322	298 8265	719 048	3 728 635		57 709	115 194	16 887	291 783	378 919	4 589 126	31.04
19	LM010504	沥青混合料拌和设备安拆	座	1.000	521 043		145 713	318 293	94 310	558 315		17 194	16 038	55 246	41 127	61 913	749 832	749 832.43

编制：王正芬　　　　复核：

表 A.0.2-7 建筑安装工程费计算表

建设项目名称：元江—红河二级公路（第六合同段）

编制范围：第六合同段　　　　第 2 页共 2 页　　　　03 表

序号	分项编号	工程名称	单位	工程量	定额直接费/元	定额设备购置费/元	直接费/元				设备购置费	措施费	企业管理费	规费	利润/元	税金/元	金额合计/元	
							人工费	材料费	施工机械使用费	合计					费率/% 7.42%	税率/% 9.0%	合计	单价
1	2	3	4	5	6	7	8	9	10	11	12	13	14	15	16	17	18	19
20	LM0106	路缘石	m^3	1 095.000	263 182		117 970	143 004	7 587	268 562		9 579	15 157	42 485	21 364	32 143	389 290	355.52
21	HD02	盖板涵	m/道	401.000	1 460 688		547 422	928 945	70 070	1 546 436		41 078	63 864	200 038	116 170	177 083	2 144 669	5 348.30
22	11001	施工场地建设费	元							2 780 708							2 780 708	
23	11002	安全生产费	元							1 901 188							1 901 188	
24	111	设备购置费	元	12.242		4 421					6 000 000						6 000 000	490 115.99
25		合计	公路公里	12.242	80 108 839	4 421	12 177 128	49 511 458	29 361 531	95 732 013	6 000 000	2 569 160	2 660 701	5 612 816	6 332 132	9 740 243	128 647 066	10 508 664.13

编制：王正芬　　　　复核：

表 A.0.2-8　综合费率计算表

建设项目名称：元江—红河二级公路（第六合同段）

编制范围：第六合同段　　　　第 1 页共 1 页　　　　04 表

序号	工程类别	措施费/%											企业管理费/%						规费/%					
		冬季施工增加费	雨季施工增加费	夜间施工增加费	高原地区施工增加费	风沙地区施工增加费	沿海地区施工增加费	行车干扰施工增加费	施工辅助费	工地转移费	综合费率		基本费用	主副食运费补贴	职工探亲路费	职工取暖补贴	财务费用	综合费率	养老保险费	失业保险费	医疗保险费	工伤保险费	住房公积金	综合费率
											Ⅰ	Ⅱ												
1	2	3	4	5	6	7	8	9	10	11	12	13	14	15	16	17	18	19	20	21	22	23	24	25
01	土方		0.67					4.12	0.52	0.48	5.27	0.52	2.75	0.13	0.19		0.27	3.34	16.00	0.70	10.00	0.75	8.00	35.45
02	石方		0.63					3.48	0.47	0.37	4.48	0.47	2.79	0.12	0.20		0.26	3.37	16.00	0.70	10.00	0.75	8.00	35.45
03	运输		0.68					4.00	0.15	0.33	5.00	0.15	1.37	0.13	0.13		0.26	1.90	16.00	0.70	10.00	0.75	8.00	35.45
04	路面		0.65					3.49	0.82	0.70	4.84	0.82	2.43	0.09	0.16		0.40	3.08	16.00	0.70	10.00	0.75	8.00	35.45
05	隧道								1.20	0.57	0.57	1.20	3.57	0.10	0.27		0.51	4.45	16.00	0.70	10.00	0.75	8.00	35.45
06	构造物Ⅰ		0.46					2.32	1.20	0.57	3.35	1.20	3.59	0.12	0.27		0.47	4.45	16.00	0.70	10.00	0.75	8.00	35.45
06-1	构造物Ⅰ（绿化）		0.46					2.32	1.20	0.57	3.35	1.20	3.59	0.12	0.27		0.47	4.45	16.00	0.70	10.00	0.75	8.00	35.45
07	构造物Ⅱ		0.53					2.51	1.54	0.73	3.77	1.54	4.73	0.14	0.35		0.55	5.76	16.00	0.70	10.00	0.75	8.00	35.45
08	构造物Ⅲ（一般）		1.03					2.37	2.73	1.36	4.75	2.73	5.98	0.25	0.55		1.09	7.87	16.00	0.70	10.00	0.75	8.00	35.45
08-1	构造物Ⅲ（室内）							2.37	2.73	1.36	3.72	2.73	5.98	0.25	0.55		1.09	7.87	16.00	0.70	10.00	0.75	8.00	35.45
08-2	构造物Ⅲ（桥梁）		1.03					2.37	2.73	1.36	4.75	2.73	5.98	0.25	0.55		1.09	7.87	16.00	0.70	10.00	0.75	8.00	35.45
08-3	构造物Ⅲ（设备安装）							2.37	2.73	1.36	3.72	2.73	5.98	0.25	0.55		1.09	7.87	16.00	0.70	10.00	0.75	8.00	35.45
09	技术复杂大桥		0.65						1.68	0.84	1.50	1.68	4.14	0.12	0.21		0.64	5.10	16.00	0.70	10.00	0.75	8.00	35.45
10	钢材及钢结构（一般）								0.56	0.76	0.76	0.56	2.24	0.11	0.16		0.65	3.17	16.00	0.70	10.00	0.75	8.00	35.45
10-1	钢材及钢结构（桥梁）								0.56	0.76	0.76	0.56	2.24	0.11	0.16		0.65	3.17	16.00	0.70	10.00	0.75	8.00	35.45
10-2	钢材及钢结构（金属标志牌等）								0.56	0.76	0.76	0.56	2.24	0.11	0.16		0.65	3.17	16.00	0.70	10.00	0.75	8.00	35.45

编制：王正芬　　　　复核：

表 A.0.2-11　专项费用计算表

建设项目名称：元江—红河二级公路（第六合同段）

编制范围：第六合同段　　　　第 1 页共 1 页　　　　06 表

序号	工程或费用名称	说明及计算式	金额/元	备注
11001	施工场地建设费	{部颁 2018 施工场地建设费}	2 780 708	2 780 708
11002	安全生产费	{A}×1.5%	1 901 188	1 901 188

编制：王正芬　　　　复核：

表 A.0.2-12　土地使用及拆迁补偿费计算表

建设项目名称：元江—红河二级公路（第六合同段）

编制范围：第六合同段　　　　第 1 页共 1 页　　　　07 表

序号	费用名称	单位	数量	单价/元	金额/元	说明及计算式	备注
201	土地使用费	元			1 860 150	1 860 150.0	
20101	永久征用土地	元			1 860 150	1 860 150.0	
2010101	土地补偿费	元			1 860 150	1 860 150.0	
	水田	亩	8.000	26 400.00	211 200	8（亩）×26 400	
	旱地	亩	12.000	18 500.00	222 000	12（亩）×18 500	
	林地	亩	87.000	8 000.00	696 000	87（亩）×8 000	
	荒山	亩	475.000	500.00	237 500	475（亩）×500	
	鱼塘	亩	1.230	35 000.00	43 050	1.23（亩）×35 000	
	甘蔗地	亩	14.000	30 000.00	420 000	14（亩）×30 000	
	果树	棵	380.000	80.00	30 400	380（棵）×80	
202	拆迁补偿费	公路公里	12.242	23 770.63	291 000	23 770.625 71×12.242＝291 000.0	
	砖瓦房	m^2	250.000	850.00	212 500	250（m^2）×850	
	电杆	棵	4.000	2 800.00	11 200	4（棵）×2 800	
	水池	m^3	438.000	150.00	65 700	438（m^3）×150	
	电线	m	200.000	8.00	1 600	200（m）×8	

编制：王正芬　　　　复核：

表 A.0.2-13　工程建设其他费计算表

建设项目名称：元江—红河二级公路（第六合同段）

编制范围：第六合同段　　　　第 1 页共 1 页　　　　08 表

序号	费用名称及项目	说明及计算式	金额/元	备注
301	建设项目管理费		6 100 388	
30101	建设单位（业主）管理费	{部颁 2018 建设单位（业主）管理费}	3 182 936	3 182 935.58
30102	建设项目信息化费	{部颁 2018 建设项目信息化费}	367 003	367 003.04
30103	工程监理费	{部颁 2018 工程监理费}	2 298 931	0
30104	设计文件审查费	{部颁 2018 设计文件审查费}	82 578	82 578.21
30105	竣（交）工验收试验检测费	{部颁 2018 竣（交）工验收试验检测费}	168 940	168 939.6
303	建设项目前期工作费	{部颁 2018 建设项目前期工作费}	2 814 811	2 814 810.61
305	联合试运转费	[定额建筑安装工程费（不含专项费用）+专项费用]×0.04%	44 683	（107 025 660.65＋4 681 896.21）×0.04%
306	生产准备费		49 703	
30602	办公和生活用家具购置费	{部颁 2018 办公及生活用家具购置费}	49 703	49 702.52

编制：王正芬　　　　复核：

表 A.0.2-14 人工、材料、施工机械台班单价汇总表

建设项目名称：元江—红河二级公路（第六合同段）

编制范围：第六合同段　　　　第 1 页共 3 页　　　　09 表

序号	名称	单位	代号	预算单价/元	备注	序号	名称	单位	代号	预算单价/元	备注
1	人工	工日	1001001	90.18		19	汽油（93 号）	kg	3 003 002	9.53	
2	机械工	工日	1051001	90.18		20	柴油（0 号，－10 号，－20 号）	kg	3 003 003	7.81	
3	预制构件	m^3	1517001			21	煤	t	3 005 001	797.69	
4	HPB300 钢筋	t	2001001	4 672.60		22	电	kW · h	3 005 002	0.65	
5	HRB400 钢筋	t	2001002	5 041.72		23	水	m^3	3 005 004	2.41	
6	8～12 号铁丝（镀锌铁丝）	kg	2001021	3.97		24	原木混合规格	m^3	4 003 001	1 200.42	
7	20～22 号铁丝（镀锌铁丝）	kg	2001022	4.69		25	锯材（中板 δ= 19～35 mm，中方混合规格）	m^3	4 003 002	1 553.78	
8	型钢（工字钢，角钢）	t	2003004	4 085.05		26	草籽	kg	4 013 001	70.80	
9	钢管（无缝钢管）	t	2003008	4 348.07		27	PVC 塑料管（Φ50 mm）（Φ50 mm）	m	5 001 013	7.07	
10	钢管桩（直径 219～2 440 mm，壁厚 5～20 mm）	t	2003021	4 700.85		28	硝铵炸药（1 号、2 号岩石硝铵炸药）	kg	5 005 002	8.05	
11	组合钢模板	t	2003026	5 755.89		29	非电毫秒雷管（导爆管长 3～7 m）	个	5 005 008	2.27	
12	空心钢钎（优质碳素工具钢）	kg	2009003	6.50		30	导爆索（爆速 6 000～7 000 m/s）	m	5 005 009	2.33	
13	Φ50 mm 以内合金钻头 Φ43 mm	个	2009004	20.26		31	油毛毡（400 g，0.915 m×21.95 m）	m^2	5 009 012	3.39	
14	电焊条结 422（502、506、507）3.2/4.0/5.0	kg	2009011	5.99		32	黏土（堆方）	m^3	5 501 003	40.05	
15	铁件	kg	2009028	3.00		33	种植土	m^3	5 501 007	11.65	
16	铁钉（混合规格）	kg	2009030	4.00		34	中（粗）砂（混凝土、砂浆用堆方）	m^3	5 503 005	99.88	
17	石油沥青	t	3001001	4 095.07		35	砂砾（堆方）	m^3	5 503 007	76.50	
18	重油	kg	3003001	6.15		36	天然级配（堆方）	m^3	5 503 009	24.19	

编制：王正芬　　　　复核：

表 A.0.2-14 人工、材料、施工机械台班单价汇总表

建设项目名称：元江—红河二级公路（第六合同段）

编制范围：第六合同段　　　　第 2 页共 3 页　　　　09 表

序号	名称	单位	代号	预算单价/元	备注	序号	名称	单位	代号	预算单价/元	备注
37	矿粉（粒径 < 0.007 4 cm，重量比 > 70%）	t	5503013	244.57		46	路面用碎石（2.5 cm）（最大粒径 2.5 cm 堆方）	m^3	5505018	103.41	
38	路面用石屑	m3	5503015	77.98		47	块石（码方）	m^3	5505025	128.53	
39	片石（码方）	m^3	5 505005	79.16		48	32.5 级水泥	t	5509001	412.54	
40	开采片石	m^3	5505006	48.54		49	42.5 级水泥	t	5509002	451.31	
41	碎石（2 cm）（最大粒径 2 cm 堆方）	m^3	5505012	78.64		50	其他材料费	元	7801001	1.00	
42	碎石（4 cm）（最大粒径 4 cm 堆方）	m^3	5505013	93.40		51	设备摊销费	元	7901001	1.00	
43	碎石（8 cm）（最大粒径 8 cm 堆方）	m^3	5505015	94.65		52	功率 75 kW 以内履带式推土机（TY100）	台班	8001002	872.35	
44	碎石（未筛分碎石统料堆方）	m^3	5505016	143.80		53	功率 90 kW 以内履带式推土机（T120A）	台班	8001003	1 038.79	
45	路面用碎石（1.5 cm）（最大粒径 1.5 cm 堆方）	m^3	5505017	103.41		54	功率 105 kW 以内履带式推土机（T140-1 带松土器）	台班	8001004	1 176.02	

续表

序号	名称	单位	代号	预算单价/元	备注	序号	名称	单位	代号	预算单价/元	备注
55	斗容量 0.6 m^3 履带式单斗挖掘机（WY60 液压）	台班	8001025	814.10		64	机械自身质量 18～21 t 光轮压路机 3Y-18/21	台班	8001083	758.73	
56	斗容量 1.0 m^3 履带式单斗挖掘机（WY100 液压）	台班	8001027	1 190.53		65	机械自身质量 0.6 t 手扶式振动碾 YZS06B	台班	8001085	149.69	
57	斗容量 1.0 m^3 轮胎式装载机（ZL20）	台班	8001045	587.26		66	机械自身质量 15 t 以内振动压路机 CA25PD	台班	8001089	1 073.31	
58	斗容量 2.0 m^3 轮胎式装载机（ZL40）	台班	8001047	1 003.80		67	机械自身质量 20 t 以内振动压路机 YZ18A，YZJ19A	台班	8001090	1 473.36	
59	斗容量 3.0 m^3 轮胎式装载机（ZL50）	台班	8001049	1 276.29		68	生产能力 200 t/h 以内稳定土厂拌设备 WBC-200	台班	8003010	978.57	
60	功率 120 kW 以内平地机（F155）	台班	8001058	1 186.93		69	容量 8 000 L 以内沥青洒布车 LS-7500	台班	8003040	836.05	
61	机械自身质量 6～8 t 光轮压路机 2Y-6/8	台班	8001078	352.02		70	生产能力 160 t/h 以内沥青混合料拌和设备 LB2000	台班	8003051	49 486.67	
62	机械自身质量 8～10 t 光轮压路机 2Y-8/10	台班	8001079	388.97		71	最大摊铺宽度 9.0 m 以内沥青混合料摊铺机（带自动找平）S1700	台班	8003059	2 637.65	
63	机械自身质量 12～15 t 光轮压路机 3Y-12/15	台班	8001081	585.79		72	机械自身质量 10 t 以内双钢轮振动压路机 YZC-10	台班	8003063	1 083.40	

编制：王正芬　　　　复核：

表 A.0.2-14　人工、材料、施工机械台班单价汇总表

建设项目名称：元江—红河二级公路（第六合同段）

编制范围：第六合同段　　　　第 3 页共 3 页　　　　09 表

序号	名称	单位	代号	预算单价/元	备注	序号	名称	单位	代号	预算单价/元	备注
73	机械自身质量 9~16 t 轮胎式压路机 YL16	台班	8003066	647.28		89	提升质量 40 t 以内汽车式起重机 QY40	台班	8009032	2 210.99	
74	机械自身质量 16~20 t 轮胎式压路机 YL20	台班	8003067	765.10		90	提升质量 75 t 以内汽车式起重机 QY75	台班	8009034	3 472.01	
75	机械自身质量 20~25 t 轮胎式压路机 YL27	台班	8003068	956.28		91	牵引力 30 kN 以内单筒慢动电动卷扬机 JJM-3	台班	8009080	130.64	
76	出料容量 250 L 以内强制式混凝土搅拌机 JD250	台班	8005002	150.92		92	牵引力 50 kN 以内单筒慢动电动卷扬机 JJM-5	台班	8009081	145.27	
77	出料容量 400 L 以内灰浆搅拌机 UJ325	台班	8005010	117.39		93	激振力 300 kN 以内振动打拔桩锤 DZ30	台班	8011012	501.28	
78	装载质量 5 t 以内自卸汽车 CA340	台班	8007012	610.11		94	容量 32 kV·A 以内交流电弧焊机 BX1-330	台班	8015028	151.00	
79	装载质量 10 t 以内自卸汽车 QD361	台班	8007015	763.56		95	装料口径 150 mm×250 mm 电动颚式破碎机 PE150×250	台班	8015060	118.74	
80	装载质量 12 t 以内自卸汽车 T138，SX360	台班	8007016	848.16		96	装料口径 250 mm×400 mm 电动颚式破碎机 PE250×4000	台班	8015061	188.86	
81	装载质量 20 t 以内平板拖车组	台班	8007024	934.29		97	生产率 8~20 m^3/h 滚筒式筛分机 YTSX1200×6000	台班	8015081	211.40	
82	容量 10 000 L 以内洒水汽车 YGJ5170GSSJN	台班	8007043	1 108.31		98	排气量 3 m^3/min 以内机动空气压缩机 CV-3/8-1	台班	8017047	306.38	
83	装载质量 1.0 t 以内机动翻斗车 F10A	台班	8007046	199.95		99	排气量 9 m^3/min 以内机动空气压缩机 VY-9/7	台班	8017049	741.43	
84	提升质量 20 t 以内轮胎式起重机 QLY16A	台班	8009020	1 118.93		100	功率 44 kW 以内内燃拖轮	台班	8019001	656.17	
85	提升质量 25 t 以内轮胎式起重机 QLY25	台班	8009021	1 200.36		101	装载质量 80 t 以内工程驳船	台班	8019020	109.16	
86	提升质量 8 t 以内汽车式起重机 QY8	台班	8009026	691.71		102	小型机具使用费	元	8099001	1.00	
87	提升质量 12 t 以内汽车式起重机 QY12	台班	8009027	827.32		103	定额基价	元	1999	1.00	
88	提升质量 20 t 以内汽车式起重机 QY20	台班	8009029	1 190.80							

编制：王正芬　　　　复核：

表 A.0.3-2　分项工程预算表

编制范围：第六合同段

分项编号：LJ0201　　工程名称：挖土方　　单位：m^3　　数量：1 312 023.0　　单价：13.84　　第 4 页共 52 页　　21-2 表

代号	工程项目			人工挖运土方、装运石方			人工挖运土方、装运石方			机动翻斗车、手扶拖拉机配合人工运土、石方			推土机推土、石方		
	工程细目			人工挖运普通土第一个 20 m			人工挖普通土			机动翻斗车运土 500 m			功率 105 kW 以内推土机推普通土第一个 20 m		
	定额单位			1 000 m^3 天然密实方			1 000 m^3 天然密实方			1 000 m^3 天然密实方			1 000 m^3 天然密实方		
	工程数量			73.518			57.684			30.134			243.658		
	定额表号			1～1～6～2			1～1～6～2 改			1～1～8～1 改			1～1～12～10，定额×0.800		
	工、料、机名称	单位	单价/元	定额	数量	金额/元	定额	数量	金额/元	定额	数量	金额/元	定额	数量	金额/元
1001001	人工	工日	90.18	145.500	10 696.869	964 643.65	115.500	6 662.502	600 824.43				2.080	506.809	45 704.00
8001004	功率 105 kW 以内履带式推土机 T140-1 带松土器	台班	1 176.02										1.496	364.512	428 673.84
8007046	装载质量 1.0 t 以内机动翻斗车 F10A	台班	199.95							41.170	1 240.617	24 8061.33			
9999001	定额基价	元	1.00	106.280	1 136 863.237	1 136 863.24	106.280	708 090.713	708 090.71	212.720	263 904.001	263 904.00	1 286.190	483 955.410	483 955.41
	直接费	元				964 643.65			600 824.43			248 061.33			474 377.84
	措施费 I	元		1 136 863.237	5.267%	59 883.13	708 090.713	5.267%	37 297.97	263 904.001	5.001%	13 198.10	483 955.410	5.267%	25 491.87
	措施费 Ⅱ	元		1 136 863.237	0.521%	5 923.16	708 090.713	0.521%	3 689.05	263 904.001	0.154%	406.43	483 955.410	0.521%	2 521.14
	企业管理费	元		1 136 882.352	3.341%	37 983.24	708 071.100	3.341%	23 656.66	263 913.572	1.900%	5 014.36	483 904.788	3.341%	16 167.26
	规费	元		964 643.647	35.450%	341 966.17	600 824.429	35.450%	212 992.26	111 878.821	35.450%	39 661.04	111 447.453	35.450%	39 508.12
	利润	元		1 240 671.887	7.420%	92 057.85	772 714.771	7.420%	57 335.44	282 532.466	7.420%	20 963.91	528 085.054	7.420%	39 183.91
	税金	元		1 502 457.200	9.000%	135 221.15	935 795.800	9.000%	84 221.62	327 305.167	9.000%	29 457.47	597 250.144	9.000%	53 752.51
	金额合计	元				1 637 678.3			1 020 017.4			356 762.63			651 002.65

编制：王正芬　　　　复核：

表 A.0.3-2 分项工程预算表

编制范围：第六合同段

分项编号：LJ0201　　工程名称：挖土方　　单位：m^3　　数量：1 312 023.0　　单价：13.84　　第 5 页共 52 页　　21-2 表

代号	工程项目			推土机推土、石方			装载机装土、石方			自卸汽车运土、石方			合计	
	工程细目			功率 105 kW 以内推土机推硬土第一个 20 m			斗容量 3 m^3 以内装载机装土方			装载质量 12 t 以内自卸汽车运土 2 km				
	定额单位			1 000 m^3 天然密实方			1 000 m^3 天然密实方			1 000 m^3 天然密实方				
	工程数量			937.163			1 180.821			1 180.821				
	定额表号			1～1～12～11，定额×0.800			1～1～10～3			1～1～11～7 改				
	工、料、机名称	单位	单价/元	定额	数量	金额/元	定额	数量	金额/元	定额	数量	金额/元	数量	金额/元
1001001	人工	工日	90.18	2.320	2 174.218	196 070.99							20 040.398	1 807 243.07
8001004	功率 105 kW 以内履带式推土机 T140-1 带松土器	台班	1 176.02	1.664	1 559.439	1 833 931.73							1 923.952	2 262 605.56
8001049	斗容量 3.0 m^3 轮胎式装载机 ZL50	台班	1 276.29				1.080	1 275.287	1 627 635.64				1 275.287	1 627 635.64
8007016	装载质量 12 t 以内自卸汽车 T138，SX360	台班	848.16							7.400	8 738.075	7 411 286.03	8 738.075	7 411 286.03
8007046	装载质量 1.0 t 以内机动翻斗车 F10A	台班	199.95										1 240.617	248 061.33
9999001	定额基价	元	1.00	1 286.190	2 071 073.850	2 071 073.85	1 249.790	1 593 840.540	1 593 840.54	841.460	7 352 740.926	7 352 740.93	13 610 468.678	13 610 468.68
	直接费	元				2 030 002.7			1 627 635.6			7 411 286.0		13 356 831.63
	措施费 I	元		2 071 073.850	5.267%	109 091.74	1 593 840.540	5.267%	83 953.96	7 352 740.926	5.001%	367 717.93		696 634.70
	措施费 Ⅱ	元		2 071 073.850	0.521%	10 790.59	1 593 840.540	0.521%	8 305.30	7 352 740.926	0.154%	11 323.58		42 959.25
	企业管理费	元		2 071 130.230	3.341%	69 196.46	1 594 108.350	3.341%	53 259.16	7 352 972.367	1.900%	139 706.47		344 983.61
	规费	元		477 331.453	35.450%	169 214.00	115 005.354	35.450%	40 769.40	787 999.639	35.450%	279 345.87		1 123 456.87
	利润	元		2 260 209.030	7.420%	167 707.51	1 739 626.765	7.420%	129 080.31	7 871 720.350	7.420%	584 081.65		1 090 410.58
	税金	元		2 556 003.022	9.000%	230 040.27	1 943 003.767	9.000%	174 870.34	8 793 461.533	9.000%	791 411.54		1 498 974.90
	金额合计	元				2 786 043.3			2 117 874.1			9 584 873.0		18 154 251.52

编制：王正芬　　　　复核：

表 A.0.3-2 分项工程预算表

编制范围：第六合同段

分项编号：LJ0202　　工程名称：挖石方　　单位：m^3　　数量：562 289.0　　单价：29.83　　第 6 页共 52 页　　21-2 表

代号	工程项目			人工挖运土方、装运石方			人工挖运土方、装运石方			机动翻斗车、手扶拖拉机配合人工运土、石方			开炸石方		
	工程细目			人工装运软石第一个 20 m			人工装软石			机动翻斗车运石 500 m			机械打眼开炸软石		
	定额单位			1 000 m^3 天然密实方			1 000 m^3 天然密实方			1 000 m^3 天然密实方			1 000 m^3 天然密实方		
	工程数量			14.721			97.737			97.737			448.931		
	定额表号			1～1～6～5			1～1～6～5 改			1～1～8～2 改			1～1～14～4		
	工、料、机名称	单位	单价/元	定额	数量	金额/元	定额	数量	金额/元	定额	数量	金额/元	定额	数量	金额/元
1001001	人工	工日	90.18	167.600	2 467.240	222 495.67	115.600	11 298.397	1 018 889.46				33.500	15 039.189	1 356 234.02
2009003	空心钢钎优质碳素工具钢	kg	6.50										9.000	4 040.379	26 262.46
2009004	Φ50 mm 以内合金钻头Φ43 mm	个	20.26										17.000	7 631.827	154 620.82
5005002	硝铵炸药 1 号、2 号岩石硝铵炸药	kg	8.05										129.000	57 912.099	466 192.40
5005008	非电毫秒雷管导爆管长 3～7 m	个	2.27										148.000	66 441.788	150 822.86
5005009	导爆索爆速 6 000～7 000 m/s	m	2.33										79.000	35 465.549	82 634.73
7801001	其他材料费	元	1.00										17.600	7 901.186	7 901.19
8007046	装载质量 1.0 t 以内机动翻斗车 F10A	台班	199.95							47.930	4 684.534	936 672.66			
8017049	排气量 9 m^3/min 以内机动空气压缩机 VY-9/7	台班	741.43										4.590	2 060.593	1 527 785.68
8099001	小型机具使用费	元	1.00										239.800	107 653.654	107 653.65
9999001	定额基价	元	1.00	106.280	262 218.225	262 218.22	106.280	1 200 793.654	1 200 793.65	212.720	996 494.160	996 494.16	883.280	4 442 499.516	4 442 499.52

编制：王正芬　　复核：

表 A.0.3-2 分项工程预算表

编制范围：第六合同段

分项编号：LJ0202　　工程名称：挖石方　　单位：m^3　　数量：562 289.0　　单价：29.83　　第 7 页共 52 页　　21-2 表

代号	工程项目			人工挖运土方、装运石方			人工挖运土方、装运石方			机动翻斗车、手扶拖拉机配合人工运土、石方			开炸石方		
	工程细目			人工装运软石第一个 20 m			人工装软石			机动翻斗车运石 500 m			机械打眼开炸软石		
	定额单位			1 000 m^3 天然密实方			1 000 m^3 天然密实方			1 000 m^3 天然密实方			1 000 m^3 天然密实方		
	工程数量			14.721			97.737			97.737			448.931		
	定额表号			1～1～6～5			1～1～6～5 改			1～1～8～2 改			1～1～14～4		
	工、料、机名称	单位	单价/元	定额	数量	金额/元	定额	数量	金额/元	定额	数量	金额/元	定额	数量	金额/元
	直接费	元				222 495.67			1 018 889.4			936 672.66			3 880 107.8
	措施费 I	元		262 218.225	4.479%	11 745.54	1 200 793.654	4.479%	53 787.15	996 494.160	5.001%	49 835.67	3 187 791.242	4.479%	142 790.73
	措施费 II	元		262 218.225	0.470%	1 232.46	1 200 793.654	0.470%	5 643.74	996 494.160	0.154%	1 534.65	4 442 499.515	0.470%	20 880.32
	企业管理费	元		262 225.173	3.372%	8 842.23	1 200 796.782	3.372%	40 490.87	996 526.452	1.900%	18 934.00	4 442 621.176	3.372%	149 805.19
	规费	元		222 495.667	35.450%	78 874.71	1 018 889.458	35.450%	361 196.31	422 451.312	35.450%	149 758.99	1 356 234.020	35.450%	480 784.96
	利润	元		284 045.404	7.420%	21 076.17	1 300 718.544	7.420%	96 513.32	1 066 830.782	7.420%	79 158.84	4 756 097.412	7.420%	352 902.43
	税金	元		344 266.778	9.000%	30 984.01	1 576 520.856	9.000%	141 886.88	1 235 894.811	9.000%	111 230.53	5 027 271.433	9.000%	452 454.43
	金额合计	元				375 250.79			171 8407.7			1 347 125.3			5 479 725.8

编制：王正芬　　　　复核：

表 A.0.3-2　分项工程预算表

编制范围：第六合同段

分项编号：LJ0202　　工程名称：挖石方　　单位：m^3　　数量：562 289.0　　单价：29.83　　第 8 页共 52 页　　21-2 表

代号	工程项目			推土机推土、石方			装载机装土、石方			自卸汽车运土、石方			合计	
	工程细目			功率 105 kW 以内推土机推软石第一个 20 m			斗容量 3 m^3 以内装载机装软石			装载质量 12 t 以内自卸汽车运石 2 km				
	定额单位			1 000 m^3 天然密实方			1 000 m^3 天然密实方			1 000 m^3 天然密实方				
	工程数量			448.931			448.931			448.931				
	定额表号			1～1～12～25			1～1～10～6			1～1～11～21 改				
	工、料、机名称	单位	单价/元	定额	数量	金额/元	定额	数量	金额/元	定额	数量	金额/元	数量	金额/元
1001001	人工	工日	90.18	3.200	1 436.579	129 550.71							30 241.405	2 727 169.86
2009003	空心钢钎优质碳素工具钢	kg	6.50										4 040.379	26 262.46
2009004	Φ50 mm 以内合金钻头Φ43 mm	个	20.26										7 631.827	154 620.82
5005002	硝铵炸药 1 号、2 号岩石硝铵炸药	kg	8.05										57 912.099	466 192.40
5005008	非电毫秒雷管导爆管长 3～7 m	个	2.27										66 441.788	150 822.86
5005009	导爆索爆速 6 000～7 000 m/s	m	2.33										35 465.549	82 634.73
7801001	其他材料费	元	1.00										7 901.186	7 901.19
8001004	功率 105 kW 以内履带式推土机 T140-1 带松土器	台班	1 176.02	2.730	1 225.582	1 441 308.51							1 225.582	1 441 308.51
8001049	斗容量 3.0 m^3 轮胎式装载机 ZL50	台班	1 276.29				1.590	713.800	911 016.17				713.800	911 016.17
8007016	装载质量 12 t 以内自卸汽车 T138，SX360	台班	848.16							9.220	4 139.144	3 510 656.22	4 139.144	3 510 656.22
8007046	装载质量 1.0 t 以内机动翻斗车 F10A	台班	199.95										4 684.534	936 672.66
8017049	排气量 9 m^3/min 以内机动空气压缩机 VY-9/7	台班	741.43										2 060.593	1 527 785.68
8099001	小型机具使用费	元	1.00										107 653.654	107 653.65
9999001	定额基价	元	1.00	1 286.190	1 598 755.658	1 598 755.66	1 249.790	892 100.464	892 100.46	841.460	3 482 923.959	3 482 923.96	12 875 785.636	12 875 785.64

编制：王正芬　　　　复核：

表 A.0.3-2 分项工程预算表

编制范围：第六合同段

分项编号：LJ0202　　工程名称：挖石方　　单位：m^3　　数量：562 289.0　　单价：29.83　　第 9 页共 52 页　　21-2 表

代号	工程项目			推土机推土、石方			装载机装土、石方			自卸汽车运土、石方			合计	
	工程细目			功率 105 kW 以内推土机推软石第一个 20 m			斗容量 3 m^3 以内装载机装软石			装载质量 12 t 以内自卸汽车运石 2km				
	定额单位			1 000 m^3 天然密实方			1 000 m^3 天然密实方			1 000 m^3 天然密实方				
	工程数量			448.931			448.931			448.931				
	定额表号			1～1～12～25			1～1～10～6			1～1～11～21 改				
	工、料、机名称	单位	单价/元	定额	数量	金额/元	定额	数量	金额/元	定额	数量	金额/元	数量	金额/元
	直接费	元				1 570 859.2			911 016.17			3 510 656.2		12 050 697.20
	措施费 I	元		1 598 755.658	4.479%	71 613.06	892 100.464	4.479%	39 959.86	3 482 923.959	5.001%	174 184.51		543 916.52
	措施费 Ⅱ	元		1 598 755.658	0.470%	7 513.62	892 100.464	0.470%	4 192.52	3 482 923.959	0.154%	5 363.52		46 360.84
	企业管理费	元		1 598 643.291	3.372%	53 906.25	892 025.897	3.372%	30 079.11	3 482 806.698	1.900%	66 173.33		368 230.98
	规费	元		350 596.615	35.450%	124 286.50	64 370.511	35.450%	22 819.35	373 267.989	35.450%	132 323.50		1 350 044.33
	利润	元		1 731 676.226	7.420%	128 490.38	966 257.385	7.420%	71 696.30	3 728 528.059	7.420%	276 656.78		1 026 494.21
	税金	元		1 956 669.033	9.000%	176 100.21	1 079 763.311	9.000%	97 178.70	4 165 357.867	9.000%	374 882.21		1 384 716.97
	金额合计	元				2 132 769.2			1 176 942.0			4 540 240.0		16 770 461.05

编制：王正芬　　　　复核：

表 A.0.3-2 分项工程预算表

编制范围：第六合同段

分项编号：LJ0301　　工程名称：利用土方填筑　　单位：m^3　　数量：767 564.0　　单价：5.30　　第 10 页共 52 页　　21-2 表

代号	工程项目			填方路基									合计	
	工程细目			二级公路填方路基，自身质量 18～21 t 光轮压路机碾压土方										
	定额单位			1 000 m^3 压实方										
	工程数量			767.564										
	定额表号			1～1～18～7										
	工、料、机名称	单位	单价/元	定额	数量	金额/元	定额	数量	金额/元	定额	数量	金额/元	数量	金额/元
1001001	人工	工日	90.18	2.100	1 611.884	145 359.74							1 611.884	145 359.74
8001058	功率 120 kW 以内平地机 F155	台班	1 186.93	1.470	1 128.319	1 339 235.77							1 128.319	1 339 235.77
8001083	机械自身质量 18～21 t 光轮压路机 3Y-18/21	台班	758.73	2.640	2 026.369	1 537 466.92							2 026.369	1 537 466.92
9999001	定额基价	元	1.00	2 047.950	3 038 303.078	3 038 303.08							3 038 303.078	3 038 303.08
	直接费	元				3 022 062.4								3 022 062.42
	措施费 Ⅰ	元		3 038 303.078	5.267%	160 039.58								160 039.58
	措施费 Ⅱ	元		3 038 303.078	0.521%	15 828.08								15 828.08
	企业管理费	元		3 038 018.312	3.341%	101 500.19								101 500.19
	规费	元		531 601.317	35.450%	188 452.67								188 452.67
	利润	元		3 315 386.159	7.420%	246 001.65								246 001.65
	税金	元		3 733 884.589	9.000%	336 049.61								336 049.61
	金额合计	元				4 069 934.2								4 069 934.20

编制：王正芬　　　　复核：

表 A.0.3-2 分项工程预算表

编制范围：第六合同段

分项编号：LJ0303　　工程名称：利用石方填筑　　单位：m^3　　数量：372 347.0　　单价：6.79　　　　21-2 表

代号	工程项目			填方路基									合计	
	工程细目			二级公路填方路基，自身质量 15 t 以内振动压路机碾压石方										
	定额单位			1 000 m^3 压实方										
	工程数量			372.347										
	定额表号			1～1～18～16										
	工、料、机名称	单位	单价/元	定额	数量	金额/元	定额	数量	金额/元	定额	数量	金额/元	数量	金额/元
1001001	人工	工日	90.18	8.000	2 978.776	268 626.02							2 978.776	268 626.02
8001004	功率 105 kW 以内履带式推土机 T140-1 带松土器	台班	1 176.02	1.390	517.562	608 663.65							517.562	608 663.65
8001089	机械自身质量 15 t 以内振动压路机 CA25PD	台班	1 073.31	1.790	666.501	715 362.33							666.501	715 362.33
8017049	排气量 9 m^3/min 以内机动空气压缩机 VY-9/7	台班	741.43	0.800	297.878	220 855.39							297.878	220 855.39
8099001	小型机具使用费	元	1.00	70.900	26 399.402	26 399.40							26 399.402	26 399.40
9999001	定额基价	元	1.00	3 084.560	1 886 532.640	1 886 532.64							1 886 532.640	1 886 532.64
	直接费	元				1 839 906.7								1 839 906.79
	措施费 Ⅰ	元		1 886 532.640	4.479%	84 503.46								84 503.46
	措施费 Ⅱ	元		1 886 532.640	0.470%	8 867.41								8 867.41
	企业管理费	元		1 886 682.249	3.372%	63 618.93								63 618.93
	规费	元		482 183.707	35.450%	170 934.12								170 934.12
	利润	元		2 043 672.035	7.420%	151 640.47								151 640.47
	税金	元		2 319 471.167	9.000%	208 752.41								208 752.41
	金额合计	元				2 528 223.5								2 528 223.57

编制：王正芬　　　　复核：

表 A.0.3-2　分项工程预算表

编制范围：第六合同段

分项编号：LJ050102　　工程名称：垫层（软基处理）　　单位：m^3　　数量：36 828.0　　单价：224.01　　第 12 页共 52 页　　21-2 表

代号	工程项目			挖淤泥、湿土、流沙			自卸汽车运土、石方			地基垫层			合计	
	工程细目			挖掘机挖装淤泥、流沙			装载质量 10 t 以内自卸汽车运土 2 km			碎石地基垫层				
	定额单位			1 000 m^3			1 000 m^3 天然密实方			1 000 m^3				
	工程数量			36.828			36.828			36.828				
	定额表号			1～1～2～5			1～1～11～5 改			1～2～12～4				
	工、料、机名称	单位	单价/元	定额	数量	金额/元	定额	数量	金额/元	定额	数量	金额/元	数量	金额/元
1001001	人工	工日	90.18	6.500	239.382	21 587.47				17.300	637.124	57 455.88	876.506	79 043.35
5505016	碎石未筛分碎石统料堆方	m^3	143.80							1 207.000	44 451.396	6 392 110.74	44 451.396	6 392 110.74
8001002	功率 75 kW 以内履带式推土机 TY100	台班	872.35							1.800	66.290	57 828.43	66.290	57 828.43
8001003	功率 90 kW 以内履带式推土机 T120A	台班	1 038.79	1.120	41.247	42 847.35							41.247	42 847.35
8001027	斗容量 1.0 m^3 履带式单斗挖掘机 WY100 液压	台班	1 190.53	3.760	138.473	164 856.59							138.473	164 856.59
8001081	机械自身质量 12～15 t 光轮压路机 3Y-12/15	台班	585.79							1.970	72.551	42 499.74	72.551	42 499.74
8007015	装载质量 10 t 以内自卸汽车 QD361	台班	763.56				8.480	312.301	238 460.89				312.301	238 460.89
9999001	定额基价	元	1.00	2 348.090	234 096.210	234 096.21	759.190	237 096.130	237 096.13	1 653.310	3 535 226.495	3 535 226.50	4 006 418.835	4 006 418.84
	直接费	元				229 291.41			238 460.89			6 549 894.8		7 017 647.09
	措施费 I	元		234 096.210	5.267%	12 330.78	237 096.130	5.001%	11 857.41	168 922.276	4.844%	8 182.43		32 370.63
	措施费 II	元		234 096.210	0.521%	1 219.55	237 096.130	0.154%	365.13	3 535 226.495	0.818%	28 918.18		30 502.87
	企业管理费	元		234 078.768	3.341%	7 820.57	237 098.664	1.900%	4 504.87	3 535 230.204	3.078%	108 814.39		121 139.83
	规费	元		54 001.884	35.450%	19 143.67	28 163.343	35.450%	9 983.91	75 954.677	35.450%	26 925.93		56 053.51
	利润	元		255 449.677	7.420%	18 954.37	253 826.092	7.420%	18 833.90	3 681 145.202	7.420%	273 140.97		310 929.24
	税金	元		288 760.344	9.000%	25 988.43	284 006.111	9.000%	25 560.55	6 995 876.700	9.000%	629 628.90		681 177.88
	金额合计	元				314 748.78			309 566.66			7 625 505.6		8 249 821.04

编制：王正芬　　　　复核：

表 A.0.3-2 分项工程预算表

编制范围：第六合同段

分项编号：LJ060103　　工程名称：浆砌片片石边沟　　单位：m^3/m　　数量：13 112.0　　单价：343.82　　第 13 页共 52 页　　21-2 表

代号	工程项目			石砌边沟、排水沟、截水沟、急流槽			水泥砂浆勾缝及抹面						合计	
	工程细目			浆砌片块石边沟、排水沟			水泥砂浆抹面（厚 2 cm）							
	定额单位			10 m^3 实体			100 m^2							
	工程数量			1 311.200			169.960							
	定额表号			1～3～3～1			4～11～6～17							
	工、料、机名称	单位	单价/元	定额	数量	金额/元	定额	数量	金额/元	定额	数量	金额/元	数量	金额/元
1001001	人工	工日	90.18	6.600	8 653.920	780 410.51	2.900	492.884	44 448.28				9 146.804	824 858.78
3005004	水	m^3	2.41	18.000	23 601.600	56 879.86	15.000	2 549.400	6 144.05				26 151.000	63 023.91
5503005	中（粗）砂混凝土、砂浆用堆方	m^3	99.88	4.170	5 467.704	546 114.28	2.780	472.489	47 192.18				5 940.193	593 306.46
5505005	片石码方	m^3	79.16	11.500	15 078.800	1 193 637.81							15 078.800	1 193 637.81
5509001	32.5 级水泥	t	412.54	1.037	1 359.714	560 936.58	0.837	142.257	58 686.50				1 501.971	619 623.08
7801001	其他材料费	元	1.00	2.300	3 015.760	3 015.76							3 015.760	3 015.76
8001045	斗容量 1.0 m^3 轮胎式装载机 ZL20	台班	587.26	0.080	104.896	61 601.22							104.896	61 601.22
8005010	出料容量 400 L 以内灰浆搅拌机 UJ325	台班	117.39	0.150	196.680	23 088.27							196.680	23 088.27
9999001	定额基价	元	1.00	1 291.190	2 923 200.071	2 923 200.07	504.070	144 375.060	144 375.06				3 067 575.131	3 067 575.13
	直接费	元				3 225 684.2			156 471.02					3 382 155.29
	措施费 I	元		1 008 226.392	3.347%	33 743.32	52 383.712	3.347%	1 753.18					35 496.50
	措施费 II	元		2 923 200.071	1.201%	35 101.20	144 375.060	1.201%	1 733.00					36 834.20
	企业管理费	元		2 922 664.800	4.447%	129 970.90	144 296.040	4.447%	6 416.84					136 387.75
	规费	元		807 606.629	35.450%	286 296.55	44 448.279	35.450%	15 756.92					302 053.47
	利润	元		3 121 480.229	7.420%	231 613.83	154 199.057	7.420%	11 441.57					243 055.40
	税金	元		3 942 410.089	9.000%	354 816.91	193 572.522	9.000%	17 421.53					372 238.44
	金额合计	元				4 297 226.9			210 994.05					4 508 221.04

编制：王正芬　　　　复核：

表 A.0.3-2　分项工程预算表

编制范围：第六合同段

分项编号：LJ060302　　工程名称：浆砌片（块）石截水沟　　单位：m^3/m　　数量：6 033.0　　单价：417.84　　第 14 页共 52 页　　21-2 表

代号	工程项目			开挖沟槽			基础垫层			石砌边沟、排水沟、截水沟、急流槽			水泥砂浆勾缝及抹面		
	工程细目			人工开挖沟槽土方			涵管基础混凝土垫层			浆砌片石截水沟			平、立面水泥砂浆勾凸缝（片石）		
	定额单位			1 000 m^3 天然密实方			10 m^3 实体			10 m^3 实体			100 m^2		
	工程数量			7.528			155.300			448.000			82.020		
	定额表号			1～3～1～1			4～11～5～6 改			1～3～3～5			4～11～6～5		
	工、料、机名称	单位	单价/元	定额	数量	金额/元	定额	数量	金额/元	定额	数量	金额/元	定额	数量	金额/元
1001001	人工	工日	90.18	200.100	1 506.353	135 842.90	5.100	792.030	71 425.27	8.100	3 628.800	327 245.18	7.400	606.948	54 734.57
3005004	水	m^3	2.41				12.000	1 863.600	4 491.28	18.000	8 064.000	19 434.24	14.000	1 148.280	2 767.35
5503005	中（粗）砂混凝土、砂浆用堆方	m^3	99.88				5.100	792.030	79 107.96	4.170	1 868.160	186 591.82	1.310	107.446	10 731.73
5505005	片石码方	m^3	79.16							11.500	5 152.000	407 832.32			
5505013	碎石（4 cm）最大粒径 4 cm 堆方	m^3	93.40				8.670	1 346.451	125 758.52						
5509001	32.5 级水泥	t	412.54				2.723	422.882	174 455.70	1.037	464.576	191 656.18	0.393	32.234	13 297.76
7801001	其他材料费	元	1.00				2.000	310.600	310.60	2.300	1 030.400	1 030.40			
8001045	斗容量 1.0 m^3 轮胎式装载机 ZL20	台班	587.26							0.100	44.800	26 309.25			
8005010	出料容量 400 L 以内灰浆搅拌机 UJ325	台班	117.39							0.150	67.200	7 888.61			
9999001	定额基价	元	1.00	106.280	160 095.176	160 095.18	591.480	405 227.485	405 227.48	1 291.190	1 075 438.618	1 075 438.62	504.070	86 936.440	86 936.44
	直接费	元				135 842.90			455 549.32			1 167 988.0			81 531.41
	措施费 I	元		160 095.176	3.347%	5 358.07	84 176.948	3.347%	2 817.23	421 146.208	3.347%	14 094.92	64 506.433	3.347%	2 158.90
	措施费 Ⅱ	元		160 095.176	1.201%	1 922.78	405 227.484	1.201%	4 866.18	1 075 438.618	1.201%	12 918.53	86 936.440	1.201%	1 044.16
	企业管理费	元		160 097.976	4.447%	7 119.56	405 177.700	4.447%	18 018.25	1 075 648.000	4.447%	47 834.07	86 941.200	4.447%	3 866.28
	规费	元		135 842.897	35.450%	48 156.31	71 425.264	35.450%	25 320.26	337 345.343	35.450%	119 588.92	54 734.570	35.450%	19 403.41
	利润	元		174 498.369	7.420%	12 947.78	430 879.367	7.420%	31 971.25	1 150 495.526	7.420%	85 366.77	94 010.539	7.420%	6 975.58
	税金	元		211 347.378	9.000%	19 021.26	538 542.489	9.000%	48 468.82	1 447 791.222	9.000%	130 301.21	114 979.733	9.000%	10 348.18
	金额合计	元				230 368.65			587 011.32			1 578 092.4			125 327.91

编制：王正芬　　　　复核：

表 A.0.3-2　分项工程预算表

编制范围：第六合同段

分项编号：LJ060302　　工程名称：浆砌片（块）石截水沟　　单位：m^3/m　　数量：6 033.0　　单价：417.84　　第 15 页共 52 页　　21-2 表

代号	工程项目												合计	
	工程细目													
	定额单位													
	工程数量													
	定额表号													
	工、料、机名称	单位	单价/元	定额	数量	金额/元	定额	数量	金额/元	定额	数量	金额/元	数量	金额/元
1001001	人工	工日	90.18										6 534.131	589 247.92
3005004	水	m^3	2.41										11 075.880	26 692.87
5503005	中（粗）砂混凝土、砂浆用堆方	m^3	99.88										2 767.636	276 431.50
5505005	片石码方	m^3	79.16										5 152.000	407 832.32
5505013	碎石（4 cm）最大粒径 4 cm 堆方	m^3	93.40										1 346.451	125 758.52
5509001	32.5 级水泥	t	412.54										919.692	379 409.64
7801001	其他材料费	元	1.00										1 341.000	1 341.00
8001045	斗容量 1.0 m^3 轮胎式装载机 ZL20	台班	587.26										44.800	26 309.25
8005010	出料容量 400 L 以内灰浆搅拌机 UJ325	台班	117.39										67.200	7 888.61
9999001	定额基价	元	1.00										1 727 697.719	1 727 697.72
	直接费	元												1 840 911.63
	措施费 Ⅰ	元												24 429.12
	措施费 Ⅱ	元												20 751.66
	企业管理费	元												76 838.15
	规费	元												212 468.89
	利润	元												137 261.38
	税金	元												208 139.47
	金额合计	元												2 520 800.30

编制：王正芬　　　　复核：

表 A.0.3-2 分项工程预算表

编制范围：第六合同段

分项编号：LJ0701 工程名称：挡土墙 单位：m^3 数量：27 812.0 单价：350.60 第 16 页共 52 页 21-2 表

代号	工程项目			人工挖基坑土、石方			人工挖基坑土、石方			石砌挡土墙			石砌挡土墙		
	工程细目			人工挖基坑土方（深 3 m 以内干处）			人工挖基坑石方			浆砌片石挡土墙基础			浆砌片石挡土墙墙身		
	定额单位			1 000 m^3			1 000 m^3			10 m^3 实体			10 m^3 实体		
	工程数量			6.760			1.690			534.300			1 348.100		
	定额表号			4～1～1～1			4～1～1～7			1～4～16～5			1～4～16～7		
	工、料、机名称	单位	单价/元	定额	数量	金额/元	定额	数量	金额/元	定额	数量	金额/元	定额	数量	金额/元
1001001	人工	工日	90.18	269.500	1 821.820	164 291.73	383.100	647.439	58 386.05	5.600	2 992.080	269 825.77	6.800	9 167.080	826 687.27
2001021	8～12 号铁丝镀锌铁丝	kg	3.97										2.700	3 639.870	14 450.28
2009003	空心钢钎优质碳素工具钢	kg	6.50				13.800	23.322	151.59						
2009004	Φ50 mm 以内合金钻头 Φ43 mm	个	20.26				21.400	36.166	732.72						
2009030	铁钉混合规格	kg	4.00										0.100	134.810	539.24
3005004	水	m^3	2.41							7.000	3 740.100	9 013.64	7.000	9 436.700	22 742.45
4003001	原木混合规格	m^3	1 200.42										0.030	40.443	48 548.59
4003002	锯材中板 δ= 19～35 mm，中方混合规格	m^3	1553.78										0.020	26.962	41 893.02
5001013	PVC 塑料管（Φ50 mm）Φ50 mm	m	7.07										1.800	2 426.580	17 155.92
5005002	硝铵炸药 1 号、2 号岩石硝铵炸药	kg	8.05				157.100	265.499	2137.27						
5005008	非电毫秒雷管导爆管长 3～7 m	个	2.27				201.000	339.690	771.10						
5005009	导爆索爆速 6 000～7 000 m/s	m	2.33				90.800	153.452	357.54						
5501003	黏土堆方	m^3	40.05							0.030	16.029	641.96	0.180	242.658	9 718.45
5503005	中（粗）砂混凝土、砂浆用堆方	m^3	99.88							3.820	2 041.026	203 857.68	3.890	5 244.109	523 781.61
5505005	片石码方	m^3	79.16							11.500	6 144.450	486 394.66	11.500	15 503.150	1 227 229.35
5505015	碎石（8 cm）最大粒径 8 cm 堆方	m^3	94.65										0.110	148.291	14 035.74
5509001	32.5 级水泥	t	412.54							0.931	497.433	205 211.13	0.953	1 284.739	530 006.35
7801001	其他材料费	元	1.00				22.000	37.180	37.18	2.200	1 175.460	1 175.46	3.500	4 718.350	4 718.35
8001045	斗容量 1.0 m^3 轮胎式装载机 ZL20	台班	587.26							0.100	53.430	31 377.30	0.100	134.810	79 168.52

编制：王正芬 复核：

表 A.0.3-2 分项工程预算表

编制范围：第六合同段

分项编号：LJ0701　　工程名称：挡土墙　　单位：m^3　　数量：27 812.0　　单价：350.60　　第 17 页共 52 页　　21-2 表

代号	工程项目			人工挖基坑土、石方			人工挖基坑土、石方			石砌挡土墙			石砌挡土墙		
	工程细目			人工挖基坑土方（深 3 m 以内干处）			人工挖基坑石方			浆砌片石挡土墙基础			浆砌片石挡土墙墙身		
	定额单位			1 000 m^3			1 000 m^3			10 m^3 实体			10 m^3 实体		
	工程数量			6.760			1.690			534.300			1 348.100		
	定额表号			4～1～1～1			4～1～1～7			1～4～16～5			1～4～16～7		
	工、料、机名称	单位	单价/元	定额	数量	金额/元	定额	数量	金额/元	定额	数量	金额/元	定额	数量	金额/元
8005010	出料容量 400 L 以内灰浆搅拌机 UJ325	台班	117.39							0.150	80.145	9 408.22	0.150	202.215	23 738.02
8017047	排气量 3 m^3/min 以内机动空气压缩机 CV-3/8-1	台班	306.38				11.810	19.959	6 115.01						
8099001	小型机具使用费	元	1.00				340.200	574.938	574.94						
9999001	定额基价	元	1.00	106.280	193 623.030	193 623.03	461.680	81 238.222	81 238.22	1 302.840	109 1021.360	1 091 021.36	4 188.440	3 082 935.608	3 082 935.61
	直接费	元				164 291.73			69 263.40			1 216 905.8			3 384 413.1
	措施费 Ⅰ	元		193 623.030	3.347%	6 480.18	75 322.528	3.347%	2 520.89	360 309.747	3.347%	12 058.85	1 081 033.975	3.347%	36 180.05
	措施费 Ⅱ	元		193 623.030	1.201%	2 325.38	81 238.223	1.201%	975.67	1 091 021.360	1.201%	13 103.40	3 082 935.607	1.201%	37 028.09
	企业管理费	元		193 619.920	4.447%	8 610.28	81 238.300	4.447%	3 612.67	1 091 040.600	4.447%	48 518.58	3 083 104.700	4.447%	137 105.67
	规费	元		164 291.729	35.450%	58 241.42	58 386.048	35.450%	20 697.85	281 871.568	35.450%	99 923.47	857 080.189	35.450%	303 834.93
	利润	元		211 035.755	7.420%	15 658.85	88 347.534	7.420%	6 555.39	1 164 721.415	7.420%	86 422.33	3 293 418.504	7.420%	244 371.65
	税金	元		255 607.822	9.000%	23 004.70	103 625.878	9.000%	9 326.33	1 476 932.456	9.000%	132 923.92	4 142 933.544	9.000%	372 864.02
	金额合计	元				278 612.53			112 952.20			1 609 856.3			4 515 797.5

编制：王正芬　　　　复核：

表 A.0.3-2　分项工程预算表

编制范围：第六合同段

分项编号：LJ0701　　工程名称：挡土墙　　单位：m^3　　数量：27 812.0　　单价：350.60　　第 18 页共 52 页　　21-2 表

代号	工程项目			石砌挡土墙			水泥砂浆勾缝及抹面						合计	
	工程细目			浆砌块石挡土墙墙身			水泥砂浆抹面（厚 2 cm）							
	定额单位			10 m^3 实体			100 m^2							
	工程数量			898.700			13.840							
	定额表号			1～4～16～8			4～11～6～17							
	工、料、机名称	单位	单价/元	定额	数量	金额/元	定额	数量	金额/元	定额	数量	金额/元	数量	金额/元
1001001	人工	工日	90.18	6.400	5 751.680	518 686.50	2.900	40.136	3 619.46				20 420.235	1 841 496.79
2001021	8～12 号铁丝镀锌铁丝	kg	3.97	2.700	2 426.490	9 633.17							6 066.360	24 083.45
2009003	空心钢钎优质碳素工具钢	kg	6.50										23.322	151.59
2009004	Φ50 mm 以内合金钻头 Φ43 mm	个	20.26										36.166	732.72
2009030	铁钉混合规格	kg	4.00	0.100	89.870	359.48							224.680	898.72
3005004	水	m^3	2.41	7.000	6 290.900	15 161.07	15.000	207.600	500.32				19 675.300	47 417.47
4003001	原木混合规格	m^3	1 200.42	0.030	26.961	32 364.52							67.404	80 913.11
4003002	锯材中板 δ= 19～35 mm，中方混合规格	m^3	1 553.78	0.020	17.974	27 927.64							44.936	69 820.66
5001013	PVC 塑料管（Φ50 mm）Φ50 mm	m	7.07	1.800	1 617.660	11 436.86							4 044.240	28 592.78
5005002	硝铵炸药 1 号、2 号岩石硝铵炸药	kg	8.05										265.499	2 137.27
5005008	非电毫秒雷管导爆管长 3～7m	个	2.27										339.690	771.10
5005009	导爆索爆速 6 000～7 000 m/s	m	2.33										153.452	357.54
5501003	黏土堆方	m^3	40.05	0.180	161.766	6 478.73							420.453	16 839.14
5503005	中（粗）砂混凝土、砂浆用堆方	m^3	99.88	2.990	2 687.113	268 388.85	2.780	38.475	3842.90				10 010.723	999 871.03
5505005	片石码方	m^3	79.16										21 647.600	1 713 624.02
5505015	碎石（8cm）最大粒径 8cm 堆方	m^3	94.65	0.110	98.857	9 356.82							247.148	23 392.56
5505025	块石码方	m^3	128.53	10.500	9 436.350	1 212 854.07							9 436.350	1 212 854.07
5509001	32.5 级水泥	t	412.54	0.730	656.051	270 647.28	0.837	11.584	4 778.90				2 449.808	1 010 643.66
7801001	其他材料费	元	1.00	3.500	3 145.450	3 145.45							9 076.440	9 076.44

编制：王正芬　　　　复核：

表 A.0.3-2　分项工程预算表

编制范围：第六合同段

分项编号：LJ0701　　工程名称：挡土墙　　单位：m^3　　数量：27 812.0　　单价：350.60　　第 19 页共 52 页　　21-2 表

代号	工程项目			石砌挡土墙			水泥砂浆勾缝及抹面						合　计	
	工程细目			浆砌块石挡土墙墙身			水泥砂浆抹面（厚 2 cm）							
	定额单位			10 m^3 实体			100 m^2							
	工程数量			898.700			13.840							
	定额表号			1～4～16～8			4～11～6～17							
	工、料、机名称	单位	单价/元	定额	数量	金额/元	定额	数量	金额/元	定额	数量	金额/元	数量	金额/元
8001045	斗容量 1.0 m^3 轮胎式装载机 ZL20	台班	587.26	0.100	89.870	52 777.06							278.110	163 322.88
8005010	出料容量 400 L 以内灰浆搅拌机 UJ325	台班	117.39	0.120	107.844	12 659.81							390.204	45 806.05
8017047	排气量 3 m^3/min 以内机动空气压缩机 CV-3/8-1	台班	306.38										19.959	6 115.01
8099001	小型机具使用费	元	1.00										574.938	574.94
9999001	定额基价	元	1.00	4 218.530	2 108 176.751	2 108 176.75	504.070	11 756.595	11 756.59				6 568 751.565	6 568 751.57
	直接费	元				2 451 877.2			12 741.58					7 299 492.99
	措施费 I	元		678 742.097	3.347%	22 716.14	4 265.654	3.347%	142.76					80 098.87
	措施费 II	元		2 108 176.751	1.201%	25 321.29	11 756.595	1.201%	141.12					78 894.94
	企业管理费	元		2 108 350.200	4.447%	93 758.33	11 750.160	4.447%	522.53					292 128.05
	规费	元		536 516.350	35.450%	190 195.05	3 619.464	35.450%	1 283.10					674 175.82
	利润	元		2 250 145.957	7.420%	166 960.83	12 556.577	7.420%	931.70					520 900.75
	税金	元		2 950 828.922	9.000%	265 574.60	15 762.789	9.000%	1 418.65					805 112.23
	金额合计	元				3 216 403.5			17 181.44					9 750 803.63

编制：王正芬　　　　复核：

表 A.0.3-2　分项工程预算表

编制范围：第六合同段

分项编号：LJ070201　　工程名称：桩板墙　　单位：m　　数量：366.0　　单价：14 699.58　　第 20 页共 52 页　　21-2 表

代号	工程项目			人工挖基坑土、石方			钢筋混凝土桩板式挡土墙			钢筋混凝土桩板式挡土墙			钢筋混凝土桩板式挡土墙		
	工程细目			人工挖基坑土方(深 6 m 以内干处)			现浇钢筋混凝土桩（柱）混凝土（地上部分）			现浇钢筋混凝土桩（柱）混凝土（地下部分）			现浇钢筋混凝土桩（柱）钢筋		
	定额单位			1 000 m^3			10 m^3			10 m^3			1 t		
	工程数量			3.145			455.600			42.500			210.000		
	定额表号			4～1～1～2			1～4～23～2 改			1～4～23～1 改			1～4～23～3		
	工、料、机名称	单位	单价/元	定额	数量	金额/元	定额	数量	金额/元	定额	数量	金额/元	定额	数量	金额/元
1001001	人工	工日	90.18	325.800	1 024.641	92 402.13	17.600	8 018.560	723 113.74	8.800	374.000	33 727.32	4.400	924.000	83 326.32
2001001	HPB300 钢筋	t	4 672.60										0.259	54.390	254 142.71
2001002	HRB400 钢筋	t	5 041.72										0.766	160.860	811 011.08
2001022	20～22 号铁丝镀锌铁丝	kg	4.69										4.000	840.000	3 939.60
2003004	型钢工字钢，角钢	t	4 085.05				0.036	16.402	67 001.36						
2003026	组合钢模板	t	5 755.89				0.023	10.479	60 314.82						
2009011	电焊条结 422（502、506、507）3.2/4.0/5.0	kg	5.99										5.400	1 134.000	6 792.66
2009028	铁件	kg	3.00				32.900	14 989.240	44 967.72						
3005004	水	m^3	2.41				12.000	5 467.200	13 175.95	8.000	340.000	819.40			
4003001	原木混合规格	m^3	1 200.42				0.110	50.116	60 160.25						
4003002	锯材中板 δ = 19～35 mm，中方混合规格	m^3	1 553.78				0.050	22.780	35 395.11						
5503005	中（粗）砂混凝土、砂浆用堆方	m^3	99.88				4.692	2 137.675	213 511.00	4.896	208.080	20 783.03			
5505012	碎石（2 cm）最大粒径 2 cm 堆方	m^3	78.64				8.058	3 671.225	288 705.12	8.058	342.465	26 931.45			
5509001	32.5 级水泥	t	412.54				4.141	1 886.640	778 314.30						
5509002	42.5 级水泥	t	451.31							3.958	168.215	75 917.11			
7801001	其他材料费	元	1.00				106.900	48 703.640	48 703.64				0.300	63.000	63.00
8005002	出料容量 250 L 以内强制式混凝土搅拌机 JD250	台班	150.92				0.280	127.568	19 252.56	0.280	11.900	1 795.95			
8009026	提升质量 8 t 以内汽车式起重机 QY8	台班	691.71				0.780	355.368	245 811.60	0.500	21.250	14 698.84			
8009080	牵引力 30 kN 以内单筒慢动电动卷扬机 JJM-3	台班	130.64										0.100	21.000	2 743.44

编制：王正芬　　　　复核：

表 A.0.3-2 分项工程预算表

编制范围：第六合同段

分项编号：LJ070201　　工程名称：桩板墙　　单位：m　　数量：366.0　　单价：14 699.58　　第 21 页共 52 页　　21-2 表

代号	工程项目			人工挖基坑土、石方			钢筋混凝土桩板式挡土墙			钢筋混凝土桩板式挡土墙			钢筋混凝土桩板式挡土墙		
	工程细目			人工挖基坑土方（深 6 m 以内干处）			现浇钢筋混凝土桩（柱）混凝土（地上部分）			现浇钢筋混凝土桩（柱）混凝土（地下部分）			现浇钢筋混凝土桩（柱）钢筋		
	定额单位			1 000 m^3			10 m^3			10 m^3			1 t		
	工程数量			3.145			455.600			42.500			210.000		
	定额表号			4～1～1～2			1～4～23～2 改			1～4～23～1 改			1～4～23～3		
	工、料、机名称	单位	单价/元	定额	数量	金额/元	定额	数量	金额/元	定额	数量	金额/元	定额	数量	金额/元
8015028	容量 32 kV·A 以内交流电弧焊机 BX1-330	台班	151.00										0.350	73.500	11 098.50
8099001	小型机具使用费	元	1.00				9.800	4 464.880	4 464.88	5.500	233.750	233.75	11.100	2 331.000	2 331.00
9999001	定额基价	元	1.00	106.280	108 898.845	108 898.85	12 482.900	2 561 304.527	2 561 304.53	1 544.470	168 443.894	168 443.89	7 038.250	831 644.253	831 644.25
	直接费	元				92 402.13			2 602 892.0			174 906.85			1 175 448.3
	措施费 I	元		108 898.845	3.770%	4 105.16	1 132 871.998	3.347%	37 914.96	57 257.904	3.347%	1 916.31	117 309.255	0.759%	890.85
	措施费 II	元		108 898.845	1.537%	1 673.77	2 561 304.527	1.201%	30 762.21	168 443.894	1.201%	2 022.81	831 644.253	0.564%	4 690.22
	企业管理费	元		108 898.770	5.759%	6 271.48	2 561 383.200	4.447%	113 904.71	168 427.500	4.447%	7 489.97	831 600.000	3.172%	26 378.35
	规费	元		92 402.124	35.450%	32 756.55	798 711.997	35.450%	283 143.40	38 633.111	35.450%	13 695.44	91 848.330	35.450%	32 560.23
	利润	元		120 949.178	7.420%	8 974.43	2 743 965.081	7.420%	203 602.21	179 856.590	7.420%	13 345.36	863 559.420	7.420%	64 076.11
	税金	元		146 183.522	9.000%	13 156.52	3 272 219.544	9.000%	294 499.76	213 376.733	9.000%	19 203.91	1 304 044.078	9.000%	117 363.97
	金额合计	元				159 340.04			3 566 719.3			232 580.64			1 421 408.0

编制：王正芬　　　　复核：

表 A.0.3-2 分项工程预算表

编制范围：第六合同段

分项编号：LJ070201　　工程名称：桩板墙　　单位：m　　数量：366.0　　单价：14 699.58　　第 22 页共 52 页　　21-2 表

代号	工程项目												合计	
	工程细目													
	定额单位													
	工程数量													
	定额表号													
	工、料、机名称	单位	单价/元	定额	数量	金额/元	定额	数量	金额/元	定额	数量	金额/元	数量	金额/元
1001001	人工	工日	90.18										10 341.201	932 569.51
2001001	HPB300 钢筋	t	4 672.60										54.390	254 142.71
2001002	HRB400 钢筋	t	5 041.72										160.860	811 011.08
2001022	20～22 号铁丝镀锌铁丝	kg	4.69										840.000	3 939.60
2003004	型钢工字钢，角钢	t	4 085.05										16.402	67 001.36
2003026	组合钢模板	t	5 755.89										10.479	60 314.82
2009011	电焊条结 422（502、506、507）3.2/4.0/5.0	kg	5.99										1 134.000	6 792.66
2009028	铁件	kg	3.00										14 989.240	44 967.72
3005004	水	m^3	2.41										5 807.200	13 995.35
4003001	原木混合规格	m^3	1 200.42										50.116	60 160.25
4003002	锯材中板δ= 19～35 mm，中方混合规格	m^3	1 553.78										22.780	35 395.11
5503005	中（粗）砂混凝土、砂浆用堆方	m^3	99.88										2 345.755	234 294.03
5505012	碎石（2 cm）最大粒径 2 cm 堆方	m^3	78.64										4 013.690	315 636.57
5509001	32.5 级水泥	t	412.54										1 886.640	778 314.30
5509002	42.5 级水泥	t	451.31										168.215	75 917.11
7801001	其他材料费	元	1.00										48 766.640	48 766.64
8005002	出料容量 250 L 以内强制式混凝土搅拌机 JD250	台班	150.92										139.468	21 048.51
8009026	提升质量 8 t 以内汽车式起重机 QY8	台班	691.71										376.618	260 510.44
8009080	牵引力 30 kN 以内单筒慢动电动卷扬机 JJM-3	台班	130.64										21.000	2 743.44

编制：王正芬　　　　复核：

表 A.0.3-2　分项工程预算表

编制范围：第六合同段

分项编号：LJ070201　　工程名称：桩板墙　　单位：m　　数量：366.0　　单价：14 699.58　　第 23 页共 52 页　　21-2 表

代号	工程项目												合计	
	工程细目													
	定额单位													
	工程数量													
	定额表号													
	工、料、机名称	单位	单价/元	定额	数量	金额/元	定额	数量	金额/元	定额	数量	金额/元	数量	金额/元
8015028	容量 32 kV·A 以内交流电弧焊机 BX1-330	台班	151.00										73.500	11 098.50
8099001	小型机具使用费	元	1.00										7 029.630	7 029.63
9999001	定额基价	元	1.00										3 670 291.520	3 670 291.52
	直接费	元												4 045 649.33
	措施费 I	元												44 827.27
	措施费 Ⅱ	元												39 149.02
	企业管理费	元												154 044.51
	规费	元												362 155.63
	利润	元												289 998.11
	税金	元												444 224.15
	金额合计	元												5 380 048.02

编制：王正芬　　　　复核：

表 A.0.3-2　分项工程预算表

编制范围：第六合同段

分项编号：LJ070202　　工程名称：拱形格植草护坡　　单位：m　　数量：13 737.0　　单价：503.79　　第 24 页共 52 页　　21-2 表

代号	工程项目			开挖沟槽			预制混凝土护坡			预制混凝土护坡			石砌护坡		
	工程细目			人工开挖沟槽土方			预制混凝土骨架格护坡			铺砌混凝土块、骨架格（坡高 10m 以上）			浆砌片石护坡（坡高 10 m 以内）		
	定额单位			1 000 m^3 天然密实方			10 m^3			10 m^3			10 m^3 实体		
	工程数量			26.424			45.100			45.100			1 633.900		
	定额表号			1～3～1～1			1～4～6～2			1～4～6～8			1～4～11～2		
	工、料、机名称	单位	单价/元	定额	数量	金额/元	定额	数量	金额/元	定额	数量	金额/元	定额	数量	金额/元
1001001	人工	工日	90.18	200.100	5 287.442	476 821.56	19.900	897.490	80 935.65	9.100	410.410	37 010.77	7.700	12 581.030	1 134 557.29
2003026	组合钢模板	t	5 755.89				0.065	2.932	16 873.39						
2009028	铁件	kg	3.00				8.600	387.860	1 163.58						
3001001	石油沥青	t	4 095.07							0.023	1.037	4 247.82			
3005004	水	m^3	2.41				16.000	721.600	1 739.06	11.000	496.100	1 195.60	16.000	26 142.400	63 003.18
4003002	锯材中板 δ= 19～35 mm，中方混合规格	m^3	1 553.78				0.030	1.353	2 102.26						
5503005	中（粗）砂混凝土、砂浆用堆方	m^3	99.88				4.950	223.245	22 297.71	0.420	18.942	1 891.93	4.060	6 633.634	662 567.36
5505005	片石码方	m^3	79.16										11.500	18 789.850	1 487 404.53
5505013	碎石（4 cm）最大粒径 4 cm 堆方	m^3	93.40				8.480	382.448	35 720.64						
5509001	32.5 级水泥	t	412.54				3.010	135.751	56 002.72	0.121	5.457	2 251.27	1.003	1 638.802	676 071.25
7801001	其他材料费	元	1.00				11.100	500.610	500.61	71.700	3 233.670	3 233.67	3.500	5 718.650	5 718.65
8001045	斗容量 1.0 m^3 轮胎式装载机 ZL20	台班	587.26										0.100	163.390	95 952.41
8005002	出料容量 250 L 以内强制式混凝土搅拌机 JD250	台班	150.92				0.320	14.432	2178.08						
8005010	出料容量 400 L 以内灰浆搅拌机 UJ325	台班	117.39										0.150	245.085	28 770.53
9999001	定额基价	元	1.00	106.280	561 949.378	561 949.38	6 979.140	212 312.208	212 312.21	5 034.980	56 234.560	56 234.56	1 291.190	3 813 044.472	3 813 044.47

编制：王正芬　　　　复核：

表 A.0.3-2　分项工程预算表

编制范围：第六合同段

分项编号：LJ070202　　工程名称：拱形格植草护坡　　单位：m　　数量：13 737.0　　单价：503.79　　第 25 页共 52 页　　21-2 表

代号	工程项目			开挖沟槽			预制混凝土护坡			预制混凝土护坡			石砌护坡		
	工程细目			人工开挖沟槽土方			预制混凝土骨架格护坡			铺砌混凝土块、骨架格（坡高 10 m 以上）			浆砌片石护坡（坡高 10 m 以内）		
	定额单位			1 000 m^3 天然密实方			10 m^3			10 m^3			10 m^3 实体		
	工程数量			26.424			45.100			45.100			1 633.900		
	定额表号			1～3～1～1			1～4～6～2			1～4～6～8			1～4～11～2		
	工、料、机名称	单位	单价/元	定额	数量	金额/元	定额	数量	金额/元	定额	数量	金额/元	定额	数量	金额/元
	直接费	元				476 821.56			219 513.70			49 831.06			4 154 045.2
	措施费 Ⅰ	元		561 949.378	3.347%	18 807.32	97 952.113	3.347%	3 278.26	43 618.375	3.347%	1 459.82	1 466 501.226	3.347%	49 080.86
	措施费 Ⅱ	元		561 949.378	1.201%	6 749.13	212 312.208	1.201%	2 550.09	56 234.560	1.201%	675.44	3 813 044.471	1.201%	45 800.41
	企业管理费	元		561 959.208	4.447%	24 990.33	212 330.800	4.447%	9 442.35	56 239.700	4.447%	2 500.98	3 813 522.600	4.447%	169 587.35
	规费	元		476 821.557	35.450%	169 033.24	82 237.126	35.450%	29 153.06	37 010.773	35.450%	13 120.32	1 171 393.560	35.450%	415 259.02
	利润	元		612 505.984	7.420%	45 447.94	227 601.509	7.420%	16 888.03	60 875.943	7.420%	4 517.00	4 077 991.213	7.420%	302 586.95
	税金	元		741 849.522	9.000%	66 766.46	280 825.500	9.000%	25 274.30	72 104.611	9.000%	6 489.42	5 136 359.789	9.000%	462 272.38
	金额合计	元				808 615.98			306 099.79			78 594.03			5 598 632.1

编制：王正芬　　　　复核：

表 A.0.3-2 分项工程预算表

编制范围：第六合同段

分项编号：LJ070202　　工程名称：拱形格植草护坡　　单位：m　　数量：13 737.0　　单价：503.79　　第 26 页共 52 页　　21-2 表

代号	工程项目			植草			基础垫层			混凝土边沟、排水沟、截水沟、急流槽			合计	
	工程细目			人工撒草籽植草			基础垫层填砂砾（砂）			现浇混凝土急流槽				
	定额单位			1 000 m^2			10 m^3 实体			10 m^3				
	工程数量			13.157			4.200			11.200				
	定额表号			1～4～2～5			4～11～5～1			1～3～4～15 改				
	工、料、机名称	单位	单价/元	定额	数量	金额/元	定额	数量	金额/元	定额	数量	金额/元	数量	金额/元
1001001	人工	工日	90.18	13.700	180.251	16 255.03	2.900	12.180	1 098.39	14.100	157.920	14 241.23	19 526.723	1 760 919.91
2003026	组合钢模板	t	5 755.89							0.020	0.224	1 289.32	3.156	18 162.71
2009028	铁件	kg	3.00							6.100	68.320	204.96	456.180	1 368.54
3001001	石油沥青	t	4 095.07							0.013	0.146	596.24	1.183	4 844.06
3005004	水	m^3	2.41							12.000	134.400	323.90	27 494.500	66 261.75
4003002	锯材中板 δ= 19～35 mm，中方混合规格	m^3	1553.78										1.353	2 102.26
4013001	草籽	kg	70.80	10.300	135.517	9 594.61							135.517	9 594.61
5501007	种植土	m^3	11.65	71.400	939.410	10 944.12							939.410	10 944.12
5503005	中（粗）砂混凝土、砂浆用堆方	m^3	99.88							4.896	54.835	5 476.94	6 930.656	692 233.94
5503007	砂砾堆方	m^3	76.50				12.750	53.550	4 096.58				53.550	4 096.58
5505005	片石码方	m^3	79.16										18 789.850	1 487 404.53
5505012	碎石（2 cm）最大粒径 2 cm 堆方	m^3	78.64							8.160	91.392	7 187.07	91.392	7 187.07
5505013	碎石（4 cm）最大粒径 4 cm 堆方	m^3	93.40										382.448	35 720.64
5509001	32.5 级水泥	t	412.54							3.754	42.045	17 345.16	1 822.055	751 670.40
7801001	其他材料费	元	1.00	267.000	3 512.919	3 512.92				14.900	166.880	166.88	13 132.729	13 132.73
8001045	斗容量 1.0 m^3 轮胎式装载机 ZL20	台班	587.26										163.390	95 952.41
8005002	出料容量 250 L 以内强制式混凝土搅拌机 JD250	台班	150.92							0.270	3.024	456.38	17.456	2 634.46
8005010	出料容量 400 L 以内灰浆搅拌机 UJ325	台班	117.39										245.085	28 770.53
9999001	定额基价	元	1.00	189.730	43 208.720	43 208.72	152.880	3 789.920	3 789.92	10 006.570	45 678.817	45 678.82	4 736 218.074	4 736 218.07

编制：王正芬　　　　复核：

表 A.0.3-2　分项工程预算表

编制范围：第六合同段

分项编号：LJ070202　　工程名称：拱形格植草护坡　　单位：m　　数量：13 737.0　　单价：503.79　　第 27 页共 52 页　　21-2 表

代号	工程项目			植草			基础垫层			混凝土边沟、排水沟、截水沟、急流槽			合计	
	工程细目			人工撒草籽植草			基础垫层填砂砾（砂）			现浇混凝土急流槽				
	定额单位			1 000 m^2			10 m^3 实体			10 m^3				
	工程数量			13.157			4.200			11.200				
	定额表号			1～4～2～5			4～11～5～1			1～3～4～15 改				
	工、料、机名称	单位	单价/元	定额	数量	金额/元	定额	数量	金额/元	定额	数量	金额/元	数量	金额/元
	直接费	元				40 306.68			5 194.97			47 288.08		4 993 001.25
	措施费 Ⅰ	元		19 157.066	3.347%	641.15	1 294.490	3.770%	48.80	17 321.586	3.347%	579.72		73 895.93
	措施费 Ⅱ	元		43 208.720	1.201%	518.92	3 789.920	1.537%	58.23	45 678.816	1.201%	548.54		56 900.76
	企业管理费	元		43 207.588	4.447%	1 921.44	3 788.400	5.759%	218.17	45 673.600	4.447%	2 031.10		210 691.73
	规费	元		16 255.027	35.450%	5 762.41	1 098.392	35.450%	389.38	14 513.929	35.450%	5 145.19		637 862.61
	利润	元		46 289.097	7.420%	3 434.65	4 113.598	7.420%	305.23	48 832.965	7.420%	3 623.41		376 803.21
	税金	元		52 585.256	9.000%	4 732.67	6 214.778	9.000%	559.33	59 216.044	9.000%	5 329.44		571 424.00
	金额合计	元				57 317.92			6 774.11			64 545.48		6 920 579.48

编制：王正芬　　　　复核：

表 A.0.3-3　材料预算单价计算表

建设项目名称：元江—红河二级公路（第六合同段）

编制范围：第六合同段　　　　第 1 页共 3 页　　　　22 表

代号	规格名称	单位	原价/元	运杂费				原价运费合计/元	场外运输损耗		采购及保管费		预算单价/元
				供应地点	运输方式、比重及运距/km	毛质量系数或单位毛质量	运杂费构成说明或计算式	单位运费/元		费率/%	金额/元	费率/%	金额/元	
2001001	HPB300 钢筋	t	4 375.220	昆明—工地	汽车、1.0、340.0	1.000 000	（0.66×340.0＋6.2×1.0＋32.0）×1×1	262.600	4 637.82			0.750	34.784	4 672.600
2001002	HRB400 钢筋	t	4 741.590	昆明—工地	汽车、1.0、340.0	1.000 000	（0.66×340.0＋6.2×1.0＋32.0）×1×1	262.600	5 004.19			0.750	37.531	5 041.720
2001021	8～12 号铁丝	kg	3.630	昆明—工地	汽车、1.0、340.0	0.001 000	（0.66×340.0＋6.2×1.0＋32.0）×1×0.001	0.260	3.89			2.060	0.080	3.970
2001022	20～22 号铁丝	kg	4.340	昆明—工地	汽车、1.0、340.0	0.001 000	（0.66×340.0＋6.2×1.0＋32.0）×1×0.001	0.260	4.60			2.060	0.095	4.690
2003004	型钢	t	3 792.040	昆明—工地	汽车、1.0、340.0	1.000 000	（0.66×340.0＋6.2×1.0＋32.0）×1×1	262.600	4 054.64			0.750	30.410	4 085.050
2003008	钢管	t	4 053.100	昆明—工地	汽车、1.0、340.0	1.000 000	（0.66×340.0＋6.2×1.0＋32.0）×1×1	262.600	4 315.70			0.750	32.368	4 348.070
2003026	组合钢模板	t	5 450.440	昆明—工地	汽车、1.0、340.0	1.000 000	（0.66×340.0＋6.2×1.0＋32.0）×1×1	262.600	5 713.04			0.750	42.848	5 755.890
2009003	空心钢钎	kg	6.110	昆明—工地	汽车、1.0、340.0	0.001 000	（0.66×340.0＋6.2×1.0＋32.0）×1×0.001	0.260	6.37			2.060	0.131	6.500
2009004	*Φ*50 mm 以内合金钻头	个	19.560	昆明—工地	汽车、1.0、340.0	0.001 100	（0.66×340.0＋6.2×1.0＋32.0）×1×0.001 1	0.290	19.85			2.060	0.409	20.260
2009011	电焊条	kg	5.580	昆明—工地	汽车、1.0、340.0	0.001 100	（0.66×340.0＋6.2×1.0＋32.0）×1×0.001 1	0.290	5.87			2.060	0.121	5.990
2009028	铁件	kg	2.650	昆明—工地	汽车、1.0、340.0	0.001 100	（0.66×340.0＋6.2×1.0＋32.0）×1×0.001 1	0.290	2.94			2.060	0.061	3.000
2009030	铁钉	kg	3.630	昆明—工地	汽车、1.0、340.0	0.001 100	（0.66×340.0＋6.2×1.0＋32.0）×1×0.001 1	0.290	3.92			2.060	0.081	4.000
3001001	石油沥青	t	3 716.810	昆明—工地（特种）	汽车、1.0、340.0	1.000 000	（0.75×340.0＋8.6×1.0＋32.0）×1×1	295.600	4 012.41			2.060	82.656	4 095.070
3003001	重油	kg	5.660	昆明—工地（特种）	汽车、1.0、340.0	0.001 000	（0.75×340.0＋8.6×1.0＋32.0）×1×0.001	0.300	5.96			3.260	0.194	6.150
3003002	汽油	kg	8.930	昆明—工地（特种）	汽车、1.0、340.0	0.001 000	（0.75×340.0＋8.6×1.0＋32.0）×1×0.001	0.300	9.23			3.260	0.301	9.530
3003003	柴油	kg	7.300	昆明—工地	汽车、1.0、340.0	0.001 000	（0.66×340.0＋6.2×1.0＋32.0）×1×0.001	0.260	7.56			3.260	0.246	7.810
3005001	煤	t	725.660	县城—工地	汽车、1.0、50.0	1.000 000	（0.66×50.0＋6.2×1.0）×1×1	39.200	764.86	1.000	7.649	3.260	25.184	797.690

编制：王正芬　　　　复核：

表 A.0.3-3　材料预算单价计算表

建设项目名称：元江—红河二级公路（第六合同段）

编制范围：第六合同段　　　　第 2 页共 3 页　　　　22 表

代号	规格名称	单位	原价/元	运杂费					原价运费合计/元	场外运输损耗		采购及保管费		预算单价/元
				供应地点	运输方式、比重及运距/km	毛质量系数或单位毛质量	运杂费构成说明或计算式	单位运费/元		费率/%	金额/元	费率/%	金额/元	
4003001	原木	m^3	1 146.790	县城—工地	汽车、1.0、50.0	0.750 000	（0.66×50.0+6.2×1.0）×1×0.75	29.400	1 176.19			2.060	24.230	1 200.420
4003002	锯材	m^3	1 330.280	昆明—工地	汽车、1.0、340.0	0.650 000	（0.75×340.0+8.6×1.0+32.0）×1×0.65	192.140	1 522.42			2.060	31.362	1 553.780
5001013	PVC 塑料管（Φ50 mm）	m	6.730	昆明—工地	汽车、1.0、340.0	0.000 770	（0.66×340.0+6.2×1.0+32.0）×1×0.000 77	0.200	6.93			2.060	0.143	7.070
5005002	硝铵炸药	kg	7.400	昆明—工地（特种）	汽车、1.0、340.0	0.001 350	（0.75×340.0+8.6×1.0+32.0）×1×0.001 35	0.400	7.80			3.260	0.254	8.050
5005008	非电毫秒雷管	个	2.200	昆明—工地（特种）	汽车、1.0、340.0	0.000 009	（0.75×340.0+8.6×1.0+32.0）×1×0.000 009		2.20			3.260	0.072	2.270
5005009	导爆索	m	2.100	昆明—工地（特种）	汽车、1.0、340.0	0.000 540	（0.75×340.0+8.6×1.0+32.0）×1×0.000 54	0.160	2.26			3.260	0.074	2.330
5009012	油毛毡	m^2	2.800	昆明—工地	汽车、1.0、340.0	0.001 970	（0.66×340.0+6.2×1.0+32.0）×1×0.001 97	0.520	3.32			2.060	0.068	3.390
5501003	黏土	m^3	30.620	料场—工地	自办运输、1.0、5.0	1.400 000	（0.12×1 276.29×0.007 1+0.75×848.16×0.007 1）×1×1.4	7.850	38.47	2.000	0.769	2.060	0.808	40.050
5503005	中（粗）砂	m^3	72.830	料场—工地	汽车、1.0、20.0	1.500 000	（0.62×20.0+2.7×1.0）×1×1.5	22.650	95.48	2.500	2.387	2.060	2.016	99.880
5503007	砂砾	m^3	48.540	料场—工地	汽车、1.0、20.0	1.700 000	（0.62×20.0+2.7×1.0）×1×1.7	25.670	74.21	1.000	0.742	2.060	1.544	76.500
5503009	天然级配	m^3	15.310	料场—工地	自办运输、1.0、5.0	1.700 000	（0.79×848.16×0.005 9+0.12×1 276.29×0.005 9）×1×1.7	8.250	23.56	0.600	0.141	2.060	0.488	24.190
5503013	矿粉	t	198.060	县城—工地	汽车、1.0、50.0	1.000 000	（0.66×50.0+6.2×1.0）×1×1	39.200	237.26	1.000	2.373	2.060	4.936	244.570
5503015	路面用石屑	m^3	53.000	料场—工地	汽车、1.0、20.0	1.500 000	（0.62×20.0+2.7×1.0）×1×1.5	22.650	75.65	1.000	0.757	2.060	1.574	77.980
5505005	片石	m^3	53.400	料场—工地	汽车、1.0、20.0	1.600 000	（0.62×20.0+2.7×1.0）×1×1.6	24.160	77.56			2.060	1.598	79.160
5505012	碎石（2 cm）	m^3	67.960	料场—工地	自办运输、1.0、5.0	1.500 000	（0.83×848.16×0.006 7+0.12×1 276.29×0.006 7）×1×1.5	8.630	76.59	0.600	0.460	2.060	1.587	78.640
5505013	碎石（4 cm）	m^3	67.960	料场—工地	汽车、1.0、20.0	1.500 000	（0.62×20.0+2.7×1.0）×1×1.5	22.650	90.61	1.000	0.906	2.060	1.885	93.400

编制：王正芬　　　　复核：

表 A.0.3-3　材料预算单价计算表

建设项目名称：元江—红河二级公路（第六合同段）

编制范围：第六合同段　　　　第 3 页共 3 页　　　　22 表

代号	规格名称	单位	原价/元	运杂费					原价运费合计/元	场外运输损耗		采购及保管费		预算单价/元
				供应地点	运输方式、比重及运距/km	毛质量系数或单位毛质量	运杂费构成说明或计算式	单位运费/元		费率/%	金额/元	费率/%	金额/元	
5505015	碎石（8 cm）	m^3	83.560	料场—工地	自办运输、1.0、5.0	1.500 000	（0.83×848.16×0.006 7+0.12×1 276.29×0.006 7）×1×1.5	8.630	92.19	0.600	0.553	2.060	1.911	94.650
5505016	碎石	m^3	116.850	料场—工地	汽车、1.0、20.0	1.500 000	（0.62×20.0+2.7×1.0）×1×1.5	22.650	139.50	1.000	1.395	2.060	2.902	143.800
5505017	路面用碎石（1.5 cm）	m^3	77.670	料场—工地	汽车、1.0、20.0	1.500 000	（0.62×20.0+2.7×1.0）×1×1.5	22.650	100.32	1.000	1.003	2.060	2.087	103.410
5505018	路面用碎石（2.5 cm）	m^3	77.670	料场—工地	汽车、1.0、20.0	1.500 000	（0.62×20.0+2.7×1.0）×1×1.5	22.650	100.32	1.000	1.003	2.060	2.087	103.410
5505025	块石	m^3	98.000	料场—工地	汽车、1.0、20.0	1.850 000	（0.62×20.0+2.7×1.0）×1×1.85	27.940	125.94			2.060	2.594	128.530
5509001	32.5 级水泥	t	384.960	料场—工地	汽车、1.0、20.0	1.010 000	（0.62×20.0+2.7×1.0）×1×1.01	15.250	400.21	1.000	4.002	2.060	8.327	412.540
5509002	42.5 级水泥	t	398.230	县城—工地	汽车、1.0、50.0	1.010 000	（0.66×50.0+6.2×1.0）×1×1.01	39.590	437.82	1.000	4.378	2.060	9.109	451.310

编制：王正芬　　　　复核：

表 A.0.3-6　施工机械台班单价计算表

建设项目名称：元江—红河二级公路（第六合同段）

编制范围：第六合同段　　　　第 1 页共 4 页　　　　24 表

序号	代号	机械名称	台班单价/元	不变费用/元		可变费用/元																			
				调整系数：1.0		机械工		重油		汽油		柴油		煤		电		水		木柴		车船税	合计
						90.18 元/工日		6.15 元/kg		9.53 元/kg		7.81 元/kg		元/t		0.65 元/（kW·h）		元/m³		元/kg			
				定额	调整值	定额	费用	定额	费用	定额	费用	定额	费用	定额	费用	定额	费用	定额	费用	定额	费用		
1	8001002	功率 75 kW 以内履带式推土机	872.35	262.670	262.67	2.000	180.36					54.970	429.32										609.68
2	8001003	功率 90 kW 以内履带式推土机	1 038.79	347.890	347.89	2.000	180.36					65.370	510.54										690.90
3	8001004	功率 105 kW 以内履带式推土机	1 176.02	398.040	398.04	2.000	180.36					76.520	597.62										777.98
4	8001025	斗容量 0.6 m³ 履带式单斗挖掘机	814.10	341.260	341.26	2.000	180.36					37.450	292.48										472.84
5	8001027	斗容量 1.0 m³ 履带式单斗挖掘机	12 190.53	425.120	425.12	2.000	180.36					74.910	585.05										765.41
6	8001045	斗容量 1.0 m³ 轮胎式装载机	587.26	114.160	114.16	1.000	90.18					49.030	382.92										473.10
7	8001047	斗容量 2.0 m³ 轮胎式装载机	1 003.80	188.380	188.38	1.000	90.18					92.860	725.24										815.42
8	8001049	斗容量 3.0 m³ 轮胎式装载机	1 276.29	286.790	286.79	1.000	90.18					115.150	899.32										989.50
9	8001058	功率 120 kW 以内平地机	1 186.93	365.130	365.13	2.000	180.36					82.130	641.44										821.80
10	8001078	机械自身质量 6～8 t 光轮压路机	352.02	111.890	111.89	1.000	90.18					19.200	149.95										240.13
11	8001079	机械自身质量 8～10 t 光轮压路机	388.97	117.600	117.60	1.000	90.18					23.200	181.19										271.37
12	8001081	机械自身质量 12～15 t 光轮压路机	585.79	183.210	183.21	1.000	90.18					40.000	312.40										402.58
13	8001083	机械自身质量 18～21 t 光轮压路机	758.73	206.200	206.20	1.000	90.18					59.200	462.35										552.53
14	8001085	机械自身质量 0.6 t 手扶式振动碾	149.69	34.520	34.52	1.000	90.18					3.200	24.99										115.17

编制：王正芬　　　　复核：

表 A.0.3-6　施工机械台班单价计算表

建设项目名称：元江—红河二级公路（第六合同段）

编制范围：第六合同段　　　　第 2 页共 4 页　　　　24 表

序号	代号	机械名称	台班单价/元	不变费用/元		可变费用/元																车船税	合计
				调整系数：1.0		机械工		重油		汽油		柴油		煤		电		水		木柴			
						90.18 元/工日		6.15 元/kg		9.53 元/kg		7.81 元/kg		元/t		0.65 元/（kW·h）		元/m³		元/kg			
				定额	调整值	定额	费用	定额	费用	定额	费用	定额	费用	定额	费用	定额	费用	定额	费用	定额	费用		
15	8 001 089	机械自身质量 15 t 以内振动压路机	1 073.31	318.130	318.13	2.000	180.36					73.600	574.82										755.18
16	8001090	机械自身质量 20 t 以内振动压路机	1 473.36	468.260	468.26	2.000	180.36					105.600	824.74										1 005.10
17	8003010	生产能力 200 t/h 以内稳定土厂拌设备	978.57	442.790	442.79	3.000	270.54									408.060	265.24						535.78
18	8003040	容量 8 000 L 以内沥青洒布车	836.05	360.290	360.29	1.000	90.18					49.370	385.58										475.76
19	8003051	生产能力 160 t/h 以内沥青混合料拌和设备	49 486.67	5 117.100	5 117.10	3.000	270.54	6 893.570	42 395.46							2 620.880	1 703.57						44 369.57
20	8003059	最大摊铺宽度 9.0 m 以内沥青混合料摊铺机（带自动找平）	2 637.65	1 617.350	1 617.35	3.000	270.54					96.000	749.76										1 020.30

续表

序号	代号	机械名称	台班单价/元	不变费用/元		可变费用/元																车船税	合计
				调整系数：1.0		机械工		重油		汽油		柴油		煤		电		水		木柴			
						90.18 元/工日		6.15 元/kg		9.53 元/kg		7.81 元/kg		元/t		0.65 元/（kW·h）		元/m^3		元/kg			
				定额	调整值	定额	费用	定额	费用	定额	费用	定额	费用	定额	费用	定额	费用	定额	费用	定额	费用		
21	8003063	机械自身质量 10 t 以内双钢轮振动压路机	1 083.40	478.180	478.18	2.000	180.36					54.400	424.86										605.22
22	8003066	机械自身质量 9～16 t 轮胎式压路机	647.28	294.680	294.68	1.000	90.18					33.600	262.42										352.60
23	8003067	机械自身质量 16～20 t 轮胎式压路机	765.10	343.780	343.78	1.000	90.18					42.400	331.14										421.32
24	8003068	机械自身质量 20～25 t 轮胎式压路机	956.28	472.480	472.48	1.000	90.18					50.400	393.62										483.80
25	8005002	出料容量 250 L 以内强制式混凝土搅拌机	150.92	25.510	25.51	1.000	90.18									54.200	35.23						125.41
26	8005010	出料容量 400 L 以内灰浆搅拌机	117.39	13.230	13.23	1.000	90.18									21.510	13.98						104.16
27	8007012	装载质量 5 t 以内自卸汽车	610.11	120.530	120.53	1.000	90.18			41.910	399.40												489.58
28	8007015	装载质量 10 t 以内自卸汽车	763.56	241.330	241.33	1.000	90.18					55.320	432.05										522.23

编制：王正芬　　　　复核：

表 A.0.3-6　施工机械台班单价计算表

建设项目名称：元江—红河二级公路（第六合同段）

编制范围：第六合同段　　　　第 3 页共 4 页　　　　24 表

序号	代号	机械名称	台班单价/元	不变费用/元		可变费用/元																
				调整系数：1.0		机械工		重油		汽油		柴油		煤		电		水		木柴		车船税	合计
						90.18 元/工日		6.15 元/kg		9.53 元/kg		7.81 元/kg		元/t		0.65 元/（kW·h）		元/m³		元/kg			
				定额	调整值	定额	费用	定额	费用	定额	费用	定额	费用	定额	费用	定额	费用	定额	费用	定额	费用		
29	8007016	装载质量 12 t 以内自卸汽车	848.16	276.880	276.88	1.000	90.18					61.600	481.10										571.28
30	8007024	装载质量 20 t 以内平板拖车组	934.29	400.450	400.45	2.000	180.36					45.260	353.48										533.84
31	8007043	容量 10 000 L 以内洒水汽车	1 108.31	605.760	605.76	1.000	90.18					52.800	412.37										502.55
32	8007046	装载质量 1.0 t 以内机动翻斗车	199.95	39.480	39.48	1.000	90.18					9.000	70.29										160.47
33	8009020	提升质量 20 t 以内轮胎式起重机	1 118.93	604.770	604.77	2.000	180.36					42.740	333.80										514.16
34	8009021	提升质量 25 t 以内轮胎式起重机	1 200.36	633.800	633.80	2.000	180.36					49.450	386.20										566.56
35	8009026	提升质量 8 t 以内汽车式起重机	691.71	288.760	288.76	2.000	180.36					28.500	222.59										402.95
36	8009027	提升质量 12 t 以内汽车式起重机	827.32	408.050	408.05	2.000	180.36					30.590	238.91										419.27
37	8009029	提升质量 20 t 以内汽车式起重机	1 190.80	709.360	709.36	2.000	180.36					38.550	301.08										481.44
38	8009032	提升质量 40 t 以内汽车式起重机	2 210.99	1 650.990	1 650.99	2.000	180.36					48.610	379.64										560.00
39	8009034	提升质量 75 t 以内汽车式起重机	3 472.01	2 803.990	2 803.99	2.000	180.36					62.440	487.66										668.02
40	8009080	牵引力 30 kN 以内单筒慢动电动卷扬机	130.64	16.780	16.78	1.000	90.18									36.430	23.68						113.86
41	8009081	牵引力 50 kN 以内单筒慢动电动卷扬机	145.27	19.570	19.57	1.000	90.18									54.650	35.52						125.70
42	8011012	激振力 300 kN 以内振动打拔桩锤	501.28	238.650	238.65	2.000	180.36									126.570	82.27						262.63

编制：王正芬　　　　复核：

表 A.0.3-6　施工机械台班单价计算表

建设项目名称：元江—红河二级公路（第六合同段）

编制范围：第六合同段

序号	代号	机械名称	台班单价/元	不变费用/元		可变费用/元															
				调整系数：1.0		机械工		重油		汽油		柴油		煤		电		水		木柴		车船税	合计
						90.18 元/工日		6.15 元/kg		9.53 元/kg		7.8 1 元/kg		元/t		0.65 元/（kW·h）		元/m^3		元/kg			
				定额	调整值	定额	费用	定额	费用	定额	费用	定额	费用	定额	费用	定额	费用	定额	费用	定额	费用		
43	8015028	容量 32 kV·A 以内交流电弧焊机	151.00	5.170	5.17	1.000	90.18									85.620	55.65						145.83
44	8015060	装料口径 150 mm×250 mm 电动颚式破碎机	118.74	28.560	28.56	1.000	90.18																90.18
45	8015061	装料口径 250 mm×400 mm 电动颚式破碎机	188.86	75.470	75.47	1.000	90.18									35.700	23.21						113.39
46	8015081	生产率 8～20 m^3/h 滚筒式筛分机	211.40	112.780	112.78	1.000	90.18									12.980	8.44						98.62
47	8017047	排气量 3 m^3/min 以内机动空气压缩机	306.38	118.940	118.94							24.000	187.44										187.44
48	8017049	排气量 9 m^3/min 以内机动空气压缩机	741.43	270.170	270.17							60.340	471.26										471.26
49	8019001	功率 44 kW 以内内燃拖轮	656.17	130.320	130.32	3.000	270.54					32.690	255.31										525.85
50	8019020	装载质量 80 t 以内工程驳船	109.16	109.160	109.16																		

编制：王正芬　　　　复核：

表 A.0.3-7　辅助生产人工、材料、施工机械台班单价数量表

建设项目名称：元江—红河二级公路（第六合同段）
编制范围：第六合同段　　第 1 页共 1 页　　25 表

序号	规格名称	单位	人工/工日	开采片石/m^3	斗容量 3.0 m^3 轮胎式装载机/台班	装载质量 12 t 以内自卸汽车/台班	装料口径 150 mm×250 mm 电动颚式破碎机/台班	装料口径 250 mm×400 mm 电动颚式破碎机/台班	生产率 8～20 m^3/h 滚筒式筛分机/台班				
1	黏土	m^3	0.328		0.001	0.005							
2	天然级配	m^3	0.164		0.001	0.005							
3	碎石（2 cm）	m^3			0.001	0.006							
4	碎石（8 cm）	m^3	0.274	1.099	0.001	0.006		0.025					
5	碎石	m^3	0.350	1.191			0.079		0.080				

编制：王正芬　　复核：

1.2 桥梁工程施工图预算编制案例

1.2.1 大营村大桥项目工程背景资料

1. 工程概况

云南省××高速公路 WYTJ-1 合同段大营村大桥，桥位中心桩号为 ZK33 + 740/YK33 + 725，大营村大桥左幅桥梁长 366.08 m，右幅桥梁长 396.08 m。

大营村。大桥孔跨布置为：左幅桥梁（4×30 + 4×30 + 4×30）m，右幅桥梁（5×30 + 4×30 + 4）m。

本桥左幅 3 联，右幅 3 联。连续方式为结构连续。全桥共计 8 道伸缩缝。

2. 设计技术标准

（1）汽车荷载：公路-1 级。

（2）地震基本烈度：7 度；设计基本地震动加速度峰值：0.15*g*。

（3）标准桥面宽度：15.5 m 净桥面 + 2×0.5 m 护墙（单幅）。

（4）设计车速：100 km/h。

本桥上部构造采用：《30 米箱形梁上部构造通用图》Y0T-S1X33070-30-1。

3. 地质、地貌

拟建桥址区海拔高程介于 1 890 m～1 925 m，相当高差的 35 m，属罗茨构造新物盆地区，湖积地貌，地形差异明显且不对称。桥址区位于山坡上，附近有多间土路，交通条件较差。

测区在区域上位于扬子亚板块次级构造单元康滇古隆起，位于经向构造体系的普渡河断裂与绿汁江断裂间。据区域资料，罗茨至易门断裂为区内主要断裂，断裂管经汤郎、羊槽箐、发窝、插甸街延入罗次盆地，经盆地东缘、羊街、禄裱、二街盆地，至易门为北西向构造所截而终止。断裂带总体南北向展布，局部地段略有偏转。北部呈舒缓波状，中段从插甸街到罗茨呈略向东突出的弧形，南段从罗次盆地以南大致为走向北 10° 东。断裂面在北段多东倾，倾角为 40°～70°。南段多西倾，倾角 60°～80°。断裂为晚更新世活动断裂，断裂北段为挤压逆冲性质。南段为左旋正断活动。断裂南段位于线路附近，与线路近平行并多次与线路相交，其次级断裂发育，测区新构造运动强烈，主要表现为地壳抬升及地震活动，断裂、褶皱构造发育。因此，桥梁所处区域稳定性较差，发育有大营箐推测断层，需加强抗震设计。桥址区岩体较破碎，节理裂隙发育。

4. 主要材料

（1）混凝土：预制小箱梁、端横梁、跨中横隔板、现浇接头、堵头板、混接缝、封锚、梁采用 C50；伸缩缝预留槽采用 C50 钢纤维混凝土；桥面现浇层混凝土采用 C50；桥面铺装采用沥青混凝土。

（2）预应力钢绞线：采用符合 GB/T524—2003 标准高强度低松弛预应力钢线。公称直径中 s15.2（$7\phi5$）mm，公称面积 140 m^2，抗拉强度标准值 $f_{pk}=1\,860$ MPa，弹性模量 $E_p=1.95\times10^5$ MPa。

（3）锚具及管道成孔：纵向预应力钢束锚具采用预应锚配套设备，管道成孔采用塑料波纹管。预制箱梁正弯矩预应力锚具采用 15-4 型、15-5 型、15-6 型圆形锚具及其配套的配件，波纹管内径对应为 ϕ50 m（15-4 型、15-5 型）或ϕ60 m（15-6 型）；墩顶负弯矩预应力钢束锚具采用 BM15-5 扁形锚具及其配套的配件，波纹管采用 90 × 22 m 扁形塑料波纹管。

（4）普通钢筋：采用热轧 HRB300、HRB400 钢筋，其技术标准须符合国家标准 GB1499.1—2008、GB 1499.2—2007 的规定。桥面铺装钢筋焊接网宜采用 CRB550 级冷轧带肋钢筋，焊接网用钢筋的技术要求应符合现行国家标准（GB/T1499.3—2010）的规定。

（5）钢板：应符合国家标准《碳素结构钢》（GB/T700—2006）规定的普通碳素结构钢（Q235）。

（6）支座：采用 LMNR-d670 × 199 圆形固定型水平力分散型支座/ANR-d345 × 110 圆形固定型水平力分散型支座、LNRd345 × 118 圆形滑动型水平力分散型橡胶支座。

（7）伸缩缝：桥台处采用 80 型伸缩缝，桥墩处采用 160 型伸缩缝。

5. 设计要点

（1）本通用图结构体系为简支梁或先简支后结构连续结构，按 A 类预应力混凝土构件设计。

（2）预制箱梁高 1.7 m，顶宽 2.45 m（中梁），底宽 1.0 m：腹板按 4 : 1 斜置设计，腹板跨中厚 18 cm，端部厚 28 cm；底板厚跨中 20 cm、端部 30 cm；顶板厚均为 18 cm。桥梁每孔设 2 道横梁（端横梁/中横梁），跨中设横隔板 1 道，均沿径向设置。

（3）位于平曲线段部分桥跨用调节预制边梁外侧翼缘宽度的方法来适应平曲线外形变化。箱梁按平梁预制，采用“正做斜置”设计，通过梁靴调整桥梁纵横坡度，使之符合桥面的纵横坡度指标要求。

（4）梁体预应力钢束分正弯矩钢束和负弯矩钢束两种。正弯矩钢束采用 15-4/15-5/15-6 型圆形锚具和圆形塑料波纹管，在梁体预制时张拉。负弯矩钢束采用扁形锚具和扁形塑料波纹管，在连续段横梁混凝土浇注养生后张拉。

（5）支座。

① 简支梁。

横桥向每片梁梁端设 LNR-d345 × 110 圆形固定型水平力分散型支座 2 个。

② 先简支后结构连续梁。

连续处采用 LMR-d670 × 199 圆形固定型水平力分散型支座，单片梁单个连续处对应 1 个支座；简支端采用 LNR-d345 × 118 圆形滑动型水平力分散型橡胶支座，每片梁梁端对应 2 个支座。

（6）桥面系。

桥面系设计包括桥面铺装、护墙、排水设施、伸缩缝等。

① 桥面铺装。

采用 8 cm 混凝土 + 防水材料 + 10 cm 沥青混凝土铺装。

为保证调平层内钢筋焊网质量，8 cm 厚混凝土内钢筋焊接网应采用工厂制成品。

② 护墙。

单幅桥梁两侧各 0.5 m 范围内设 2 道混凝土防撞护墙。

③ 排水设施。

全桥均采用泄水管竖排方式排水。当部分桥跨跨越特殊路线或沟河需设置排水收集系统时，相关数量应另计入。

④ 伸缩缝。

当本联与相邻联均为 1 孔简支或 3 孔连续结构时，联间采用 80 型伸缩；桥台处均采用 80 型伸缩缝；当本联与相邻联中有一联为 4 ~ 6 孔一联连续结构时，联间桥墩处采用 160 型伸缩缝。

6. 施工注意事项

（1）有关施工工艺及质量检查标准按《公路桥梁施工技术规范》（T1041—2000）有关条文及有关检测规程办理。

（2）施工前，首先对图纸各部分尺寸和数量进行仔细、认真的校核，确信无误后，才能进行模板加工、钢材下料以及支座、伸缩缝等定型产品的定购，以避免造成不必要的损失。

（3）预制箱梁混凝土达到标准强度的 90% 时方可张拉钢绞线。现浇接头混凝土可采用微膨胀混凝土，当混凝土强度达到标准强度的 95% 时，方可张拉负弯矩钢束。

（4）临时支座顶面标高应与永久支座顶面标高相齐平，永久支座顶面预埋钢板直接与接头混凝土底部浇在一起。

（5）从箱梁预制到浇筑完横向湿接缝的时间不应超过 3 个月。

（6）所有新、老混凝土接合面均应严格拉毛处理。

（7）要特别注意预制箱梁混凝土振捣和养生，严格保证混凝土质量。起吊、运输、堆放时应在箱梁端部两点搁支，不得使上、下倒置。运输时要采取措施，严防压力区产生负弯矩使梁顶产生拉应力而导致混凝土发生裂缝。

（8）钢筋焊接时，要根据《公路钢筋混凝土及预应力混凝土桥涵设计规范》（JTGD62—2004）、《公路桥涵施工技术规范》（JTJ041—2000）严格检查焊接质量和几何尺寸。

（9）在进行混凝土浇筑之前，必须注意该工序应预先埋设伸缩缝，护栏等的构件及相关工序的钢筋构件，施工时需严格按照有关设计规范及施工规范办理。

（10）为满足美观需要，伸缩缝沿行车道及内外侧护栏表面设置。护栏施工前，先施工行车道范围内伸缩缝，且伸入护栏宽度范围 20 cm，然后浇注护栏，最后安装护栏表面伸缩缝。

（11）在预制箱梁或现浇调平层和浇注桥台时必须严格按施工图要求控制各部分尺寸。在架设箱梁时应严格按施工图要求留出板端间的缝宽，缝内用泡沫板嵌填，缝内不得残留混凝土渣、模板、砂石等杂物。

（12）本设计采用跨墩龙门架施工。如采用其他架桥机或其他架设方式，应根据实际情况自行验算。

（13）施工时，根据具体情况可采取必要措施，及时清理钻孔泥浆等杂物，以防造成环境污染。

（14）为了使桥梁外观颜色一致，要求采用同一厂家、同一品种的水泥和外加剂。

（15）施工请按照《公路桥涵施工技术规范》及《公路工程质量检验评定标准》执行。

7. 其　他

桥台附近及桥下严禁堆放废方，如因施工需要，随工便道穿行本桥范围，则必须做好便道的防排水工程，以免造成不良地质病害，危及桥梁安全。

1.2.2 主要工程数量

1. 桩基础

1）桥台桩基

左幅 1 号台桩基直径 $\phi160$，共 3 棵，平均桩长为 18 m。右幅 0 号台桩基直径 $\phi160$，桩长为 12 m，共 3 棵。

左、右幅 13 号桥台桩基直径 $\phi150$，平均桩长 15 m，各 6 棵，共计 12 棵。

桥台桩基采用 C30 混凝土，计 504 m^3。

2）墩柱桩基

左幅：$\phi180$ 桩基 6 棵，平均桩长 21 m；$\phi220$ 桩基 16 棵，平均桩长 27.25 m。

右幅：$\phi180$ 桩基 8 棵，平均桩长 26.25 m；$\phi220$ 桩基 16 棵，平均桩长 27.25 m。

墩柱桩基混凝土采用 C30，计 4 319.5 m^3。

2. 桥　台

桥台为肋板式混凝土轻型桥台，桥台混凝土强度等级为 C30，工程量为 820 m^3。桥台承台混凝土为 C30，计 282.8 m^3。

3. 桥　墩

桥墩为双柱式方形墩，采用 C30 混凝土，其中：墩身混凝土工程量为 2 156.3 m^3；承台混凝土为 C30，计 765 m^3。

4. 上部构造

主梁：30 m 预应力（后张法）混凝土小箱梁。左幅 12 孔（5 片），右幅 13 孔（5 片）。采用 C50 预制箱梁。预制混凝土数量计 4 478.9 m^3。钢筋计 1 095.771 t，钢绞线 189.246 7 t。

大营村大桥全桥工程数量表及部分设计图详见附件一，请扫描二维码。

大营村大桥

1.2.3 桥梁工程预算编制

1. 拟订主要施工方案（编制预算时所用）

（1）临时工程：本桥需修建施工便道 2.5 km。铺设计临时轨道 1.52 km。

（2）辅助工程：新建混凝土集中拌和站 1 座。平整场地 8 000 m^2。

（3）基础工程：桥台桩基和墩柱桩基根据大营村大桥“工程地质纵断面图”所示的地质概况，选择回旋钻机钻孔，并考虑施工时用钢护筒和桩基工程平台。

（4）下部构造：

① 桥台采用组合钢模板现场浇筑法。混凝土采用集中拌和，混凝土搅拌运输车运输。

② 桥墩采用组合钢模现场浇筑法施工。混凝土采用集中拌和，混凝土搅拌运输车运输。

（5）预应力箱梁：大营村大桥共需预制 30 m 小箱 125 片。新建桥梁预制场一座 16 000 m^2。场地铺筑 C20 水泥混凝土 8 000 m^2；平面底座 14 个（中梁 10 个，边梁 4 个），14 d 为一个制梁周期。预制场吊装设备按 9 m 高的跨门墩架一套计，箱梁采用双导梁安装，轨道平车运输。设备使用期按 8 个月计算。

2. 工程属性

（1）高速公路大营村大桥项目所在地为云南省禄丰县境内，项目性质：新建项目。

（2）建管费累进办法：2018 建管费部颁标准。

（3）车船使用税按《云南省人民政府关于车船税政策管理有关事项的通知》（云正发〔2011〕244 号）计算。

1.2.4 大营村大桥预算编制

预算编制说明

1. 编制范围

武定—易门高速公路（大营村大桥）K33 + 526.96 ~ K33 + 923.04，山岭重丘区高速公路一般大桥（新建）。

2. 编制依据

（1）武定—易门高速公路 K33 + 526.96 ~ K33 + 923.04（大营村大桥）工程设计图纸及数量表（2016 年 10 月）。

（2）交通运输部《公路工程预算定额》（JTG/T 3832—2018）、《公路工程建设项目概算、预算编制办法》（JTG 3830—2018）、《公路工程机械台班费用定额》（JTG/T 3833—2018）。

（3）云南省交通运输厅关于印发《云南省公路工程建设项目估算概算预算编制办法补充规定》的通知（云交建设〔2019〕34 号文）（以下简称《补充规定》）；云南省交通运输厅公路工程造价管理局发布的 2019 年第 3 期《云南省交通运输工程材料及设备指导价》。

（4）人工工日单价：根据《补充规定》，高速公路采用人工工日单价为 101.54 元/工日。

（5）材料单价：主要材料的预算价格按《云南交通工程外购材料指导价》2019 年第 3 期计取，地方筑路（砂、碎石）材料根据建设项目所在地主要材料市场价格综合取定。

① 原木由木材加工厂供应，钢材等外购材料由昆钢钢材厂供应，水泥由昆明供应，地方筑路材料由路线沿线周边料场供应。

② 材料运价：材料的运杂费根据《云南省公路工程建设项目估算概算预算编制办法补充规定》计算。需通过收费公路运输的材料，已按省财政厅、省物价局、省交通运输厅联合签发的有关文件计取车辆通行费。

3. 综合费率取费标准

相关费率按交通运输部《公路工程概算预算编制办法》（JTG 3830—2018）及云南省交通运输厅云交建设〔2019〕34 号《云南省公路工程建设项目估算概算预算编制办法补充规定》计取。

（1）冬季施工增加费：不计列。

（2）雨季施工增加费：按雨量区“Ⅰ-5”计算。

（3）夜间施工增加费：按《编制办法》计算。

（4）高原地区及沿海地区施工增加费：本项目海拔高度 1 907.5 m，且不属于沿海地区，根据《补充规定》不计列。

（5）工地转移费：按昆明到工地 100 km 计算。

（6）主副食运费补贴：按 6.75 km 的综合里程计算。

（7）规费费率：养老保险 16%，失业保险 0.7%，医疗保险 10.0%，住房公积金 8.0%，工伤保险 0.75%，合计 35.45%。

（8）利润、税金：

① 利润：根据《编制办法》规定以直接费与间接费之和扣除规费后按 7.42% 计算。

② 税金：增值税税率按 9% 计算。

（9）设备购置费：计列变压器 1 台。

（10）工程建设其他费用：按部颁编制办法规定计取。

（11）专项评价（估）费：根据业主提拱的合同金额分摊计列到每个合同段，含水土保持评估费、地震安全性评价费。

（12）预备费：

① 价差预备费：不计。

② 基本预备费：按交通运输部《编制办法》规定的费率 3% 计列。

4. 编制成果

全桥预算总金额：56 263 910 万元。公路公里造价：142 080 580 元。建筑安装工程费：50 466 827 万元，占总造价的 89.7%。

主要实物指标：

所需工日：人工 53 192 工日；机械工 14 895 工日。

木材：原木 3.43 m^3，锯材 41.8 m^3。

钢材：HPB300 钢筋 519.16 t；HRB400 钢筋 2 552.446 t；钢绞线 196.817 t。

型钢：26.933 t；钢管：26.577 t。

水泥：32.5 级水泥 6 107.5 t；42.5 级水泥 3 690.75 t。

石油沥青：143.92 t。

1.2.5 大营村大桥预算成果表

具体预算编制成果表详见：

（1）项目文件属性表（附后）。

（2）预算编制原始数据表（附后）。

（3）预算文件组成表（附后）。

造价文件属性和补充定额

项目文件：武易高速 ZK33 + 740（YK33 + 725）大营村大桥

路线公里长：0.396

平均养护月数：0

公路等级：高速公路

新建/改建：新建

冬季施工增工率：0

雨季施工增工率：0
夜间施工增工率：0
年造价上涨率：0
上涨计费年限：1.0
建管费累进办法：0
单价文件：武易高速 ZK33 + 740（YK33 + 725）大营村大桥
不变费用系数：1.0
辅助生产现场费率：0
高原生产费率文件：云南省概算预算费率标准-云交建设〔2019〕34 号
养路车船费标准：云南省车船税标准（2012）
新增工料机

代号	名称	单位	定额单价	预算单价
6003011004	伸缩缝 D-160	m	2 167.00	2 056.12
6003011009	伸缩缝 FD-80G 型	m	1 048.00	1 065.48
6005023017	BM15-5，每片含夹片、锚板、锚垫板	套	143.59	222.00

工程所在地：云南
冬季施工：不计
雨季施工：Ⅰ区 5 个月
夜间施工：计
高原施工：不计
基价系数：1
风沙施工：不计
沿海地区：不计
行车干扰：不计
工地转移（km）：100.0
施工辅助：计
基本费用：计
综合里程（km）：6.75
职工探亲：计
职工取暖：不计
财务费用：计
辅助生产：不计
利润：7.42%
税金：9.0%
养老保险：16.0%
失业保险：0.7%
医疗保险：10.0%
工伤保险：0.75%
住房公积金：8.0%

表 A.0.2-2 建设项目属性及技术经济信息表

建设项目：武易高速 ZK33＋740（YK33＋725）大营　　00 表

序号	名称	单位	信息或数量	经济指标/万元	备注
一	项目基本属性				
1	工程所在地		云南		
2	路线长度	公路公里	0.396		
3	公路等级		高速公路		
4	设计时速	km/h			
5	地形类别				
6	路面结构				
7	路基宽度	m	33.500		
8	路基长度	km	0.0		
9	桥梁长度	km	0.396		
10	隧道长度	km	0.000		
11	桥隧比	%	100.020		
二	工程造价				
1	第一部分 建筑安装工程费	公路公里	0.396	5 046.682 7	
2	第二部分 土地征用及拆迁补偿费	公路公里	0.396		
3	第三部分 工程建设其他费	公路公里	0.396	415.832 8	
4	第四部分 预备费	公路公里	0.396	163.875 5	
5	建设期贷款利息	公路公里	0.396		

编制：陈桂珍　　复核：

表 A.0.2-5　总预算表

建设项目名称：武易高速 ZK33 + 740（YK33 + 725）大营村大桥

编制范围：武易高速 ZK33 + 740（YK33 + 725）大营村大桥　　　　第 1 页共 3 页　　　　01 表

分项编号	工程或费用名称	单位	数量	金额/元	技术经济指标	各项费用比例/%	备注
1	第一部分 建筑安装工程费	公路公里	0.396	50 466 827	127 441 481.323	89.70	建设项目路线总长度（主线长度）
101	临时工程	公路公里	0.396	555 789	1 403 507.225	0.99	
10101	临时道路	km	2.5	244 044	97 617.53	0.43	
1010101	临时便道（修建、拆除与维护）	km	1.5	241 433	160 955.208	0.43	
1010102	原有道路的维护与恢复	km	1	2 611	2 611.012	0.00	
10104	临时供电设施	总额	1	124 303	124 303.116	0.22	
1010401	临时电力线路	km	1	124 303	124 303.116	0.22	
10106	临时轨道铺设	km	1.52	187 442	123 317.053	0.33	
104	桥梁涵洞工程	km	0.396	47 693 421	120 437 932.326	84.77	
10404	大桥工程	m/座	396.08/1	47 693 421	120 413.606/47 693 421.201	84.77	
1040401	大营村大桥（预制小箱梁、跨径左 12 孔 30 m，右 13 孔 30 m）	m^2/m	12 575.64/396	47 693 421	3 792.524/120 437.932	84.77	
QL01	基础工程	m^3	4 823.5	13 566 437	2 812.571	24.11	
QL0102	桩基础	m^3/m	4 823.5	12 016 374	2 491.215	21.36	
QL010201	灌注桩基础	m^3	4 823.5	12 016 374	2 491.215	21.36	
QL0105	承台	m^3	1 047.8	1 068 216	1 019.485	1.90	
QL0106	系梁（地面以下）	m^3	304.5	481 846	1 582.417	0.86	
QL02	下部构造	m^3	4 242.7	9 425 002	2 221.463	16.75	
QL0201	桥台	m^3	426.4	1 102 112	2 584.69	1.96	
QL0202	桥墩	m^3	3 816.3	8 322 890	2 180.88	14.79	
QL03	上部构造			18 718 491		33.27	
QL0304	预应力混凝土小箱梁（跨径 $L-30$ m）	m^3	5 621.6	18 718 491	3 329.744	33.27	
QL04	桥面铺装			3 501 123		6.22	
QL0401	沥青混凝土铺装	m^3	1 162.5	1 193 930	1 027.037	2.12	
QL0402	水泥混凝土铺装	m^3	990	2 307 193	2 330.498	4.10	

编制：陈桂珍　　　　复核：

表 A.0.2-5 总预算表

建设项目名称：武易高速 ZK33 + 740（YK33 + 725）大营村大桥

编制范围：武易高速 ZK33 + 740（YK33 + 725）大营村大桥　　　第 2 页共 3 页　　　01 表

分项编号	工程或费用名称	单位	数量	金额/元	技术经济指标	各项费用比例/%	备注
QL05	桥梁附属结构			2 482 368		4.41	
QL0501	桥梁支座	个	215	257 969	1 199.856	0.46	
QL050102	板式橡胶支座	个	215	257 969	1 199.856	0.46	
QL0502	伸缩缝	m	132	347 980	2 636.214	0.62	
QL0503	护栏与护网	m	1 524	883 732	579.877	1.57	
QL050304	桥梁混凝土防撞护栏	m	1 524	883 732	579.877	1.57	
QL0504	桥头搭板	m^3	110.8	180 196	1 626.313	0.32	
QL0505	锥坡及防护	m^3	112.7	323 930	2 874.268	0.58	
QL0506	桥下排水	m^3	405	244 419	603.503	0.43	
QL0507	混凝土拌和站	座	1	244 143	244 142.875	0.43	
110	专项费用	元		2 088 632		3.71	
11001	施工场地建设费	元		1 342 817		2.39	
11002	安全生产费	元		745 815		1.33	
111	设备购置费	元		128 984		0.23	
11101	用电设备	元		128 984		0.23	
2	第二部分 土地征用及拆迁补偿费	公路公里	0.396				
3	第三部分 工程建设其他费	公路公里	0.396	4 158 328	10 500 829.505	7.39	
301	建设项目管理费	公路公里	0.396	2 721 706	6 872 994.106	4.84	
30101	建设单位（业主）管理费	公路公里	0.396	1 486 318	3 753 327.333	2.64	${部颁 2018 建设单位（业主）管理费}
30102	建设项目信息化费	公路公里	0.396	175 521	443 234.144	0.31	${部颁 2018 建设项目信息化费}
30103	工程监理费	公路公里	0.396	995 094	2 512 863.97	1.77	${部颁 2018 工程监理费}
30104	设计文件审查费	公路公里	0.396	34 287	86 582.801	0.06	${部颁 2018 设计文件审查费}
30105	竣（交）工验收试验检测费	公路公里	0.396	30 486	76 985.859	0.05	
303	建设项目前期工作费	公路公里	0.396	1 165 471	2 943 109.72	2.07	${部颁 2018 建设项目前期工作费}

编制：陈桂珍　　　　复核：

表 A.0.2-5　总预算表

建设项目名称：武易高速 ZK33 + 740（YK33 + 725）大营村大桥

编制范围：武易高速 ZK33 + 740（YK33 + 725）大营村大桥　　第 3 页共 3 页　　01 表

分项编号	工程或费用名称	单位	数量	金额/元	技术经济指标	各项费用比例/%	备注
304	专项评价（估）费	公路公里	0.396	50 000	126 262.626	0.09	
30403	地震安全性评价费	元	1	50 000	50 000	0.09	
306	生产准备费	公路公里	0.396	19 800	50 000	0.04	
30602	办公和生活用家具购置费	公路公里	0.396	19 800	50 000	0.04	
308	工程保险费	公路公里	0.396	201 351	508 463.053	0.36	
4	第四部分　预备费	公路公里	0.396	1 638 755	4 138 269.326	2.91	
401	基本预备费	元		1 638 755		2.91	
402	价差预备费	元					
5	第一至四部分合计	公路公里	0.396	56 263 910	142 080 580.154	100.00	
6	建设期贷款利息	公路公里	0.396				
601	建设期贷款利息	元	1				
7	公路基本造价	公路公里	0.396	56 263 910	142 080 580.154	100.00	

编制：陈桂珍　　复核：

表 A.0.2-6 人工、主要材料、施工机械台班数量汇总表

建设项目名称：武易高速 ZK33＋740（YK33＋725）大营村大桥

编制范围：武易高速 ZK33＋740（YK33＋725）大营村大桥　　　　第 1 页共 8 页　　　　02 表

代号	规格名称	单位	单价/元	总数量	分项统计										场外运输损耗	
					临时工程	桥梁涵洞工程	专项费用	设备购置费						辅助生产	%	数量
1001001	人工	工日	101.54	53 191.927	602.130	52 589.797										
1051001	机械工	工日	101.54	14 894.873	79.605	14 815.268										
2001001	HPB300 钢筋	t	4 483.60	519.161		519.161										
2001002	HRB400 钢筋	t	4 852.71	2 552.446		2 552.446										
2001008	钢绞线（普通，无松弛）	t	5 165.66	196.817		196.817										
2001019	钢丝绳（股丝 6-7×19，绳径 7.1～9 mm；股丝 6×37，绳径 14.1～15.5 mm）	t	7 963.48	4.956		4.956										
2001020	钢纤维（扁丝切断型、钢丝切断型、高强铣销型、剪切波纹型、剪切压痕型）	t	5 011.43	0.101		0.101										
2001022	20～22 号铁丝（镀锌铁丝）	kg	4.51	8 501.405		8 501.405										
2003004	型钢（工字钢，角钢）	t	3 896.04	26.933	0.150	26.783										
2003005	钢板（A3，δ= 5～40 mm）	t	4 181.35	15.305	0.506	14.799										
2003008	钢管（无缝钢管）	t	4 159.06	26.577		26.577										
2003012	镀锌钢板（δ= 1 mm，δ= 1.5 mm，δ= 3 mm）	t	4 782.28	0.010	0.005	0.005										
2003021	钢管桩（直径 219～2 440 mm，壁厚 5～20 mm）	t	5 621.27	2.505		2.505										
2003022	钢护筒	t	5 363.60	1.892		1.892										
2003025	钢模板（各类定型大块钢模板）	t	5 871.81	96.650		96.650										
2003026	组合钢模板	t	5 566.88	3.328		3.328										
2003027	门式钢支架	t	5 211.14	0.136		0.136										
2003028	安全爬梯	t	8 917.61	6.253		6.253										
2009011	电焊条[结 422（502、506、507）3.2/4.0/5.0]	kg	5.78	16 505.150	0.300	16 504.850										

编制：陈桂珍　　　　　　　　　　　　复核：

表 A.0.2-6　人工、主要材料、施工机械台班数量汇总表

建设项目名称：武易高速 ZK33 + 740（YK33 + 725）大营村大桥

编制范围：武易高速 ZK33 + 740（YK33 + 725）大营村大桥　　　　第 2 页共 8 页　　　　02 表

代号	规格名称	单位	单价/元	总数量	分项统计									辅助生产	场外运输损耗	
					临时工程	桥梁涵洞工程	专项费用	设备购置费							%	数量
2009013	螺栓（混合规格）	kg	3.88	394.361		394.361										
2009014	镀锌螺栓（混合规格）	kg	14.83	2.800	1.400	1.400										
2009028	铁件（铁件）	kg	2.79	18 461.408	115.000	18 346.408										
2009030	铁钉（混合规格）	kg	3.80	30.951	16.013	14.938										
2009033	铸铁管	kg	2.52	2 100.000		2 100.000										
3001001	石油沥青	t	3 869.92	143.921		143.921										
3003001	重油	kg	5.91	31 001.833		31 001.833										
3003002	汽油（93 号）	kg	9.28	437.479	2.574	434.905										
3003003	柴油（0 号，−10 号，−20 号）	kg	7.60	38 572.327	2 073.518	36 498.809										
3005002	电	kW · h	0.85	1 613 465.257	14.555	1 613 450.701										
3005004	水	m^3	2.72	45 038.505	168.000	44 870.505										
4003001	原木（混合规格）	m^3	1 227.82	3.429		3.429										
4003002	锯材（中板 δ= 19 ~ 35 mm，中方混合规格）	m^3	1 412.75	41.865	3.640	38.225										
4013001	草籽	kg	63.77	18.912		18.912										
5001035	塑料波纹管 SBG-50Y	m	4.15	20 087.931		20 087.931										
5001036	塑料波纹管 SBG-60Y	m	5.06	16 343.448		16 343.448										
5003003	压浆料	t	1 791.69	92.269		92.269										
5009005	桥面防水涂料（聚合物渗透水性桥面防水涂料）	kg	19.68	20 592.000		20 592.000										
5501003	黏土（堆方）	m^3	35.69	3 053.799		2 964.854									3.000	88.946
5501007	种植土	m^3	11.94	19.290		19.290										
5501008	植物营养土	m^3	297.30	19.290		19.290										

编制：陈桂珍　　　　复核：

表 A.0.2-6　人工、主要材料、施工机械台班数量汇总表

建设项目名称：武易高速 ZK33 + 740（YK33 + 725）大营村大桥

编制范围：武易高速 ZK33 + 740（YK33 + 725）大营村大桥　　　　第 3 页共 8 页　　　　02 表

代号	规格名称	单位	单价/元	总数量	分项统计										场外运输损耗	
					临时工程	桥梁涵洞工程	专项费用	设备购置费						辅助生产	%	数量
5503007	砂砾（堆方）	m^3	88.77	96.581		95.625									1.000	0.956
5503008	天然砂砾	m^3	39.76	86.133		85.280									1.000	0.853
5503009	天然级配（堆方）	m^3	63.37	1 853.451	1 835.100										1.000	18.351
5503013	矿粉（粒经 < 0.0074 cm，重量比 > 70%）	t	220.31	100.047		99.057									1.000	0.991
5503015	路面用石屑	m^3	77.02	472.703		468.023									1.000	4.680
5505005	片石（码方）	m^3	79.55	898.471		898.471										
5505012	碎石（2 cm）（最大粒径 2 cm 堆方）	m^3	99.73	4 175.563		4 134.221									1.000	41.342
5505013	碎石（4 cm）（最大粒径 4 cm 堆方）	m^3	98.70	10 351.666		10 249.174									1.000	102.492
5505014	碎石（6 cm）（最大粒径 6 cm 堆方）	m^3	97.67	171.837	170.136										1.000	1.701
5505025	块石（码方）	m^3	66.60	23.421		23.421										
5509001	32.5 级水泥	t	384.58	6 107.518		6 047.048									1.000	60.470
5509002	42.5 级水泥	t	432.02	3 690.753		3 654.211									1.000	36.542
5511002	钢筋混凝土电杆（7 m）	根	264.10	30.000	30.000											
6001002	四氟板式橡胶组合支座（GJZF4 系列、GYZF4 系列）	dm^3	70.70	421.350		421.350										
6005005	钢绞线群锚（3 孔）（包括夹片、锚垫板和螺旋筋）	套	94.40	1 030.308		1 030.308										
7001009	120/20 聚乙烯绝缘电力电缆（规格 120/20）	m	13.73	3 150.000	3 150.000											
7801001	其他材料费	元	1.00	129 397.668	1 627.800	127 769.868										
7901001	设备摊销费	元	1.00	268493.738	67 710.360	200 783.378										
6003011004	伸缩缝 D-160	m	2 056.12	66.000		66.000										
6003011009	伸缩缝 FD-80G 型	m	1 065.48	66.000		66.000										

编制：陈桂珍　　　　　　　　复核：

表 A.0.2-6　人工、主要材料、施工机械台班数量汇总表

建设项目名称：武易高速 ZK33 + 740（YK33 + 725）大营村大桥

编制范围：武易高速 ZK33 + 740（YK33 + 725）大营村大桥　　　　第 4 页共 8 页　　　　02 表

代号	规格名称	单位	单价/元	总数量	分项统计										场外运输损耗	
					临时工程	桥梁涵洞工程	专项费用	设备购置费						辅助生产	%	数量
5505017	路面用碎石（1.5 cm）（最大粒径 1.5 cm 堆方）	m^3	99.73	1 295.776		1 282.947									1.000	12.829
5507003	青（红）砖（240 mm × 115 mm × 53 mm）	千块	358.37	88.642		86.060									3.000	2.582
6005009	钢绞线群锚（7 孔）（包括夹片、锚垫板和螺旋筋）	套	117.32	989.982		989.982										
6005023017	BM15-5，每片含夹片、锚板、锚垫板（包括夹片、锚垫板和螺旋筋）	套	222.00	959.717		959.717										
2001021	8 ~ 12 号铁丝（镀锌铁丝）	kg	3.79	94.476	43.500	50.976										
4003003	枕木（硬）	m^3	1 412.75	51.489	51.300	0.189										
5503005	中（粗）砂（混凝土、砂浆用堆方）	m^3	99.12	11 351.234		11 074.375									2.500	276.859
6001003	板式橡胶支座（GJZ 系列、GYZ 系列）	dm^3	53.53	2 121.600		2 121.600										
8001002	功率 75 kW 以内履带式推土机（TY100）	台班	883.52	79.563	26.850	52.713										
8001025	斗容量 0.6 m^3 履带式单斗挖掘机（WY60 液压）	台班	828.96	5.187		5.187										
8001035	斗容量 1.0 m^3 履带式单斗挖掘机（WK100 机械）	台班	1 053.06	10.537		10.537										
8001045	斗容量 1.0 m^3 轮胎式装载机（ZL20）	台班	590.30	53.991		53.991										
8001047	斗容量 2.0 m^3 轮胎式装载机（ZL40）	台班	999.50	11.799		11.799										
8001078	机械自身质量 6 ~ 8 t 光轮压路机（2Y-6/8）	台班	359.35	6.780	6.780											
8001079	机械自身质量 8 ~ 10 t 光轮压路机（2Y-8/10）	台班	395.46	6.600	3.060	3.540										
8001081	机械自身质量 12 ~ 15 t 光轮压路机（3Y-12/15）	台班	588.75	9.270	9.270											
8001085	机械自身质量 0.6 t 手扶式振动碾（YZS06B）	台班	160.38	6.285	6.285											
8001095	蛙式夯土机（200 ~ 620 N · m）（HW-280）	台班	29.88	26.760		26.760										
8001132	机动液压喷播机（CYP-4456）	台班	346.45	1.393		1.393										

编制：陈桂珍　　　　复核：

表 A.0.2-6 人工、主要材料、施工机械台班数量汇总表

建设项目名称：武易高速 ZK33 + 740（YK33 + 725）大营村大桥

编制范围：武易高速 ZK33 + 740（YK33 + 725）大营村大桥 第 5 页共 8 页 02 表

代号	规格名称	单位	单价/元	总数量	分项统计										场外运输损耗	
					临时工程	桥梁涵洞工程	专项费用	设备购置费						辅助生产	%	数量
8003038	容量 4 000 L 以内沥青洒布车（LS-3500）	台班	618.59	0.743		0.743										
8003048	生产能力 60 t/h 以内沥青混合料拌和设备（LB800）	台班	13 780.22	9.242		9.242										
8003057	最大摊铺宽度 4.5 m 以内沥青混合料摊铺机（带自动找平）（2LTZ45）	台班	1 307.79	8.812		8.812										
8003063	机械自身质量 10 t 以内双钢轮振动压路机（YZC-10）	台班	1 094.70	15.857		15.857										
8003066	机械自身质量 9～16 t 轮胎式压路机（YL16）	台班	651.58	7.928		7.928										
8003067	机械自身质量 16～20 t 轮胎式压路机（YL20）	台班	767.56	6.766		6.766										
8003083	混凝土电动刻纹机（RQF180）	台班	260.06	42.570		42.570										
8005002	出料容量 250 L 以内强制式混凝土搅拌机（JD250）	台班	173.12	45.786		45.786										
8005010	出料容量 400 L 以内灰浆搅拌机（UJ325）	台班	133.05	1.917		1.917										
8005031	容量 6 m^3 以内混凝土搅拌运输车（MR45）	台班	1 320.81	170.384		170.384										
8005051	排量 60 m^3/h 以内混凝土输送泵（BSA1406，HBT60）	台班	1 255.56	162.664		162.664										
8005060	生产能力 60 m^3/h 以内混凝土搅拌站（HZS60）	台班	1 699.52	56.481		56.481										
8005079	智能张拉系统（LX-MSP 型）	台班	630.22	250.549		250.549										
8005084	智能压浆系统（HJZJ-2 型）	台班	689.59	9.533		9.533										
8007003	装载质量 4 t 以内载货汽车（CA10B）	台班	500.40	1.299		1.299										
8007005	装载质量 6 t 以内载货汽车（CA141K，CA1091K）	台班	495.62	0.280	0.140	0.140										
8007006	装载质量 8 t 以内载货汽车（JN150）	台班	609.67	4.025		4.025										

编制：陈桂珍 复核：

表 A.0.2-6　人工、主要材料、施工机械台班数量汇总表

建设项目名称：武易高速 ZK33 + 740（YK33 + 725）大营村大桥

编制范围：武易高速 ZK33 + 740（YK33 + 725）大营村大桥　　　　第 6 页共 8 页　　　　02 表

代号	规格名称	单位	单价/元	总数量	分项统计										场外运输损耗	
					临时工程	桥梁涵洞工程	专项费用	设备购置费						辅助生产	%	数量
8007007	装载质量 10 t 以内载货汽车（JN161，JN162）	台班	673.78	11.059		11.059										
8007009	装载质量 15 t 以内载货汽车（SH161，T815）	台班	923.98	1.092		1.092										
8007012	装载质量 5 t 以内自卸汽车（CA340）	台班	612.49	7.568		7.568										
8007014	装载质量 8 t 以内自卸汽车（QD351）	台班	685.75	14.450		14.450										
8007023	装载质量 15 t 以内平板拖车组（JN462）	台班	785.70	0.322		0.322										
8007024	装载质量 20 t 以内平板拖车组	台班	953.32	10.047		10.047										
8007026	装载质量 40 t 以内平板拖车组	台班	1 416.29	2.880		2.880										
8007041	容量 6 000 L 以内洒水汽车（YGJ5102GSSEQ）	台班	728.94	1.318		1.318										
8007043	容量 10 000 L 以内洒水汽车（YGJ5170GSSJN）	台班	1 111.58	0.465		0.465										
8007046	装载质量 1.0 t 以内机动翻斗车（F10A）	台班	209.72	20.537		20.537										
8007050	功率 30 kW 轨道拖车头	台班	316.26	3.135		3.135										
8009020	提升质量 20 t 以内轮胎式起重机（QLY16A）	台班	1 136.87	3.172		3.172										
8009025	提升质量 5 t 以内汽车式起重机（QY5）	台班	655.60	0.200	0.100	0.100										
8009027	提升质量 12 t 以内汽车式起重机（QY12）	台班	848.41	19.326		19.326										
8009028	提升质量 16 t 以内汽车式起重机（QY16）	台班	1 025.95	12.333		12.333										
8009029	提升质量 20 t 以内汽车式起重机（QY20）	台班	1 212.62	31.525		31.525										
8009030	提升质量 25 t 以内汽车式起重机（QY25）	台班	1 361.00	295.986		295.986										
8009031	提升质量 30 t 以内汽车式起重机（QY30）	台班	1 459.54	5.370		5.370										

编制：陈桂珍　　　　复核：

表 A.0.2-6 人工、主要材料、施工机械台班数量汇总表

建设项目名称：武易高速 ZK33 + 740（YK33 + 725）大营村大桥

编制范围：武易高速 ZK33 + 740（YK33 + 725）大营村大桥　　　　第 7 页共 8 页　　　　02 表

代号	规格名称	单位	单价/元	总数量	分项统计									场外运输损耗	
					临时工程	桥梁涵洞工程	专项费用	设备购置费					辅助生产	%	数量
8009080	牵引力 30 kN 以内单筒慢动电动卷扬机（JJM-3）	台班	149.29	789.323		789.323									
8009081	牵引力 50 kN 以内单筒慢动电动卷扬机（JJM-5）	台班	167.56	1 395.712		1 395.712									
8009083	牵引力 100 kN 以内单筒慢动电动卷扬机（JJM-10）	台班	258.91	3.172		3.172									
8011013	激振力 500 kN 以内振动打拔桩锤（DZ45）	台班	650.99	3.058		3.058									
8011014	激振力 600 kN 以内振动打拔桩锤（DZ60）	台班	769.95	0.499		0.499									
8011030	JK10 型冲击钻机（75 kW）	台班	677.67	3 569.038		3 569.038									
8011035	钻孔直径 1 500 mm 以内回旋钻机（GPS-15，ZJ150-1）	台班	1 337.21	129.052		129.052									
8011056	泥浆分离器（ZX-200）	台班	422.05	55.579		55.579									
8011057	容量 100～150 L 泥浆搅拌机	台班	119.76	135.038		135.038									
8013024	出水口直径 100 mm 以内泥浆泵（4PN）	台班	267.63	160.455		160.455									
8015006	数控钢筋弯箍机	台班	846.99	12.654		12.654									
8015007	数控立式钢筋弯曲中心	台班	1 000.16	242.016		242.016									
8015008	全自动钢筋笼滚焊机	台班	857.59	78.806		78.806									
8015028	容量 32 kV · A 以内交流电弧焊机（BX1-330）	台班	179.49	1 965.875	0.170	1 965.705									
8015029	容量 42 kV · A 以内交流电弧焊机（BX2-500）	台班	223.08	38.306		38.306									
8015048	容量 100 kV · A 以内交流对焊机（UN1-100）	台班	364.77	126.541		126.541									
8017049	排气量 9 m^3/min 以内机动空气压缩机（VY-9/7）	台班	728.75	1.576		1.576									
8019005	功率 221 kW 以内内燃拖轮	台班	2 219.86	3.307		3.307									
8019023	装载质量 200 t 以内工程驳船	台班	219.93	14.758		14.758									

编制：陈桂珍　　　　复核：

表 A.0.2-6　人工、主要材料、施工机械台班数量汇总表

建设项目名称：武易高速 ZK33 + 740（YK33 + 725）大营村大桥

编制范围：武易高速 ZK33 + 740（YK33 + 725）大营村大桥　　　　第 8 页共 8 页　　　　02 表

代号	规格名称	单位	单价/元	总数量	分项统计										场外运输损耗	
					临时工程	桥梁涵洞工程	专项费用	设备购置费						辅助生产	%	数量
8099001	小型机具使用费	元	1.00	73 675.611		73 675.611										

编制：陈桂珍　　　　复核：

表 A.0.2-7　建筑安装工程费计算表

建设项目名称：武易高速 ZK33＋740（YK33＋725）大营村大桥

编制范围：武易高速 ZK33＋740（YK33＋725）大营村大桥　　　　第 1 页共 2 页　　　　03 表

序号	分项编号	工程名称	单位	工程量	定额直接费/元	定额设备购置费/元	直接费/元				设备购置费	措施费	企业管理费	规费	利润/元	税金/元	金额合计/元	
							人工费	材料费	施工机械使用费	合计					费率/% 7.42%	税率/% 9.0%	合计	单价
1	2	3	4	5	6	7	8	9	10	11	12	13	14	15	16	17	18	19
1	1010101	临时便道（修建、拆除与维护）	km	1.500	180 256		35 564	115 607	33 162	184 333		2 241	5 581	15 387	13 955	19 935	241 433	160 955.21
2	1010102	原有道路的维护与恢复	km	1.000	1 972		203	1 141	673	2 016		26	61	139	153	216	2 611	2611.01
3	1010401	临时电力线路	km	1.000	99 562		5 382	93 012	165	98 559		1 260	4 481	1 926	7 813	10 264	124 303	124 303.12
4	10106	临时轨道铺设	km	1.520	145 743		19 991	125 026		145 017		1 920	6 502	7 087	11 439	15 477	187 442	123 317.05
5	QL010201	灌注桩基础	m^3	4 823.500	7 985 863		1 321 690	4 565 227	3 134 460	9 021 377		185 446	407 301	773 540	636 533	992 178	12 016 374	2 491.21
6	QL0105	承台	m^3	1 047.800	682 911		113 294	662 656	63 831	839 780		10 743	32 008	43 639	53 844	88 201	1 068 216	1 019.48
7	QL0106	系梁（地面以下）	m^3	304.500	301 378		41 146	312 938	31 230	385 314		4 006	12 653	16 489	23 598	39 785	481 846	1 582.42
8	QL0201	桥台	m^3	426.400	688 097		118 620	688 749	67 013	874 382		9 155	27 788	45 988	53 798	91 000	1 102 112	2 584.69
9	QL0202	桥墩	m^3	3 816.300	5 258 977		772 513	5 348 006	506 666	6 627 184		71 367	222 670	302 424	412 034	687 211	8 322 890	2 180.88
10	QL0304	预应力混凝土小箱梁（跨径 $L-30$ m）	m^3	5 621.600	12 117 015		2 262 549	11 100 706	1 212 542	14 575 796		171 229	503 375	973 390	949 138	1 545 563	18 718 491	3 329.74
11	QL0401	沥青混凝土铺装	m^3	1 162.500	1 020 751		16 046	752 531	195 658	964 235		10 189	31 687	10 391	78 847	98 581	1 193 930	1 027.04
12	QL0402	水泥混凝土铺装	m^3	990.000	1 404 052		191 735	1 595 550	79 142	1 866 428		14 673	50 007	76 603	108 980	190 502	2 307 193	2 330.50
13	QL050102	板式橡胶支座	个	215.000	177 874		25 821	172 044	1 597	199 462		3 273	10 273	9 457	14 203	21 300	257 969	1 199.86
14	QL0502	伸缩缝	m	132.000	275 575		21 991	245 244	10 896	278 131		2 013	8 794	9 060	21 249	28 732	347 980	2 636.21
15	QL050304	桥梁混凝土防撞护栏	m	1 524.000	582 214		151 152	515 016	15 596	681 765		6 756	21 956	54 955	45 331	72 969	883 732	579.88
16	QL0504	桥头搭板	m^3	110.800	111 233		23 886	110 288	7 139	141 313		1 587	4 709	8 987	8 721	14 879	180 196	1 626.31
17	QL0505	锥坡及防护	m^3	112.700	209 735		134 833	75 201	6 330	216 364		5 089	10 686	48 312	16 733	26 747	323 930	2 874.27
18	QL0506	桥下排水	m^3	405.000	166 321		58 454	114 621	6 700	179 774		2 533	7 390	21 463	13 077	20 181	244 419	603.50
19	QL0507	混凝土拌和站	座	1.000	168 818		86 238	66 336	16 022	168 596		2 905	7 571	31 609	13 304	20 159	244 143	244 142.88
20	11001	施工场地建设费	元							1 342 817							1 342 817	

编制：陈桂珍　　　　复核：

表 A.0.2-7　建筑安装工程费计算表

建设项目名称：武易高速 ZK33 + 740（YK33 + 725）大营村大桥

编制范围：武易高速 ZK33 + 740（YK33 + 725）大营村大桥　　　　第 2 页共 2 页　　　　03 表

序号	分项编号	工程名称	单位	工程量	定额直接费/元	定额设备购置费/元	直接费/元				设备购置费	措施费	企业管理费	规费	利润/元	税金/元	金额合计/元	
							人工费	材料费	施工机械使用费	合计					费率/% 7.42%	税率/% 9.0%	合计	单价
1	2	3	4	5	6	7	8	9	10	11	12	13	14	15	16	17	18	19
21	11002	安全生产费	元							745 815							745 815	
22	11101	用电设备	元			128 205					118 334					10 650	128 984	
23		合计	公路公里	0.396	31 578 345	128 205	5 401 108	26 659 898	5 388 821	39 538 459	118 334	506 410	1 375 495	2 450 848	2 482 751	3 994 530	50 466 827	127 441 481.32

编制：陈桂珍　　　　复核：

表 A.0.2-8　综合费率计算表

建设项目名称：武易高速 ZK33 + 740（YK33 + 725）大营村大桥

编制范围：武易高速 ZK33 + 740（YK33 + 725）大营村大桥　　　　第 1 页共 1 页　　　　04 表

序号	工程类别	措施费/%											企业管理费/%						规费/%					
		冬季施工增加费	雨季施工增加费	夜间施工增加费	高原地区施工增加费	风沙地区施工增加费	沿海地区施工增加费	行车干扰施工增加费	施工辅助费	工地转移费	综合费率		基本费用	主副食运费补贴	职工探亲路费	职工取暖补贴	财务费用	综合费率	养老保险费	失业保险费	医疗保险费	工伤保险费	住房公积金	综合费率
											Ⅰ	Ⅱ												
1	2	3	4	5	6	7	8	9	10	11	12	13	14	15	16	17	18	19	20	21	22	23	24	25
01	土方		0.67						0.52	0.30	0.97	0.52	2.75	0.15	0.19		0.27	3.36	16.00	0.70	10.00	0.75	8.00	35.45
02	石方		0.63						0.47	0.21	0.84	0.47	2.79	0.14	0.20		0.26	3.39	16.00	0.70	10.00	0.75	8.00	35.45
03	运输		0.68						0.15	0.20	0.88	0.15	1.37	0.15	0.13		0.26	1.92	16.00	0.70	10.00	0.75	8.00	35.45
04	路面		0.65						0.82	0.44	1.09	0.82	2.43	0.11	0.16		0.40	3.10	16.00	0.70	10.00	0.75	8.00	35.45
05	隧道								1.20	0.35	0.35	1.20	3.57	0.12	0.27		0.51	4.47	16.00	0.70	10.00	0.75	8.00	35.45
06	构造物Ⅰ		0.46						1.20	0.35	0.81	1.20	3.59	0.13	0.27		0.47	4.46	16.00	0.70	10.00	0.75	8.00	35.45
06-1	构造物Ⅰ（绿化）		0.46						1.20	0.35	0.81	1.20	3.59	0.13	0.27		0.47	4.46	16.00	0.70	10.00	0.75	8.00	35.45
07	构造物Ⅱ		0.53	0.90					1.54	0.45	1.88	1.54	4.73	0.16	0.35		0.55	5.78	16.00	0.70	10.00	0.75	8.00	35.45
08	构造物Ⅲ（一般）		1.03	1.70					2.73	0.84	3.57	2.73	5.98	0.28	0.55		1.09	7.90	16.00	0.70	10.00	0.75	8.00	35.45
08-1	构造物Ⅲ（室内）			1.70					2.73	0.84	2.54	2.73	5.98	0.28	0.55		1.09	7.90	16.00	0.70	10.00	0.75	8.00	35.45
08-2	构造物Ⅲ（桥梁）		1.03	1.70					2.73	0.84	3.57	2.73	5.98	0.28	0.55		1.09	7.90	16.00	0.70	10.00	0.75	8.00	35.45
08-3	构造物Ⅲ（设备安装）								2.73	0.84	0.84	2.73	5.98	0.28	0.55		1.09	7.90	16.00	0.70	10.00	0.75	8.00	35.45
09	技术复杂大桥		0.65	0.93					1.68	0.52	2.10	1.68	4.14	0.13	0.21		0.64	5.12	16.00	0.70	10.00	0.75	8.00	35.45
10	钢材及钢结构（一般）			0.87					0.56	0.47	1.35	0.56	2.24	0.13	0.16		0.65	3.19	16.00	0.70	10.00	0.75	8.00	35.45
10-1	钢材及钢结构（桥梁）			0.87					0.56	0.47	1.35	0.56	2.24	0.13	0.16		0.65	3.19	16.00	0.70	10.00	0.75	8.00	35.45
10-2	钢材及钢结构（金属标志牌等）								0.56	0.47	0.47	0.56	2.24	0.13	0.16		0.65	3.19	16.00	0.70	10.00	0.75	8.00	35.45

编制：陈桂珍　　　　复核：

表 A.0.2-10　设备费计算表

建设项目名称：武易高速 ZK33 + 740（YK33 + 725）大营村大桥

编制范围；武易高速 ZK33 + 740（YK33 + 725）大营村大桥　　　　第 1 页共 1 页　　　　05 表

代号	设备名称	规格型号	单位	数量	基价	定额设备购置费/元	单价/元	设备购置费/元	税金/元	定额设备费/元	设备费/元
7509003	变压器		台	1.00	128 205.13	128 205.13	118 334.35	118 334.35	10 650.09	138 855.22	128 984.44

编制：陈桂珍　　　　复核：

表 A.0.2-11　专项费用计算表

建设项目名称：武易高速 ZK33 + 740（YK33 + 725）大营村大桥

编制范围：武易高速 ZK33 + 740（YK33 + 725）大营村大桥　　　　第 1 页共 1 页　　　　06 表

序号	工程或费用名称	说明及计算式	金额/元	备注
11001	施工场地建设费	{部颁 2018 施工场地建设费}	1 342 817	1 342 817
11002	安全生产费	{A}×1.5%	745 815	745 815

编制：陈桂珍　　　　复核：

表 A.0.2-13　工程建设其他费计算表

建设项目名称：武易高速 ZK33 + 740（YK33 + 725）大营村大桥

编制范围：武易高速 ZK33 + 740（YK33 + 725）大营村大桥　　　　第 1 页共 1 页　　　　08 表

序号	费用名称及项目	说明及计算式	金额/元	备注
301	建设项目管理费		2 721 706	
30101	建设单位（业主）管理费	0.033 379 174 5×［定额建筑安装工程费（不含专项费用）+ 专项费用］	1 486 318	${部颁 2018 建设单位（业主）管理费}
30102	建设项目信息化费	0.003 941 779 8×［定额建筑安装工程费（不含专项费用）+ 专项费用］	175 521	${部颁 2018 建设项目信息化费}
30103	工程监理费	0.022 347 458 0×［定额建筑安装工程费（不含专项费用）+ 专项费用］	995 094	${部颁 2018 工程监理费}
30104	设计文件审查费	0.000 770 000 1×［定额建筑安装工程费（不含专项费用）+ 专项费用］	34 287	${部颁 2018 设计文件审查费}
30105	竣（交）工验收试验检测费		30 486	
3010501	桥梁竣（交）工验收试验检测费	762.16（m）×40	30 486	
303	建设项目前期工作费	0.026 173 729 1×［定额建筑安装工程费（不含专项费用）+ 专项费用］	1 165 471	${部颁 2018 建设项目前期工作费}
304	专项评价（估）费		50 000	
30403	地震安全性评价费	1（元）×50 000	50 000	
306	生产准备费		19 800	
30602	办公和生活用家具购置费	{部颁 2018 办公及生活用家具购置费}	19 800	19 800
308	工程保险费	（建安工程费 − 设备费）×0.4%	201 351	（50 466 826.6 − 128 984.44）×0.4%

编制：陈桂珍　　　　复核：

表 A.0.2-14　人工、材料、施工机械台班单价汇总表

建设项目名称：武易高速 ZK33 + 740（YK33 + 725）大营村大桥

编制范围：武易高速 ZK33 + 740（YK33 + 725）大营村大桥　　第 1 页共 4 页　　09 表

序号	名称	单位	代号	预算单价/元	备注	序号	名称	单位	代号	预算单价/元	备注
1	人工	工日	1001001	101.54		19	铁件	kg	2009028	2.79	
2	机械工	工日	1051001	101.54		20	铁钉混合规格	kg	2009030	3.80	
3	HPB300 钢筋	t	2001001	4 483.60		21	铸铁管	kg	2009033	2.52	
4	HRB400 钢筋	t	2001002	4 852.71		22	石油沥青	t	3001001	3 869.92	
5	钢绞线普通，无松弛	t	2001008	5 165.66		23	重油	kg	3003001	5.91	
6	钢纤维扁丝切断型、钢丝切断型、高强铣销型、剪切波纹型、剪切压痕型	t	2001020	5 011.43		24	汽油 93 号	kg	3003002	9.28	
7	20～22 号铁丝镀锌铁丝	kg	2001022	4.51		25	柴油 0 号，－10 号，－20 号	kg	3003003	7.60	
8	型钢工字钢，角钢	t	2003004	3 896.04		26	电	kW · h	3005002	0.85	
9	钢板 A3，δ= 5～40 mm	t	2003005	4 181.35		27	水	m^3	3005004	2.72	
10	钢管无缝钢管	t	2003008	4 159.06		28	原木混合规格	m^3	4003001	1 227.82	
11	镀锌钢板 δ= 1 mm，δ= 1.5mm，δ= 3 mm	t	2003012	4 782.28		29	锯材中板 δ= 19～35 mm，中方混合规格	m^3	4003002	1 412.75	
12	钢管桩直径 219～2 440 mm，壁厚 5～20 mm	t	2003021	5 621.27		30	草籽	kg	4013001	63.77	
13	钢模板各类定型大块钢模板	t	2003025	5 871.81		31	塑料波纹管 SBG-50Y	m	5001035	4.15	
14	组合钢模板	t	2003026	5 566.88		32	塑料波纹管 SBG-60Y	m	5001036	5.06	
15	门式钢支架	t	2003027	5 211.14		33	压浆料	t	5003003	1 791.69	
16	安全爬梯	t	2003028	8 917.61		34	桥面防水涂料聚合物渗透水性桥面防水涂料	kg	5009005	19.68	
17	螺栓混合规格	kg	2009013	3.88		35	黏土堆方	m^3	5501003	35.69	
18	镀锌螺栓混合规格	kg	2009014	14.83		36	种植土	m^3	5501007	11.94	

编制：陈桂珍　　复核：

表 A.0.2-14　人工、材料、施工机械台班单价汇总表

建设项目名称：武易高速 ZK33 + 740（YK33 + 725）大营村大桥

编制范围：武易高速 ZK33 + 740（YK33 + 725）大营村大桥　　　　第 2 页共 4 页　　　　09 表

序号	名称	单位	代号	预算单价/元	备注	序号	名称	单位	代号	预算单价/元	备注
37	砂砾堆方	m^3	5503007	88.77		55	其他材料费	元	7801001	1.00	
38	天然砂砾	m^3	5503008	39.76		56	设备摊销费	元	7901001	1.00	
39	天然级配堆方	m^3	5503009	63.37		57	伸缩缝 FD-80G 型	m	6003011009	1 065.48	
40	矿粉粒径 < 0.007 4 cm，重量比 > 70%	t	5503013	220.31		58	钢丝绳股丝 6-7×19，绳径 7.1 ~ 9 mm；股丝 6×37，绳径 14.1 ~ 15.5 mm	t	2001019	7 963.48	
41	路面用石屑	m^3	5503015	77.02		59	钢护筒	t	2003022	5 363.60	
42	片石码方	m^3	5505005	79.55		60	电焊条结 422（502、506、507）3.2/4.0/5.0	kg	2009011	5.78	
43	碎石（2 cm）最大粒径 2 cm 堆方	m^3	5505012	99.73		61	植物营养土	m^3	5501008	297.30	
44	碎石（4 cm）最大粒径 4 cm 堆方	m^3	5505013	98.70		62	伸缩缝 D-160	m	6003011004	2 056.12	
45	碎石（6 cm）最大粒径 6 cm 堆方	m^3	5505014	97.67		63	钢绞线群锚（7 孔）包括夹片、锚垫板和螺旋筋	套	6005009	117.32	
46	路面用碎石（1.5 cm）最大粒径 1.5 cm 堆方	m^3	5505017	99.73		64	BM15-5，每片含夹片、锚板、锚垫板，包括夹片、锚垫板和螺旋筋	套	6005023017	222.00	
47	块石码方	m^3	5505025	66.60		65	8 ~ 12 号铁丝镀锌铁丝	kg	2001021	3.79	
48	青（红）砖 240 mm × 115 mm × 53 mm	千块	5507003	358.37		66	枕木硬	m^3	4003003	1 412.75	
49	32.5 级水泥	t	5509001	384.58		67	中（粗）砂混凝土、砂浆用堆方	m^3	5503005	99.12	
50	42.5 级水泥	t	5509002	432.02		68	板式橡胶支座 GJZ 系列、GYZ 系列	dm^3	6001003	53.53	
51	钢筋混凝土电杆（7m）	根	5511002	264.10		69	功率 75 kW 以内履带式推土机 TY100	台班	8001002	883.52	
52	四氟板式橡胶组合支座 GJZF4 系列、GYZF4 系列	dm^3	6001002	70.70		70	斗容量 0.6 m^3 履带式单斗挖掘机 WY60 液压	台班	8001025	828.96	
53	钢绞线群锚（3 孔）包括夹片、锚垫板和螺旋筋	套	6005005	94.40		71	斗容量 1.0 m^3 履带式单斗挖掘机 WK100 机械	台班	8001035	1 053.06	
54	120/20 聚乙烯绝缘电力电缆规格 120/20	m	7001009	13.73		72	斗容量 1.0 m^3 轮胎式装载机 ZL20	台班	8001045	590.30	

编制：陈桂珍　　　　复核：

表 A.0.2-14 人工、材料、施工机械台班单价汇总表

建设项目名称：武易高速 ZK33 + 740（YK33 + 725）大营村大桥

编制范围：武易高速 ZK33 + 740（YK33 + 725）大营村大桥　　　　第 3 页共 4 页　　　　09 表

序号	名称	单位	代号	预算单价/元	备注	序号	名称	单位	代号	预算单价/元	备注
73	斗容量 2.0 m^3 轮胎式装载机 ZL40	台班	8001047	999.50		91	装载质量 6 t 以内载货汽车 CA141K，CA1091K	台班	8007005	495.62	
74	机械自身质量 6～8 t 光轮压路机 2Y-6/8	台班	8001078	359.35		92	装载质量 8 t 以内载货汽车 JN150	台班	8007006	609.67	
75	机械自身质量 0.6 t 手扶式振动碾 YZS06B	台班	8001085	160.38		93	装载质量 10 t 以内载货汽车 JN161,JN162	台班	8007007	673.78	
76	蛙式夯土机（200～620 N·m）HW-280	台班	8001095	29.88		94	装载质量 5 t 以内自卸汽车 CA340	台班	8007012	612.49	
77	机动液压喷播机 CYP-4456	台班	8001132	346.45		95	装载质量 8 t 以内自卸汽车 QD351	台班	8007014	685.75	
78	容量 4 000 L 以内沥青洒布车 LS-3500	台班	8003038	618.59		96	装载质量 15 t 以内平板拖车组 JN462	台班	8007023	785.70	
79	机械自身质量 10 t 以内双钢轮振动压路机 YZC-10	台班	8003063	1 094.70		97	装载质量 20 t 以内平板拖车组	台班	8007024	953.32	
80	机械自身质量 9～16 t 轮胎式压路机 YL16	台班	8003066	651.58		98	容量 6 000 L 以内洒水汽车 YGJ5102GSSEQ	台班	8007041	728.94	
81	机械自身质量 16～20 t 轮胎式压路机 YL20	台班	8003067	767.56		99	容量 10 000 L 以内洒水汽车 YGJ5170GSSJN	台班	8007043	1 111.58	
82	混凝土电动刻纹机 RQF180	台班	8003083	260.06		100	装载质量 1.0 t 以内机动翻斗车 F10A	台班	8007046	209.72	
83	出料容量 250 L 以内强制式混凝土搅拌机 JD250	台班	8005002	173.12		101	功率 30 kW 轨道拖车头	台班	8007050	316.26	
84	出料容量 400 L 以内灰浆搅拌机 UJ325	台班	8005010	133.05		102	提升质量 20 t 以内轮胎式起重机 QLY16A	台班	8009020	1 136.87	
85	容量 6 m^3 以内混凝土搅拌运输车 MR45	台班	8005031	1 320.81		103	提升质量 5 t 以内汽车式起重机 QY5	台班	8009025	655.60	
86	排量 60 m^3/h 以内混凝土输送泵 BSA1406，HBT60	台班	8005051	1 255.56		104	提升质量 12 t 以内汽车式起重机 QY12	台班	8009027	848.41	
87	生产能力 60 m^3/h 以内混凝土搅拌站 HZS60	台班	8005060	1 699.52		105	提升质量 16 t 以内汽车式起重机 QY16	台班	8009028	1 025.95	
88	智能张拉系统 LX-MSP 型	台班	8005079	630.22		106	提升质量 20 t 以内汽车式起重机 QY20	台班	8009029	1 212.62	
89	智能压浆系统 HJZJ-2 型	台班	8005084	689.59		107	提升质量 25 t 以内汽车式起重机 QY25	台班	8009030	1 361.00	
90	装载质量 4 t 以内载货汽车 CA10B	台班	8007003	500.40		108	提升质量 30 t 以内汽车式起重机 QY30	台班	8009031	1 459.54	

编制：陈桂珍　　　　复核：

表 A.0.2-14　人工、材料、施工机械台班单价汇总表

建设项目名称：武易高速 ZK33 + 740（YK33 + 725）大营村大桥

编制范围：武易高速 ZK33 + 740（YK33 + 725）大营村大桥　　第 4 页共 4 页　　09 表

序号	名称	单位	代号	预算单价/元	备注	序号	名称	单位	代号	预算单价/元	备注
109	牵引力 50 kN 以内单筒慢动电动卷扬机 JJM-5	台班	8009081	167.56		127	小型机具使用费	元	8099001	1.00	
110	牵引力 100 kN 以内单筒慢动电动卷扬机 JJM-10	台班	8009083	258.91		128	最大摊铺宽度 4.5 m 以内沥青混合料摊铺机（带自动找平）2LTZ45	台班	8003057	1 307.79	
111	激振力 500 kN 以内振动打拔桩锤 DZ45	台班	8011013	650.99		129	牵引力 30 kN 以内单筒慢动电动卷扬机 JJM-3	台班	8009080	149.29	
112	JK10 型冲击钻机 75 kW	台班	8011030	677.67		130	机械自身质量 8～10 t 光轮压路机 2Y-8/10	台班	8001079	395.46	
113	钻孔直径 1 500 mm 以内回旋钻机 GPS-15，ZJ150-1	台班	8011035	1 337.21		131	生产能力 60 t/h 以内沥青混合料拌和设备 LB800	台班	8003048	13 780.22	
114	泥浆分离器 ZX-200	台班	8011056	422.05		132	装载质量 15 t 以内载货汽车 SH161，T815	台班	8007009	923.98	
115	容量 100～150L 泥浆搅拌机	台班	8011057	119.76		133	激振力 600 kN 以内振动打拔桩锤 DZ60	台班	8011014	769.95	
116	出水口直径 100 mm 以内泥浆泵 4PN	台班	8013024	267.63		134	排气量 9 m^3/min 以内机动空气压缩机 VY-9/7	台班	8017049	728.75	
117	数控钢筋弯箍机	台班	8015006	846.99		135	定额基价	元	1 999	1.00	
118	数控立式钢筋弯曲中心	台班	8015007	1 000.16							
119	全自动钢筋笼滚焊机	台班	8015008	857.59							
120	容量 32 kV·A 以内交流电弧焊机 BX1-330	台班	8015028	179.49							
121	容量 42 kV·A 以内交流电弧焊机 BX2-500	台班	8015029	223.08							
122	容量 100 kV·A 以内交流对焊机 UN1-100	台班	8015048	364.77							
123	机械自身质量 12～15 t 光轮压路机 3Y-12/15	台班	8001081	588.75							
124	装载质量 40 t 以内平板拖车组	台班	8007026	1 416.29							
125	功率 221 kW 以内内燃拖轮	台班	8019005	2 219.86							
126	装载质量 200 t 以内工程驳船	台班	8019023	219.93							

编制：陈桂珍　　　　复核：

表 A.0.3-2　分项工程预算表

编制范围：武易高速 ZK33 + 740（YK33 + 725）大营村大桥

分项编号：QL0304　　工程名称：预应力混凝土小箱梁（跨径 $L-30$ m）　单位：m^3　　数量：5 621.6　　单价：3 329.74　　第 42 页共 84 页　　21-2 表

代号	工程项目			大型预制构件底座			机械挖基坑土、石方			预制安装预应力箱梁			机械挖基坑土、石方		
	工程细目			平面底座			斗容量 1.0 m^3 以内挖掘机挖基坑≤1 500 m^3 土方			预制等截面箱梁混凝土泵送			斗容量 1.0 m^3 以内挖掘机挖基坑≤1 500 m^3 土方		
	定额单位			10 m^2 底座面积			1 000 m^3			10 m^3			1 000 m^3		
	工程数量			163.200			0.233			505.060			0.323		
	定额表号			4～11～9～1			4～1～3～3			4～7～15～2			4～1～3～3		
	工、料、机名称	单位	单价/元	定额	数量	金额/元	定额	数量	金额/元	定额	数量	金额/元	定额	数量	金额/元
1001001	人工	工日	101.54	8.300	1 354.560	137 542.02	110.200	25.622	2 601.61	16.400	8 282.984	841 054.20	110.200	35.540	3 608.68
2001001	HPB300 钢筋	t	4 483.60	0.050	8.160	36 586.18				0.002	1.010	4 528.97			
2001019	钢丝绳股丝 6-7×19，绳径 7.1～9 mm；股丝 6×37，绳径 14.1～15.5 mm	t	7 963.48							0.004	2.020	16 088.14			
2003004	型钢工字钢，角钢	t	3 896.04	0.050	8.160	31 791.69				0.002	1.010	3 935.47			
2003005	钢板 A3，δ= 5～40 mm	t	4 181.35	0.020	3.264	13 647.93									
2003025	钢模板各类定型大块钢模板	t	5 871.81							0.080	40.405	237 249.31			
2009011	电焊条结 422（502、506、507）3.2/4.0/5.0	kg	5.78	0.700	114.240	660.31									
2009028	铁件	kg	2.79	6.800	1 109.760	3 096.23				7.200	3 636.432	10 145.65			
3005004	水	m^3	2.72	4.000	652.800	1 775.62				16.000	8 080.960	21 980.21			
4003002	锯材中板 δ= 19～35 mm，中方混合规格	m^3	1 412.75							0.010	5.051	7 135.24			
5503005	中（粗）砂混凝土、砂浆用堆方	m^3	99.12	2.700	440.640	43 676.24				5.460	2 757.628	273 336.05			
5505005	片石码方	m^3	79.55	4.500	734.400	58 421.52									
5505012	碎石（2 cm）最大粒径 2 cm 堆方	m^3	99.73							6.800	3 434.408	342 513.51			
5505013	碎石（4 cm）最大粒径 4 cm 堆方	m^3	98.70	1.700	277.440	27 383.33									
5509001	32.5 级水泥	t	384.58	0.840	137.088	52 721.30									
5509002	42.5 级水泥	t	432.02							5.706	2 881.872	1 245 026.50			
7801001	其他材料费	元	1.00	1.100	179.520	179.52				42.900	21 667.074	21 667.07			
8001035	斗容量 1.0 m^3 履带式单斗挖掘机 WK100 机械	台班	1 053.06				2.660	0.618	651.26				2.660	0.858	903.37

编制：陈桂珍　　　　　　　　复核：

表 A.0.3-2 分项工程预算表

编制范围：武易高速 ZK33＋740（YK33＋725）大营村大桥

分项编号：QL0304　工程名称：预应力混凝土小箱梁（跨径 $L-30$ m）　单位：m^3　数量：5 621.6　单价：3 329.74　第 43 页共 84 页　21-2 表

代号	工程项目			大型预制构件底座			机械挖基坑土、石方			预制安装预应力箱梁			机械挖基坑土、石方		
	工程细目			平面底座			斗容量 1.0 m^3 以内挖掘机挖基坑≤1 500 m^3 土方			预制等截面箱梁混凝土泵送			斗容量 1.0 m^3 以内挖掘机挖基坑≤1 500 m^3 土方		
	定额单位			10 m^2 底座面积			1 000 m^3			10 m^3			1 000 m^3		
	工程数量			163.200			0.233			505.060			0.323		
	定额表号			4～11～9～1			4～1～3～3			4～7～15～2			4～1～3～3		
	工、料、机名称	单位	单价/元	定额	数量	金额/元	定额	数量	金额/元	定额	数量	金额/元	定额	数量	金额/元
8005002	出料容量 250 L 以内强制式混凝土搅拌机 JD250	台班	173.12	0.060	9.792	1 695.19									
8005051	排量 60 m^3/h 以内混凝土输送泵 BSA1406，HBT60	台班	1 255.56							0.070	35.354	44 389.32			
8009080	牵引力 30 kN 以内单筒慢动电动卷扬机 JJM-3	台班	149.29	0.010	1.632	243.64				0.730	368.694	55 042.30			
8009081	牵引力 50 kN 以内单筒慢动电动卷扬机 JJM-5	台班	167.56	0.030	4.896	820.37				2.180	1 101.031	184 488.72			
8015028	容量 32 kV·A 以内交流电弧焊机 BX1-330	台班	179.49	0.100	16.320	2 929.28									
8099001	小型机具使用费	元	1.00	1.400	228.480	228.48				8.200	4 141.492	4 141.49			
9999001	定额基价	元	1.00	11 738.880	376 048.818	376 048.82	1 158.470	3 373.780	3 373.78	21 942.140	3 083 299.470	3 083 299.47	1 158.470	4 679.759	4 679.76
	直接费	元				413 398.84			3 252.87			3 312 722.14			4 512.05
	措施费 I	元		150 034.313	1.882%	2 823.65	3 373.780	1.882%	63.49	1 175 511.443	1.882%	22 123.13	4 679.759	1.882%	88.07
	措施费 II	元		376 048.818	1.537%	5 779.87	3 373.780	1.537%	51.85	3 083 299.470	1.537%	47 390.31	4 679.759	1.537%	71.93
	企业管理费	元		376 048.818	5.775%	21 718.07	3 373.780	5.775%	194.85	3 083 299.470	5.775%	178 070.81	4 679.759	5.775%	270.27
	规费	元		140 856.288	35.450%	49 933.55	2 727.202	35.450%	966.79	993 879.896	35.450%	352 330.42	3 782.894	35.450%	1 341.04
	利润	元		406 370.404	7.420%	30 152.68	3 683.976	7.420%	273.35	3 330 883.720	7.420%	247 151.57	5 110.027	7.420%	379.16
	税金	元		523 806.656	9.000%	47 142.60	4 803.211	9.000%	432.29	4 159 788.378	9.000%	374 380.95	6 662.522	9.000%	599.63
	金额合计	元				570 949.26			5 235.50			4 534 169.34			7 262.15

编制：陈桂珍　　　　复核：

表 A.0.3-2　分项工程预算表

编制范围：武易高速 ZK33 + 740（YK33 + 725）大营村大桥

分项编号：QL0304　工程名称：预应力混凝土小箱梁（跨径 $L-30$ m）　单位：m³　数量：5 621.6　单价：3 329.74　第 44 页共 84 页　21-2 表

代号	工程项目			预制安装预应力箱梁			预应力钢绞线			预应力钢绞线			预应力钢绞线		
	工程细目			集中加工预制安装预应力箱梁钢筋			预应力钢绞线束长 40 m 以内 3 孔每吨 7.794 束			预应力钢绞线束长 40 m 以内 7 孔每吨 7.794 束			预应力钢绞线束长 40 m 以内 7 孔每吨 7.794 束		
	定额单位			1 t			1 t 钢绞线			1 t 钢绞线			1 t 钢绞线		
	工程数量			1265.412			65.433			62.868			60.946		
	定额表号			4～7～15～4			4～7～19～15 改			4～7～19～17 改			4～7～19～17 改		
	工、料、机名称	单位	单价/元	定额	数量	金额/元	定额	数量	金额/元	定额	数量	金额/元	定额	数量	金额/元
1001001	人工	工日	101.54	4.800	6 073.978	616 751.69	8.684	568.220	57 697.08	10.874	683.627	69 415.45	10.874	662.727	67 293.28
2001001	HPB300 钢筋	t	4 483.60	0.156	197.404	885 081.79									
2001002	HRB400 钢筋	t	4 852.71	0.864	1 093.316	5 305 545.33									
2001008	钢绞线普通，无松弛	t	5 165.66				1.040	68.050	351 524.82	1.040	65.383	337 744.90	1.040	63.384	327 419.37
2001022	20～22 号铁丝镀锌铁丝	kg	4.51	3.980	5 036.340	22 713.89									
2009011	电焊条结 422（502、506、507）3.2/4.0/5.0	kg	5.78	4.270	5 403.309	31 231.13									
5001035	塑料波纹管 SBG-50Y	m	4.15				307.000	20 087.931	83 364.91						
5001036	塑料波纹管 SBG-60Y	m	5.06							132.000	8 298.576	41 990.79	132.000	8 044.872	40 707.05
5003003	压浆料	t	1 791.69				0.710	46.457	83 237.31	0.370	23.261	41 676.79	0.370	22.550	40 402.65
6005005	钢绞线群锚（3 孔）包括夹片、锚垫板和螺旋筋	套	94.40				15.746	1 030.308	97 261.08						
6005009	钢绞线群锚（7 孔）包括夹片、锚垫板和螺旋筋	套	117.32							15.747	989.982	116 144.73			
7801001	其他材料费	元	1.00				72.800	4 763.522	4 763.52	41.800	2 627.882	2 627.88	41.800	2 547.543	2 547.54
6005023017	BM15-5，每片含夹片、锚板、锚垫板（包括夹片、锚垫板和螺旋筋）	套	222.00										15.747	959.717	213 057.10
8005079	智能张拉系统 LX-MSP 型	台班	630.22				1.320	86.372	54 433.08	1.326	83.363	52 537.01	1.326	80.814	50 930.85
8005084	智能压浆系统 HJZJ-2 型	台班	689.59				0.070	4.580	3 158.54	0.040	2.515	1 734.13	0.040	2.438	1 681.11
8009080	牵引力 30kN 以内单筒慢动电动卷扬机 JJM-3	台班	149.29	0.140	177.158	26 447.87									
8015006	数控钢筋弯箍机	台班	846.99	0.010	12.654	10 717.91									
8015007	数控立式钢筋弯曲中心	台班	1 000.16	0.140	177.158	177 186.03									

编制：陈桂珍　　　　复核：

表 A.0.3-2　分项工程预算表

编制范围：武易高速 ZK33 + 740（YK33 + 725）大营村大桥

分项编号：QL0304　工程名称：预应力混凝土小箱梁（跨径 $L-30$ m）　单位：m^3　数量：5 621.6　单价：3 329.74　第 45 页共 84 页　21-2 表

代号	工程项目			预制安装预应力箱梁			预应力钢绞线			预应力钢绞线			预应力钢绞线		
	工程细目			集中加工预制安装预应力箱梁钢筋			预应力钢绞线束长 40 m 以内 3 孔 每吨 7.794 束			预应力钢绞线束长 40 m 以内 7 孔 每吨 7.794 束			预应力钢绞线束长 40 m 以内 7 孔 每吨 7.794 束		
	定额单位			1 t			1 t 钢绞线			1 t 钢绞线			1 t 钢绞线		
	工程数量			1 265.412			65.433			62.868			60.946		
	定额表号			4～7～15～4			4～7～19～15 改			4～7～19～17 改			4～7～19～17 改		
	工、料、机名称	单位	单价/元	定额	数量	金额/元	定额	数量	金额/元	定额	数量	金额/元	定额	数量	金额/元
8015028	容量 32 kV · A 以内交流电弧焊机 BX1-330	台班	179.49	0.760	961.713	172 617.89									
8015048	容量 100 kV · A 以内交流对焊机 UN1-100	台班	364.77	0.100	126.541	46 158.43									
8099001	小型机具使用费	元	1.00	16.500	20 879.298	20 879.30	142.672	9 335.457	9 335.46	147.105	9 248.197	9 248.20	147.105	8 965.461	8 965.46
9999001	定额基价	元	1.00	9 022.110	5 346 057.851	5 346 057.85	8 015.740	687 479.553	687 479.55	8 098.650	677 259.347	677 259.35	8 098.650	656 554.179	656 554.18
	直接费	元				7 315 331.26			744 775.80			673 119.88			753 004.41
	措施费 Ⅰ	元		1 082 022.039	1.347%	14 574.84	128 410.471	1.347%	1 729.69	137 202.950	1.347%	1 848.12	133 008.382	1.347%	1 791.62
	措施费 Ⅱ	元		5 346 057.850	0.564%	30 151.77	687 479.553	0.564%	3 877.38	677 259.347	0.564%	3 819.74	656 554.179	0.564%	3 702.97
	企业管理费	元		5 346 057.851	3.191%	170 606.07	687 479.553	3.191%	21 939.19	677 259.347	3.191%	21 613.04	656 554.179	3.191%	20 952.29
	规费	元		764 515.111	35.450%	271 020.61	85 402.835	35.450%	30 275.31	95 575.509	35.450%	33 881.52	92 653.577	35.450%	32 845.69
	利润	元		5 561 390.526	7.420%	412 655.18	715 025.822	7.420%	53 054.92	704 540.256	7.420%	52 276.89	683 001.051	7.420%	50 678.68
	税金	元		8 214 339.722	9.000%	739 290.58	855 652.278	9.000%	77 008.71	786 559.189	9.000%	70 790.33	862 975.656	9.000%	77 667.81
	金额合计	元				8 953 630.29			932 660.99			857 349.52			940 643.46

编制：陈桂珍　　　　复核：

表 A.0.3-2　分项工程预算表

编制范围：武易高速 ZK33 + 740（YK33 + 725）大营村大桥

分项编号：QL0304　　工程名称：预应力混凝土小箱梁（跨径 L-30 m）　　单位：m^3　　数量：5 621.6　　单价：3 329.74　　第 46 页共 84 页　　21-2 表

代号	工程项目			预制安装预应力箱梁			预制安装预应力箱梁			支座垫石			支座垫石		
	工程细目			安装双梁式架桥机连续梁跨径 50 m 以内			安装现浇连续梁接缝混凝土			板式支座垫石混凝土			集中加工支座垫石钢筋		
	定额单位			10 m^3			10 m^3			10 m^3 实体			1 t		
	工程数量			447.890			45.320			11.780			36.375		
	定额表号			4～7～15～6			4～7～15～7			4～6～2～87			4～6～2～89		
	工、料、机名称	单位	单价/元	定额	数量	金额/元	定额	数量	金额/元	定额	数量	金额/元	定额	数量	金额/元
1001001	人工	工日	101.54	5.100	2 284.239	231 941.63	23.500	1 065.020	108 142.13	22.800	268.584	27 272.02	4.300	156.413	15 882.13
2001002	HRB400 钢筋	t	4 852.71										1.020	37.103	180 047.67
2001022	20～22 号铁丝镀锌铁丝	kg	4.51										6.900	250.988	1 131.95
2003004	型钢工字钢，角钢	t	3 896.04	0.002	0.896	3 489.99	0.017	0.770	3 001.67						
2003005	钢板 A3，δ= 5～40 mm	t	4 181.35	0.012	5.375	22 473.42									
2003008	钢管无缝钢管	t	4 159.06				0.001	0.045	188.49						
2003025	钢模板各类定型大块钢模板	t	5 871.81							0.110	1.296	7 608.69			
2003026	组合钢模板	t	5 566.88				0.031	1.405	7 821.02						
2003027	门式钢支架	t	5 211.14				0.003	0.136	708.51						
2009011	电焊条结 422（502、506、507）3.2/4.0/5.0	kg	5.78	6.800	3 045.652	17 603.87									
2009013	螺栓混合规格	kg	3.88							2.700	31.806	123.41			
2009028	铁件	kg	2.79				10.200	462.264	1 289.72	9.020	106.256	296.45			
3005004	水	m^3	2.72				15.000	679.800	1 849.06	12.000	141.360	384.50			
4003002	锯材中板 δ= 19～35 mm，中方混合规格	m^3	1 412.75				0.040	1.813	2 561.03						
5503005	中（粗）砂混凝土、砂浆用堆方	m^3	99.12				4.490	203.487	20 169.61	4.690	55.248	5 476.20			
5505012	碎石（2 cm）最大粒径 2 cm 堆方	m^3	99.73				7.650	346.698	34 576.19						
5505013	碎石（4 cm）最大粒径 4 cm 堆方	m^3	98.70							8.470	99.777	9 847.95			
5509001	32.5 级水泥	t	384.58							3.845	45.294	17 419.20			
5509002	42.5 级水泥	t	432.02				5.345	242.235	104 650.54						

编制：陈桂珍　　　　复核：

表 A.0.3-2　分项工程预算表

编制范围：武易高速 ZK33 + 740（YK33 + 725）大营村大桥

分项编号：QL0304　工程名称：预应力混凝土小箱梁（跨径 L-30 m）　单位：m³　数量：5 621.6　单价：3 329.74　第 47 页共 84 页　21-2 表

代号	工程项目			预制安装预应力箱梁			预制安装预应力箱梁			支座垫石			支座垫石		
	工程细目			安装双梁式架桥机连续梁跨径 50 m 以内			安装现浇连续梁接缝混凝土			板式支座垫石混凝土			集中加工支座垫石钢筋		
	定额单位			10 m³			10 m³			10 m³ 实体			1 t		
	工程数量			447.890			45.320			11.780			36.375		
	定额表号			4～7～15～6			4～7～15～7			4～6～2～87			4～6～2～89		
	工、料、机名称	单位	单价/元	定额	数量	金额/元	定额	数量	金额/元	定额	数量	金额/元	定额	数量	金额/元
7801001	其他材料费	元	1.00	2.600	1 164.514	1 164.51	11.600	525.712	525.71	8.800	103.664	103.66			
8009029	提升质量 20 t 以内汽车式起重机 QY20	台班	1 212.62				0.620	28.098	34 072.68						
8009030	提升质量 25 t 以内汽车式起重机 QY25	台班	1 361.00							1.480	17.434	23 728.22	0.050	1.819	2 475.32
8009080	牵引力 30 kN 以内单筒慢动电动卷扬机 JJM-3	台班	149.29	0.440	197.072	29 420.82									
8009081	牵引力 50 kN 以内单筒慢动电动卷扬机 JJM-5	台班	167.56	0.580	259.776	43 528.10									
8015007	数控立式钢筋弯曲中心	台班	1 000.16										0.080	2.910	2 910.47
8015028	容量 32 kV·A 以内交流电弧焊机 BX1-330	台班	179.49	0.530	237.382	42 607.64									
8099001	小型机具使用费	元	1.00	11.600	5 195.524	5 195.52	10.700	484.924	484.92	6.200	73.036	73.04			
9999001	定额基价	元	1.00	7 675.850	407 630.852	407 630.85	20 457.390	302 405.154	302 405.15	7 345.160	87 828.819	87 828.82	5 590.090	143 342.220	143 342.22
	直接费	元				397 425.51			320 041.28			92 333.35			202 447.54
	措施费 Ⅰ	元		366 811.653	1.882%	6 903.40	147 638.629	1.882%	2 778.56	52 262.328	1.882%	983.58	21 636.265	1.347%	291.44
	措施费 Ⅱ	元		407 630.852	1.537%	6 265.29	302 405.155	1.537%	4 647.97	87 828.819	1.537%	1 349.93	143 342.221	0.564%	808.45
	企业管理费	元		407 630.852	5.775%	23 542.04	302 405.154	5.775%	17 464.90	87 828.819	5.775%	5 072.41	143 342.220	3.191%	4 574.41
	规费	元		302 433.690	35.450%	107 212.74	113 848.353	35.450%	40 359.24	30 812.598	35.450%	10 923.07	16 546.959	35.450%	5 865.90
	利润	元		444 341.577	7.420%	32 970.15	327 296.590	7.420%	24 285.41	95 234.730	7.420%	7 066.42	149 016.523	7.420%	11 057.03
	税金	元		574 319.111	9.000%	51 688.72	409 577.356	9.000%	36 861.96	117 728.744	9.000%	10 595.59	225 044.756	9.000%	20 254.03
	金额合计	元				626 007.84			446 439.32			128 324.33			245 298.79

编制：陈桂珍　　　　复核：

表 A.0.3-2　分项工程预算表

编制范围：武易高速 ZK33＋740（YK33＋725）大营村大桥

分项编号：QL0304　工程名称：预应力混凝土小箱梁（跨径 L-30 m）　单位：m³　数量：5 621.6　单价：3 329.74　第 48 页共 84 页　21-2 表

代号	工程项目			支座垫石			金属结构吊装设备			金属结构吊装设备			其他伸缩缝及泄水管		
	工程细目			集中加工支座垫石钢筋			双导梁			跨墩门架高 9 m			泄水管		
	定额单位			1 t			10 t 金属设备			10 t 金属设备			10 个		
	工程数量			8.134			13.000			3.520			15.000		
	定额表号			4～6～2～89 改			4～7～28～2			4～7～28～3			4～11～7～13		
	工、料、机名称	单位	单价/元	定额	数量	金额/元	定额	数量	金额/元	定额	数量	金额/元	定额	数量	金额/元
1001001	人工	工日	101.54	4.300	34.976	3 551.48	41.200	535.600	54 384.82	53.700	189.024	19 193.50	0.200	3.000	304.62
2001001	HPB300 钢筋	t	4 483.60	1.020	8.297	37 198.99									
2001019	钢丝绳股丝 6-7×19，绳径 7.1～9 mm；股丝 6×37，绳径 14.1～15.5 mm	t	7 963.48				0.003	0.039	310.58	0.021	0.074	588.66			
2001021	8～12 号铁丝镀锌铁丝	kg	3.79				2.400	31.200	118.25	3.300	11.616	44.02			
2001022	20～22 号铁丝镀锌铁丝	kg	4.51	6.900	56.125	253.12									
2009011	电焊条结 422（502、506、507）3.2/4.0/5.0	kg	5.78							0.100	0.352	2.03			
2009028	铁件	kg	2.79				3.300	42.900	119.69	17.000	59.840	166.95			
2009030	铁钉混合规格	kg	3.80				0.200	2.600	9.88	0.300	1.056	4.01			
2009033	铸铁管	kg	2.52										140.000	2 100.000	5 292.00
4003001	原木混合规格	m³	1 227.82							0.120	0.422	518.63			
4003002	锯材中板 δ= 19～35 mm，中方混合规格	m³	1 412.75				0.390	5.070	7 162.64	0.440	1.549	2 188.07			
7801001	其他材料费	元	1.00				10.900	141.700	141.70	37.900	133.408	133.41	8.400	126.000	126.00
7901001	设备摊销费	元	1.00				7 200.000	93 600.000	93 600.00	5 600.000	19 712.000	19 712.00			
8009030	提升质量 25 t 以内汽车式起重机 QY25	台班	1 361.00	0.050	0.407	553.52									
8009080	牵引力 30 kN 以内单筒慢动电动卷扬机 JJM-3	台班	149.29				2.320	30.160	4 502.59	4.150	14.608	2 180.83			
8015007	数控立式钢筋弯曲中心	台班	1 000.16	0.080	0.651	650.82									
8015028	容量 32 kV·A 以内交流电弧焊机 BX1-330	台班	179.49							0.050	0.176	31.59			
8099001	小型机具使用费	元	1.00				8.100	105.300	105.30	14.500	51.040	51.04			

编制：陈桂珍　　　　复核：

表 A.0.3-2　分项工程预算表

编制范围：武易高速 ZK33 + 740（YK33 + 725）大营村大桥

分项编号：QL0304　工程名称：预应力混凝土小箱梁（跨径 *L*-30 m）　单位：m^3　数量：5 621.6　单价：3 329.74　第 49 页共 84 页　21-2 表

代号	工程项目			支座垫石			金属结构吊装设备			金属结构吊装设备			其他伸缩缝及泄水管		
	工程细目			集中加工支座垫石钢筋			双导梁			跨墩门架高 9 m			泄水管		
	定额单位			1 t			10 t 金属设备			10 t 金属设备			10 个		
	工程数量			8.134			13.000			3.520			15.000		
	定额表号			4～6～2～89 改			4～7～28～2			4～7～28～3			4～11～7～13		
	工、料、机名称	单位	单价/元	定额	数量	金额/元	定额	数量	金额/元	定额	数量	金额/元	定额	数量	金额/元
9999001	定额基价	元	1.00	5 675.560	32 762.605	32 762.61	7 751.410	163 618.945	163 618.94	9 224.560	45 910.489	45 910.49	110.700	7 626.840	7 626.84
	直接费	元				42 207.94			160 455.45			44 814.75			5 722.62
	措施费 I	元		4 838.196	1.347%	65.17	61 674.413	1.882%	1 160.71	22 423.005	1.882%	422.00	318.840	1.882%	6.00
	措施费 II	元		32 762.605	0.564%	184.78	163 618.945	1.537%	2 514.82	45 910.488	1.537%	705.64	7 626.840	1.537%	117.22
	企业管理费	元		32 762.605	3.191%	1 045.54	163 618.945	5.775%	9 449.54	45 910.489	5.775%	2 651.48	7 626.840	5.775%	440.48
	规费	元		3 700.150	35.450%	1 311.70	57 447.269	35.450%	20 365.06	20 694.663	35.450%	7 336.26	304.621	35.450%	107.99
	利润	元		34 058.100	7.420%	2 527.11	176 744.016	7.420%	13 114.41	49 689.623	7.420%	3 686.97	8 190.539	7.420%	607.74
	税金	元		47 342.244	9.000%	4 260.80	207 059.989	9.000%	18 635.40	59 617.100	9.000%	5 365.54	7 002.044	9.000%	630.18
	金额合计	元				51 603.05			225 695.38			64 982.64			7 632.23

编制：陈桂珍　　复核：

表 A.0.3-2　分项工程预算表

编制范围：武易高速 ZK33 + 740（YK33 + 725）大营村大桥

分项编号：QL0304　工程名称：预应力混凝土小箱梁（跨径 L-30 m）　单位：m^3　数量：5 621.6　单价：3 329.74　第 50 页共 84 页　21-2 表

代号	工程项目			轨道拖车斗牵引			混凝土搅拌站（楼）拌和			混凝土运输			合计	
	工程细目			轨道拖车头牵引第一个 50 m 龙门架装车（构件质量 80 t 以内）			生产能力 60 m^3/h 以内混凝土拌和站（楼）拌和			运输能力 6 m^3 以内搅拌运输车运混凝土 1.2 km				
	定额单位			100 m^3 实体			100 m^3			100 m^3				
	工程数量			44.789			56.587			11.656				
	定额表号			4 ~ 8 ~ 2 ~ 25			4 ~ 11 ~ 11 ~ 15			4 ~ 11 ~ 11 ~ 24 改				
	工、料、机名称	单位	单价/元	定额	数量	金额/元	定额	数量	金额/元	定额	数量	金额/元	数量	金额/元
1001001	人工	工日	101.54	1.300	58.226	5 912.24							22 282.338	2 262 548.56
2001001	HPB300 钢筋	t	4 483.60										214.871	963 395.94
2001002	HRB400 钢筋	t	4 852.71										1 130.418	5 485 593.00
2001008	钢绞线普通，无松弛	t	5 165.66										196.817	1 016 689.08
2001019	钢丝绳股丝 6-7×19，绳径 7.1 ~ 9mm；股丝 6×37，绳径 14.1 ~ 15.5 mm	t	7 963.48										2.133	16 987.38
2001021	8 ~ 12 号铁丝镀锌铁丝	kg	3.79										42.816	162.27
2001022	20 ~ 22 号铁丝镀锌铁丝	kg	4.51										5 343.452	24 098.97
2003004	型钢工字钢，角钢	t	3 896.04										10.836	42 218.81
2003005	钢板 A3，δ= 5 ~ 40 mm	t	4 181.35										8.639	36 121.34
2003008	钢管无缝钢管	t	4 159.06										0.045	188.49
2003025	钢模板各类定型大块钢模板	t	5 871.81										41.701	244 858.00
2003026	组合钢模板	t	5 566.88										1.405	7 821.02
2003027	门式钢支架	t	5 211.14										0.136	708.51
2009011	电焊条结 422（502、506、507）3.2/4.0/5.0	kg	5.78										8 563.553	49 497.34
2009013	螺栓混合规格	kg	3.88										31.806	123.41
2009028	铁件	kg	2.79	0.800	35.831	99.97							5 453.283	15 214.66
2009030	铁钉混合规格	kg	3.80										3.656	13.89
2009033	铸铁管	kg	2.52										2 100.000	5 292.00
3005004	水	m^3	2.72										9 554.920	25 989.38

编制：陈桂珍　　　　复核：

表 A.0.3-2　分项工程预算表

编制范围：武易高速 ZK33 + 740（YK33 + 725）大营村大桥

分项编号：QL0304　　工程名称：预应力混凝土小箱梁（跨径 *L*-30 m）　　单位：m^3　　数量：5 621.6　　单价：3 329.74　　第 51 页共 84 页　　21-2 表

代号	工程项目			轨道拖车斗牵引			混凝土搅拌站（楼）拌和			混凝土运输			合计	
	工程细目			轨道拖车头牵引第一个 50 m 龙门架装车（构件质量 80 t 以内）			生产能力 60 m^3/h 以内混凝土拌和站（楼）拌和			运输能力 6 m^3 以内搅拌运输车运混凝土 1.2 km				
	定额单位			100 m^3 实体			100 m^3			100 m^3				
	工程数量			44.789			56.587			11.656				
	定额表号			4～8～2～25			4～11～11～15			4～11～11～24 改				
	工、料、机名称	单位	单价/元	定额	数量	金额/元	定额	数量	金额/元	定额	数量	金额/元	数量	金额/元
4003001	原木混合规格	m^3	1 227.82										0.422	518.63
4003002	锯材中板 δ= 19～35 mm，中方混合规格	m^3	1 412.75	0.086	3.852	5 441.71							17.334	24 488.68
5001035	塑料波纹管 SBG-50Y	m	4.15										20 087.931	83 364.91
5001036	塑料波纹管 SBG-60Y	m	5.06										16 343.448	82 697.85
5003003	压浆料	t	1 791.69										92.269	165 316.75
5503005	中（粗）砂混凝土、砂浆用堆方	m^3	99.12										3 457.003	342 658.10
5505005	片石码方	m^3	79.55										734.400	58 421.52
5505012	碎石（2 cm）最大粒径 2 cm 堆方	m^3	99.73										3 781.106	377 089.70
5505013	碎石（4 cm）最大粒径 4 cm 堆方	m^3	98.70										377.217	37 231.28
5509001	32.5 级水泥	t	384.58										182.382	70 140.51
5509002	42.5 级水泥	t	432.02										3 124.108	1 349 677.03
6005005	钢绞线群锚（3 孔）包括夹片、锚垫板和螺旋筋	套	94.40										1 030.308	97 261.08
6005009	钢绞线群锚（7 孔）包括夹片、锚垫板和螺旋筋	套	117.32										989.982	116 144.73
7801001	其他材料费	元	1.00	8.300	371.749	371.75							34 352.288	34 352.29
7901001	设备摊销费	元	1.00										113 312.000	113 312.00
6005023017	BM15-5，每片含夹片、锚板、锚垫板（包括夹片、锚垫板和螺旋筋）	套	222.00										959.717	213 057.10
8001002	功率 7 5kW 以内履带式推土机 TY100	台班	883.52				0.280	15.844	13 998.73				15.844	13 998.73
8001035	斗容量 1.0 m^3 履带式单斗挖掘机 WK100 机械	台班	1 053.06										1.476	1 554.63
8001045	斗容量 1.0 m^3 轮胎式装载机 ZL20	台班	590.30				0.280	15.844	9 352.88				15.844	9 352.88

编制：陈桂珍　　　　复核：

表 A.0.3-2 分项工程预算表

编制范围：武易高速 ZK33＋740（YK33＋725）大营村大桥

分项编号：QL0304　工程名称：预应力混凝土小箱梁（跨径 L-30 m）　单位：m^3　数量：5 621.6　单价：3 329.74　第 52 页共 84 页　21-2 表

代号	工程项目			轨道拖车斗牵引			混凝土搅拌站（楼）拌和			混凝土运输			合计	
	工程细目			轨道拖车头牵引第一个 50 m 龙门架装车（构件质量 80 t 以内）			生产能力 60 m^3/h 以内混凝土拌和站（楼）拌和			运输能力 6 m^3 以内搅拌运输车运混凝土 1.2 km				
	定额单位			100 m^3 实体			100 m^3			100 m^3				
	工程数量			44.789			56.587			11.656				
	定额表号			4～8～2～25			4～11～11～15			4～11～11～24 改				
	工、料、机名称	单位	单价/元	定额	数量	金额/元	定额	数量	金额/元	定额	数量	金额/元	数量	金额/元
8005002	出料容量 250 L 以内强制式混凝土搅拌机 JD250	台班	173.12										9.792	1 695.19
8005031	容量 6 m^3 以内混凝土搅拌运输车 MR45	台班	1 320.81							1.144	13.334	17 611.54	13.334	17 611.54
8005051	排量 60 m^3/h 以内混凝土输送泵 BSA1406，HBT60	台班	1 255.56										35.354	44 389.32
8005060	生产能力 60 m^3/h 以内混凝土搅拌站 HZS60	台班	1 699.52				0.300	16.976	28 851.07				16.976	28 851.07
8005079	智能张拉系统 LX-MSP 型	台班	630.22										250.549	157 900.94
8005084	智能压浆系统 HJZJ-2 型	台班	689.59										9.533	6 573.77
8007050	功率 30 kW 轨道拖车头	台班	316.26	0.070	3.135	991.55							3.135	991.55
8009029	提升质量 20 t 以内汽车式起重机 QY20	台班	1 212.62										28.098	34 072.68
8009030	提升质量 25 t 以内汽车式起重机 QY25	台班	1 361.00										19.660	26 757.06
8009080	牵引力 30 kN 以内单筒慢动电动卷扬机 JJM-3	台班	149.29										789.323	117 838.04
8009081	牵引力 50 kN 以内单筒慢动电动卷扬机 JJM-5	台班	167.56	0.670	30.009	5 028.25							1 395.712	233 865.44
8015006	数控钢筋弯箍机	台班	846.99										12.654	10 717.91
8015007	数控立式钢筋弯曲中心	台班	1 000.16										180.718	180 747.31
8015028	容量 32 kV・A 以内交流电弧焊机 BX1-330	台班	179.49										1 215.591	218 186.40
8015048	容量 100 kV・A 以内交流对焊机 UN1-100	台班	364.77										126.541	46 158.43
8099001	小型机具使用费	元	1.00	57.400	2 570.889	2 570.89							61 279.098	61 279.10
9999001	定额基价	元	1.00	2 107.330	21 254.849	21 254.85	3 183.170	52 374.522	52 374.52	1 312.950	17 506.734	17 506.73	12 117 014.785	12 117 014.79

编制：陈桂珍　　复核：

表 A.0.3-2　分项工程预算表

编制范围：武易高速 ZK33 + 740（YK33 + 725）大营村大桥

分项编号：QL0304　工程名称：预应力混凝土小箱梁（跨径 L-30 m）　单位：m^3　数量：5 621.6　单价：3 329.74　第 53 页共 84 页　21-2 表

代号	工程项目			轨道拖车斗牵引			混凝土搅拌站（楼）拌和			混凝土运输			合计	
	工程细目			轨道拖车头牵引第一个 50 m 龙门架装车（构件质量 80 t 以内）			生产能力 60 m^3/h 以内混凝土拌和站（楼）拌和			运输能力 6 m^3 以内搅拌运输车运混凝土 1.2 km				
	定额单位			100 m^3 实体			100 m^3			100 m^3				
	工程数量			44.789			56.587			11.656				
	定额表号			4～8～2～25			4～11～11～15			4～11～11～24 改				
	工、料、机名称	单位	单价/元	定额	数量	金额/元	定额	数量	金额/元	定额	数量	金额/元	数量	金额/元
	直接费	元				20 416.34			52 202.68			17 611.54		14 575 796.22
	措施费 Ⅰ	元		14 925.979	0.878%	131.05	52 374.522	1.882%	985.69	17 506.734	0.878%	153.71		58 923.92
	措施费 Ⅱ	元		21 254.849	0.154%	32.73	52 374.522	1.537%	805.00	17 506.734	0.154%	26.96		112 304.62
	企业管理费	元		21 254.849	1.921%	408.31	52 374.522	5.775%	3 024.80	17 506.734	1.921%	336.30		503 374.80
	规费	元		9 277.667	35.450%	3 288.93	9 997.715	35.450%	3 544.19	1 353.924	35.450%	479.97		973 389.97
	利润	元		21 826.941	7.420%	1 619.56	57 190.013	7.420%	4 243.50	18 023.706	7.420%	1 337.36		949 138.07
	税金	元		25 896.922	9.000%	2 330.72	64 805.856	9.000%	5 832.53	19 945.833	9.000%	1 795.13		1 545 563.48
	金额合计	元				28 227.65			70 638.38			21 740.96		18 718 491.07

编制：陈桂珍　　　　复核：

表 A.0.3-2　分项工程预算表

编制范围：武易高速 ZK33 + 740（YK33 + 725）大营村大桥

分项编号：QL0401　　工程名称：沥青混凝土铺装　　单位：m^3　　数量：1 162.5　　单价：1 027.04　　第 54 页共 84 页　　21-2 表

代号	工程项目			细粒式			沥青混合料运输			沥青混合料路面铺筑			沥青混合料拌和设备安装、拆除		
	工程细目			生产能力 60 t/h 以内设备拌和沥青混凝土混合料（细粒式）			装载质量 8 t 以内自卸汽车运输沥青混合料 1.2 km			生产能力 60 t/h 以内设备拌和，机械摊铺沥青混凝土混合料（细粒式）			生产能力 60 t/h 以内沥青混合料拌和设备安装、拆除		
	定额单位			1 000 m^3 路面实体			1 000 m^3			1 000 m^3 路面实体			1 座		
	工程数量			1.163			1.163			1.163			0.050		
	定额表号			2～2～11～16			2～2～13～1 改			2～2～14～36			2～2～15～2		
	工、料、机名称	单位	单价/元	定额	数量	金额/元	定额	数量	金额/元	定额	数量	金额/元	定额	数量	金额/元
1001001	人工	工日	101.54	51.500	59.869	6 079.07				41.800	48.593	4 934.08	991.400	49.570	5 033.34
2003004	型钢工字钢，角钢	t	3 896.04										0.023	0.001	4.48
2003026	组合钢模板	t	5 566.88										0.050	0.003	13.92
2009028	铁件	kg	2.79										48.900	2.445	6.82
3001001	石油沥青	t	3 869.92	123.161	143.175	554 074.49									
3005004	水	m^3	2.72										567.000	28.350	77.11
4003002	锯材中板 δ= 19～35 mm，中方混合规格	m^3	1 412.75										0.010	0.001	0.71
5503005	中（粗）砂混凝土、砂浆用堆方	m^3	99.12										316.850	15.843	1 570.31
5503013	矿粉粒径 < 0.007 4 cm，重量比 > 70%	t	220.31	85.210	99.057	21 823.17									
5503015	路面用石屑	m^3	77.02	402.600	468.023	36 047.09									
5505005	片石码方	m^3	79.55										342.010	17.101	1 360.34
5505013	碎石（4 cm）最大粒径 4 cm 堆方	m^3	98.70										46.870	2.344	231.30
5505017	路面用碎石（1.5 cm）最大粒径 1.5 cm 堆方	m^3	99.73	1 103.610	1 282.947	127 948.27									
5505025	块石码方	m^3	66.60										468.410	23.421	1 559.81
5509001	32.5 级水泥	t	384.58										89.079	4.454	1 712.90
7801001	其他材料费	元	1.00	279.100	324.454	324.45							145.200	7.260	7.26
7901001	设备摊销费	元	1.00	4 285.700	4 982.126	4 982.13							15 731.700	786.585	786.59
8001025	斗容量 0.6 m^3 履带式单斗挖掘机 WY60 液压	台班	828.96										7.060	0.353	292.62
8001047	斗容量 2.0 m^3 轮胎式装载机 ZL40	台班	999.50	10.150	11.799	11 793.48									

编制：陈桂珍　　　　复核：

表 A.0.3-2　分项工程预算表

编制范围：武易高速 ZK33 + 740（YK33 + 725）大营村大桥

分项编号：QL0401　　工程名称：沥青混凝土铺装　　单位：m^3　　数量：1 162.5　　单价：1 027.04　　第 55 页共 84 页　　21-2 表

代号	工程项目			细粒式			沥青混合料运输			沥青混合料路面铺筑			沥青混合料拌和设备安装、拆除		
	工程细目			生产能力 60 t/h 以内设备拌和沥青混凝土混合料（细粒式）			装载质量 8 t 以内自卸汽车运输沥青混合料 1.2 km			生产能力 60 t/h 以内设备拌和，机械摊铺沥青混凝土混合料（细粒式）			生产能力 60 t/h 以内沥青混合料拌和设备安装、拆除		
	定额单位			1 000 m^3 路面实体			1 000 m^3			1 000 m^3 路面实体			1 座		
	工程数量			1.163			1.163			1.163			0.050		
	定额表号			2 ~ 2 ~ 11 ~ 16			2 ~ 2 ~ 13 ~ 1 改			2 ~ 2 ~ 14 ~ 36			2 ~ 2 ~ 15 ~ 2		
	工、料、机名称	单位	单价/元	定额	数量	金额/元	定额	数量	金额/元	定额	数量	金额/元	定额	数量	金额/元
8003048	生产能力 60 t/h 以内沥青混合料拌和设备 LB800	台班	13 780.22	7.950	9.242	127 355.07									
8003057	最大摊铺宽度 4.5 m 以内沥青混合料摊铺机（带自动找平）2LTZ45	台班	1 307.79							7.580	8.812	11 523.92			
8003063	机械自身质量 10 t 以内双钢轮振动压路机 YZC-10	台班	1 094.70							13.640	15.857	17 358.11			
8003066	机械自身质量 9 ~ 16 t 轮胎式压路机 YL16	台班	651.58							6.820	7.928	5 165.89			
8003067	机械自身质量 16 ~ 20 t 轮胎式压路机 YL20	台班	767.56							5.820	6.766	5 193.12			
8005002	出料容量 250 L 以内强制式混凝土搅拌机 JD250	台班	173.12										1.710	0.086	14.80
8007012	装载质量 5 t 以内自卸汽车 CA340	台班	612.49	6.510	7.568	4 635.25									
8007014	装载质量 8 t 以内自卸汽车 QD351	台班	685.75				12.430	14.450	9 909.00						
8007023	装载质量 15 t 以内平板拖车组 JN462	台班	785.70										6.440	0.322	253.00
8007043	容量 10 000 L 以内洒水汽车 YGJ5170GSSJN	台班	1 111.58							0.400	0.465	516.88			
8009027	提升质量 12 t 以内汽车式起重机 QY12	台班	848.41										15.990	0.800	678.30
8009029	提升质量 20 t 以内汽车式起重机 QY20	台班	1 212.62										15.560	0.778	943.42
8099001	小型机具使用费	元	1.00										494.100	24.705	24.71
9999001	定额基价	元	1.00	16 183.860	951 395.016	951 395.02	680.180	9 828.516	9 828.52	5 033.630	44 936.937	44 936.94	14 314.170	14 590.568	14 590.57

编制：陈桂珍　　　　复核：

表 A.0.3-2　分项工程预算表

编制范围：武易高速 ZK33 + 740（YK33 + 725）大营村大桥

分项编号：QL0401　　工程名称：沥青混凝土铺装　　单位：m^3　　数量：1 162.5　　单价：1 027.04　　第 56 页共 84 页　　21-2 表

代号	工程项目				细粒式			沥青混合料运输			沥青混合料路面铺筑			沥青混合料拌和设备安装、拆除	
	工程细目				生产能力 60 t/h 以内设备拌和沥青混凝土混合料（细粒式）			装载质量 8 t 以内自卸汽车运输沥青混合料 1.2 km			生产能力 60 t/h 以内设备拌和，机械摊铺沥青混凝土混合料（细粒式）			生产能力 60 t/h 以内沥青混合料拌和设备安装、拆除		
	定额单位				1 000 m^3 路面实体			1 000 m^3			1 000 m^3 路面实体			1 座		
	工程数量				1.163			1.163			1.163			0.050		
	定额表号				2～2～11～16			2～2～13～1 改			2～2～14～36			2～2～15～2		
	工、料、机名称		单位	单价/元	定额	数量	金额/元	定额	数量	金额/元	定额	数量	金额/元	定额	数量	金额/元
	直接费		元				895 062.46			9 909.00			44 692.00			14 571.73
	措施费	I	元		111 332.758	1.089%	1 212.41	9 828.516	0.878%	86.29	44 936.937	1.089%	489.36	7 472.743	0.809%	60.45
		II	元		951 395.016	0.818%	7 782.41	9 828.516	0.154%	15.14	44 936.937	0.818%	367.58	14 590.569	1.201%	175.23
	企业管理费		元		951 395.016	3.096%	29 455.98	9 828.516	1.921%	188.81	44 936.937	3.096%	1 391.28	14 590.568	4.462%	650.97
	规费		元		10 860.883	35.450%	3 850.18	1 467.241	35.450%	520.14	11 482.956	35.450%	4 070.71	5 499.458	35.450%	1 949.56
	利润		元		989 845.822	7.420%	73 446.56	10 118.747	7.420%	750.81	47 185.175	7.420%	3 501.14	15 477.224	7.420%	1 148.41
	税金		元		1 010 810.011	9.000%	90 972.90	11 470.189	9.000%	1 032.32	54 512.089	9.000%	4 906.09	18 556.356	9.000%	1 670.07
	金额合计		元				110 1782.91			12 502.50			59 418.17			20 226.43

编制：陈桂珍　　　　复核：

表 A.0.3-2　分项工程预算表

编制范围：武易高速 ZK33 + 740（YK33 + 725）大营村大桥

分项编号：QL0401　　工程名称：沥青混凝土铺装　　单位：m^3　　数量：1 162.5　　单价：1 027.04　　第 57 页共 84 页　　21-2 表

代号	工程项目												合计	
	工程细目													
	定额单位													
	工程数量													
	定额表号													
	工、料、机名称	单位	单价/元	定额	数量	金额/元	定额	数量	金额/元	定额	数量	金额/元	数量	金额/元
1001001	人工	工日	101.54										158.031	16 046.49
2003004	型钢工字钢，角钢	t	3 896.04										0.001	4.48
2003026	组合钢模板	t	5 566.88										0.003	13.92
2009028	铁件	kg	2.79										2.445	6.82
3001001	石油沥青	t	3 869.92										143.175	554 074.49
3005004	水	m^3	2.72										28.350	77.11
4003002	锯材中板 δ= 19 ~ 35 mm，中方混合规格	m^3	1 412.75										0.001	0.71
5503005	中（粗）砂混凝土、砂浆用堆方	m^3	99.12										15.843	1 570.31
5503013	矿粉粒径 < 0.007 4 cm，重量比 > 70%	t	220.31										99.057	21 823.17
5503015	路面用石屑	m^3	77.02										468.023	36 047.09
5505005	片石码方	m^3	79.55										17.101	1 360.34
5505013	碎石（4 cm）最大粒径 4 cm 堆方	m^3	98.70										2.344	231.30
5505017	路面用碎石（1.5 cm）最大粒径 1.5 cm 堆方	m^3	99.73										1 282.947	127 948.27
5505025	块石码方	m^3	66.60										23.421	1 559.81
5509001	32.5 级水泥	t	384.58										4.454	1 712.90
7801001	其他材料费	元	1.00										331.714	331.71
7901001	设备摊销费	元	1.00										5 768.711	5 768.71
8001025	斗容量 0.6 m^3 履带式单斗挖掘机 WY60 液压	台班	828.96										0.353	292.62
8001047	斗容量 2.0 m^3 轮胎式装载机 ZL40	台班	999.50										11.799	11 793.48

编制：陈桂珍　　　　复核：

表 A.0.3-2　分项工程预算表

编制范围：武易高速 ZK33 + 740（YK33 + 725）大营村大桥

分项编号：QL0401　　工程名称：沥青混凝土铺装　　单位：m^3　　数量：1 162.5　　单价：1 027.04　　第 58 页共 84 页　　21-2 表

代号	工程项目												合计	
	工程细目													
	定额单位													
	工程数量													
	定额表号													
	工、料、机名称	单位	单价/元	定额	数量	金额/元	定额	数量	金额/元	定额	数量	金额/元	数量	金额/元
8003048	生产能力 60 t/h 以内沥青混合料拌和设备 LB800	台班	13 780.22										9.242	127 355.07
8003057	最大摊铺宽度 4.5 m 以内沥青混合料摊铺机（带自动找平）2LTZ45	台班	1 307.79										8.812	11 523.92
8003063	机械自身质量 10t 以内双钢轮振动压路机 YZC-10	台班	1 094.70										15.857	17 358.11
8003066	机械自身质量 9 ~ 16 t 轮胎式压路机 YL16	台班	651.58										7.928	5 165.89
8003067	机械自身质量 16 ~ 20 t 轮胎式压路机 YL20	台班	767.56										6.766	5 193.12
8005002	出料容量 250 L 以内强制式混凝土搅拌机 JD250	台班	173.12										0.086	14.80
8007012	装载质量 5 t 以内自卸汽车 CA340	台班	612.49										7.568	4 635.25
8007014	装载质量 8 t 以内自卸汽车 QD351	台班	685.75										14.450	9 909.00
8007023	装载质量 15 t 以内平板拖车组 JN462	台班	785.70										0.322	253.00
8007043	容量 10 000 L 以内洒水汽车 YGJ5170GSSJN	台班	1 111.58										0.465	516.88
8009027	提升质量 12 t 以内汽车式起重机 QY12	台班	848.41										0.800	678.30
8009029	提升质量 20 t 以内汽车式起重机 QY20	台班	1 212.62										0.778	943.42
8099001	小型机具使用费	元	1.00										24.705	24.71
9999001	定额基价	元	1.00										1 020 751.038	1 020 751.04

编制：陈桂珍　　　　复核：

表 A.0.3-2 分项工程预算表

编制范围：武易高速 ZK33 + 740（YK33 + 725）大营村大桥

分项编号：QL0401　　工程名称：沥青混凝土铺装　　单位：m^3　　数量：1 162.5　　单价：1 027.04　　第 59 页共 84 页　　21-2 表

代号	工程项目												合计	
	工程细目													
	定额单位													
	工程数量													
	定额表号													
	工、料、机名称	单位	单价/元	定额	数量	金额/元	定额	数量	金额/元	定额	数量	金额/元	数量	金额/元
	直接费	元												964 235.20
	措施费 I	元												1 848.53
	措施费 II	元												8 340.36
	企业管理费	元												31 687.04
	规费	元												10 390.59
	利润	元												78 846.92
	税金	元												98 581.38
	金额合计	元												1 193 930.01

编制：陈桂珍　　　　复核：

表 A.0.3-3　材料预算单价计算表

建设项目名称：武易高速 ZK33＋740（YK33＋725）大营村大桥

编制范围：武易高速 ZK33＋740（YK33＋725）大营村大桥　　　　第 1 页共 4 页　　　　22 表

代号	规格名称	单位	原价/元	运杂费					原价运费合计/元	场外运输损耗		采购及保管费		预算单价/元
				供应地点	运输方式、比重及运距/km	毛质量系数或单位毛质量	运杂费构成说明或计算式	单位运费/元		费率/%	金额/元	费率/%	金额/元	
2001001	HPB300 钢筋	t	4 375.220	昆明—工地	汽车、1.0、100.0	1.000 000	(0.67×100.0＋8.0×1.0)×1×1	75.000	4 450.22			0.750	33.377	4 483.600
2001002	HRB400 钢筋	t	4 741.590	昆明—工地	汽车、1.0、100.0	1.000 000	(0.67×100.0＋8.0×1.0)×1×1	75.000	4 816.59			0.750	36.124	4 852.710
2001008	钢绞线	t	5 052.210	昆明—工地	汽车、1.0、100.0	1.000 000	(0.67×100.0＋8.0×1.0)×1×1	75.000	5 127.21			0.750	38.454	5 165.660
2001020	钢纤维	t	4 899.120	昆明—工地	汽车、1.0、100.0	1.000 000	(0.67×100.0＋8.0×1.0)×1×1	75.000	4 974.12			0.750	37.306	5 011.430
2001022	20～22 号铁丝	kg	4.340	昆明—工地	汽车、1.0、100.0	0.001 000	(0.67×100.0＋8.0×1.0)×1×0.001	0.080	4.42			2.060	0.091	4.510
2003004	型钢	t	3 792.040	昆明—工地	汽车、1.0、100.0	1.000 000	(0.67×100.0＋8.0×1.0)×1×1	75.000	3 867.04			0.750	29.003	3 896.040
2003005	钢板	t	4 075.220	昆明—工地	汽车、1.0、100.0	1.000 000	(0.67×100.0＋8.0×1.0)×1×1	75.000	4 150.22			0.750	31.127	4 181.350
2003008	钢管	t	4 053.100	昆明—工地	汽车、1.0、100.0	1.000 000	(0.67×100.0＋8.0×1.0)×1×1	75.000	4 128.10			0.750	30.961	4 159.060
2003012	镀锌钢板	t	4 671.680	昆明—工地	汽车、1.0、100.0	1.000 000	(0.67×100.0＋8.0×1.0)×1×1	75.000	4 746.68			0.750	35.600	4 782.280
2003021	钢管桩	t	5 504.420	昆明—工地	汽车、1.0、100.0	1.000 000	(0.67×100.0＋8.0×1.0)×1×1	75.000	5 579.42			0.750	41.846	5 621.270
2003025	钢模板	t	5 753.100	昆明—工地	汽车、1.0、100.0	1.000 000	(0.67×100.0＋8.0×1.0)×1×1	75.000	5 828.10			0.750	43.711	5 871.810
2003026	组合钢模板	t	5 450.440	昆明—工地	汽车、1.0、100.0	1.000 000	(0.67×100.0＋8.0×1.0)×1×1	75.000	5 525.44			0.750	41.441	5 566.880
2003027	门式钢支架	t	5 097.350	昆明—工地	汽车、1.0、100.0	1.000 000	(0.67×100.0＋8.0×1.0)×1×1	75.000	5 172.35			0.750	38.793	5 211.140
2003028	安全爬梯	t	8 805.310	昆明—工地	汽车、1.0、0.0 汽车、1.0、100.0	1.000 000	(0.67×100.0＋8.0×1.0)×1×1	75.000	8 880.31			0.420	37.297	8 917.610
2009011	电焊条	kg	5.580	昆明—工地	汽车、1.0、100.0	0.001 100	(0.67×100.0＋8.0×1.0)×1×0.001 1	0.080	5.66			2.060	0.117	5.780
2009013	螺栓	kg	3.720	昆明—工地	汽车、1.0、100.0	0.001 000	(0.67×100.0＋8.0×1.0)×1×0.001	0.080	3.80			2.060	0.078	3.880

编制：陈桂珍　　　　复核：

表 A.0.3-3　材料预算单价计算表

建设项目名称：武易高速 ZK33 + 740（YK33 + 725）大营村大桥

编制范围：武易高速 ZK33 + 740（YK33 + 725）大营村大桥　　　　第 2 页共 4 页　　　　22 表

代号	规格名称	单位	原价/元	运杂费					原价运费合计/元	场外运输损耗		采购及保管费		预算单价/元
				供应地点	运输方式、比重及运距/km	毛质量系数或单位毛质量	运杂费构成说明或计算式	单位运费/元		费率/%	金额/元	费率/%	金额/元	
2009014	镀锌螺栓	kg	14.450	昆明—工地	汽车、1.0、100.0	0.001 000	（0.67×100.0 + 8.0×1.0）×1×0.001	0.080	14.53			2.060	0.299	14.830
2009028	铁件	kg	2.650	昆明—工地	汽车、1.0、100.0	0.001 100	（0.67×100.0 + 8.0×1.0）×1×0.001 1	0.080	2.73			2.060	0.056	2.790
2009030	铁钉	kg	3.630	昆明—工地	汽车、1.0、0.0 汽车、1.0、100.0	0.001 100	[8.0×1.0×1 +（0.67×100.0 + 8.0×1.0）×1]×0.001 1	0.090	3.72			2.060	0.077	3.800
2009033	铸铁管	kg	2.390	昆明—工地	汽车、1.0、100.0	0.001 000	（0.67×100.0 + 8.0×1.0）×1×0.001	0.080	2.47			2.060	0.051	2.520
3001001	石油沥青	t	3 716.810	昆明—工地	汽车、1.0、100.0	1.000 000	（0.67×100.0 + 8.0×1.0）×1×1	75.000	3 791.81			2.060	78.111	3 869.920
3003001	重油	kg	5.660	安宁	汽车、1.0、70.0	0.001 000	（0.761×70.0 + 7.89×1.0）×1×0.001	0.060	5.72			3.260	0.186	5.910
3003003	柴油	kg	7.300		汽车、1.0、70.0	0.001 000	（0.761×70.0 + 7.89×1.0）×1×0.001	0.060	7.36			3.260	0.240	7.600
4003001	原木	m^3	1 146.790	昆明—工地	汽车、1.0、100.0	0.750 000	（0.67×100.0 + 8.0×1.0）×1×0.75	56.250	1 203.04			2.060	24.783	1 227.820
4003002	锯材	m^3	1 330.280	昆明—工地	汽车、1.0、0.0 汽车、1.0、100.0	0.650 000	[8.0×1.0×1 +（0.67×100.0 + 8.0×1.0）×1]×0.65	53.950	1 384.23			2.060	28.515	1 412.750
4013001	草籽	kg	62.390	昆明—工地	汽车、1.0、0.0 汽车、1.0、100.0	0.001 000	[8.0×1.0×1 +（0.67×100.0 + 8.0×1.0）×1]×0.001	0.090	62.48			2.060	1.287	63.770
5001036	塑料波纹管 SBG-60Y	m	4.960	昆明—工地	汽车、1.0、100.0				4.96			2.060	0.102	5.060
5003003	压浆料	t	1 680.530	昆明—工地	汽车、1.0、100.0	1.000 000	（0.67×100.0 + 8.0×1.0）×1×1	75.000	1 755.53			2.060	36.164	1 791.690
5009005	桥面防水涂料	kg	19.200	昆明—工地	汽车、1.0、100.0	0.001 000	（0.67×100.0 + 8.0×1.0）×1×0.001	0.080	19.28			2.060	0.397	19.680
5501003	黏土	m^3	25.240	当地	汽车、1.0、6.0	1.400 000	（0.624×6.0 + 2.48×1.0）×1×1.4	8.710	33.95	3.000	1.019	2.060	0.720	35.690
5501007	种植土	m^3	11.700	当地	汽车、1.0、6.0				11.70			2.060	0.241	11.940
5501008	植物营养土	m^3	291.300	当地	汽车、1.0、10.0				291.30			2.060	6.001	297.300

编制：陈桂珍　　　　复核：

表 A.0.3-3 材料预算单价计算表

建设项目名称：武易高速 ZK33 + 740（YK33 + 725）大营村大桥

编制范围：武易高速 ZK33 + 740（YK33 + 725）大营村大桥　　　　第 3 页共 4 页　　　　22 表

代号	规格名称	单位	原价/元	运杂费					原价运费合计/元	场外运输损耗		采购及保管费		预算单价/元
				供应地点	运输方式、比重及运距/km	毛质量系数或单位毛质量	运杂费构成说明或计算式	单位运费/元		费率/%	金额/元	费率/%	金额/元	
5503007	砂砾	m^3	66.000	料场—工地	汽车、1.0、15.0	1.700 000	（0.624×15.0 + 2.48×1.0）×1×1.7	20.120	86.12	1.000	0.861	2.060	1.792	88.770
5503008	天然砂砾	m^3	18.450	料场—工地	汽车、1.0、15.0	1.700 000	（0.624×15.0 + 2.48×1.0）×1×1.7	20.120	38.57	1.000	0.386	2.060	0.802	39.760
5503009	天然级配	m^3	36.000	料场—工地	汽车、1.0、15.0	1.700 000	（0.62×15.0 + 5.69×1.0）×1×1.7	25.480	61.48	1.000	0.615	2.060	1.279	63.370
5503013	矿粉	t	198.000	料场—工地	汽车、1.0、15.0	1.000 000	（0.67×15.0 + 5.69×1.0）×1×1	15.730	213.73	1.000	2.137	2.060	4.447	220.310
5503015	路面用石屑	m^3	71.000	料场—工地	汽车、1.0、0.0	1.500 000	2.48×1.0×1×1.5	3.720	74.72	1.000	0.747	2.060	1.555	77.020
5505005	片石	m^3	59.000	料场—工地	汽车、1.0、15.0	1.600 000	（0.624×15.0 + 2.48×1.0）×1×1.6	18.940	77.94			2.060	1.606	79.550
5505012	碎石（2 cm）	m^3	79.000	料场—工地	汽车、1.0、15.0	1.500 000	（0.624×15.0 + 2.48×1.0）×1×1.5	17.750	96.75	1.000	0.968	2.060	2.013	99.730
5505013	碎石（4 cm）	m^3	78.000	料场—工地	汽车、1.0、15.0	1.500 000	（0.624×15.0 + 2.48×1.0）×1×1.5	17.750	95.75	1.000	0.958	2.060	1.992	98.700
5505014	碎石（6 cm）	m^3	77.000	料场—工地	汽车、1.0、15.0	1.500 000	（0.624×15.0 + 2.48×1.0）×1×1.5	17.750	94.75	1.000	0.948	2.060	1.971	97.670
6003011004	伸缩缝 D-160	m	1 930.970	昆明—工地	汽车、1.0、100.0	1.000 000	（0.67×100.0 + 8.0×1.0）×1×1	75.000	2 005.97			2.500	50.149	2 056.120
6003011009	伸缩缝 FD-80G 型	m	965.490	昆明—大桥工地	汽车、1.0、100.0	1.000 000	（0.66×100.0 + 8.0×1.0）×1×1	74.000	1 039.49			2.500	25.987	1 065.480
2001019	钢丝绳	t	7 829.200	昆明—工地	汽车、1.0、100.0	1.000 000	（0.67×100.0 + 8.0×1.0）×1×1	75.000	7 904.20			0.750	59.282	7 963.480
2003022	钢护筒	t	5 248.670	昆明—工地	汽车、1.0、100.0	1.000 000	（0.67×100.0 + 8.0×1.0）×1×1	75.000	5 323.67			0.750	39.928	5 363.600
3003002	汽油	kg	8.930	安宁	汽车、1.0、70.0	0.001 000	（0.761×70.0 + 7.89×1.0）×1×0.001	0.060	8.99			3.260	0.293	9.280
5001035	塑料波纹管 SBG-50Y	m	4.070	昆明—工地	汽车、1.0、100.0				4.07			2.060	0.084	4.150
5505017	路面用碎石（1.5 cm）	m^3	79.000	料场—工地	汽车、1.0、15.0	1.500 000	（0.624×15.0 + 2.48×1.0）×1×1.5	17.750	96.75	1.000	0.968	2.060	2.013	99.730
5505025	块石	m^3	60.000	料场—工地	汽车、1.0、0.0	1.850 000	2.84×1.0×1×1.85	5.260	65.26			2.060	1.344	66.600

编制：陈桂珍　　　　复核：

表 A.0.3-3　材料预算单价计算表

建设项目名称：武易高速 ZK33 + 740（YK33 + 725）大营村大桥

编制范围：武易高速 ZK33 + 740（YK33 + 725）大营村大桥　　　　第 4 页共 4 页　　　　22 表

代号	规格名称	单位	原价/元	运杂费					原价运费合计/元	场外运输损耗		采购及保管费		预算单价/元
				供应地点	运输方式、比重及运距/km	毛质量系数或单位毛质量	运杂费构成说明或计算式	单位运费/元		费率/%	金额/元	费率/%	金额/元	
5507003	青（红）砖	千块	300.000	砖厂—工地	汽车、1.0、15.0	2.600 000	（0.67×15.0 + 5.69×1.0）×1×2.6	40.910	340.91	3.000	10.227	2.060	7.233	358.370
5509001	32.5 级水泥	t	320.000	安宁—工地	汽车、1.0、70.0	1.010 000	（0.67×70.0 + 5.69×1.0）×1×1.01	53.090	373.09	1.000	3.731	2.060	7.763	384.580
5509002	42.5 级水泥	t	366.000	安宁—工地	汽车、1.0、70.0	1.010 000	（0.67×70.0 + 5.69×1.0）×1×1.01	53.110	419.11	1.000	4.191	2.060	8.720	432.020
6001002	四氟板式橡胶组合支座	dm^3	69.030	昆明—工地	汽车、1.0、100.0	0.003 200	（0.67×100.0 + 8.0×1.0）×1×0.003 2	0.240	69.27			2.060	1.427	70.700
6005005	钢绞线群锚（3 孔）	套	92.040	昆明—工地	汽车、1.0、100.0	0.006 000	（0.67×100.0 + 8.0×1.0）×1×0.006	0.450	92.49			2.060	1.905	94.400
6005009	钢绞线群锚（7 孔）	套	114.160	昆明—大桥工地 昆明—工地	汽车、1.0、0.0 汽车、1.0、100.0	0.010 500	（0.67×100.0 + 8.0×1.0）×1×0.010 5	0.790	114.95			2.060	2.368	117.320
7001009	120/20 聚乙烯绝缘电力电缆	m	13.450	昆明—工地	汽车、1.0、100.0				13.45			2.060	0.277	13.730
6005023017	BM15-5，每片含夹片、锚板、锚垫板	套	141.590	昆明—工地	汽车、1.0、100.0	1.000 000	（0.67×100.0 + 8.0×1.0）×1×1	75.000	216.59			2.500	5.415	222.000
2001021	8～12 号铁丝	kg	3.630	昆明—工地	汽车、1.0、100.0	0.001 000	（0.67×100.0 + 8.0×1.0）×1×0.001	0.080	3.71			2.060	0.076	3.790
4003003	枕木	m^3	1 330.280	昆明—工地	汽车、1.0、0.0 汽车、1.0、100.0	0.650 000	[8.0×1.0×1 +（0.67×100.0 + 8.0×1.0）×1]×0.65	53.950	1 384.23			2.060	28.515	1 412.750
5503005	中（粗）砂	m^3	77.000	料场—工地	汽车、1.0、15.0	1.500 000	（0.624×15.0 + 2.48×1.0）×1×1.5	17.750	94.75	2.500	2.369	2.060	2.001	99.120
6001003	板式橡胶支座	dm^3	52.210	昆明—工地	汽车、1.0、100.0	0.003 200	（0.67×100.0 + 8.0×1.0）×1×0.003 2	0.240	52.45			2.060	1.080	53.530

编制：陈桂珍　　　　复核：

表 A.0.3-6 施工机械台班单价计算表

建设项目名称：武易高速 ZK33 + 740（YK33 + 725）大营村大桥

编制范围：武易高速 ZK33 + 740（YK33 + 725）大营村大桥　　　　第 1 页共 5 页　　　　24 表

序号	代号	机械名称	台班单价/元	不变费用/元 调整系数：1.0		可变费用/元 机械工 101.54 元/工日		重油 5.91 元/kg		汽油 9.28 元/kg		柴油 7.6 元/kg		煤 元/t		电 0.85 元/(kW·h)		水 2.72 元/m³		木柴 元/kg		车船税	合计
				定额	调整值	定额	费用	定额	费用	定额	费用	定额	费用	定额	费用	定额	费用	定额	费用	定额	费用		
1	8001002	功率 75 kW 以内履带式推土机	883.52	262.670	262.67	2.000	203.08					54.970	417.77										620.85
2	8001025	斗容量 0.6 m³ 履带式单斗挖掘机	828.96	341.260	341.26	2.000	203.08					37.450	284.62										487.70
3	8001035	斗容量 1.0 m³ 履带式单斗挖掘机	1 053.06	358.340	358.34	2.000	203.08					64.690	491.64										694.72
4	8001045	斗容量 1.0 m³ 轮胎式装载机	590.30	114.160	114.16	1.000	101.54					49.030	372.63									1.97	476.14
5	8001047	斗容量 2.0 m³ 轮胎式装载机	999.50	188.380	188.38	1.000	101.54					92.860	705.74									3.84	811.12
6	8001078	机械自身质量 6～8 t 光轮压路机	359.35	111.890	111.89	1.000	101.54					19.200	145.92										247.46
7	8001079	机械自身质量 8～10 t 光轮压路机	395.46	117.600	117.60	1.000	101.54					23.200	176.32										277.86
8	8001081	机械自身质量 12～15 t 光轮压路机	588.75	183.210	183.21	1.000	101.54					40.000	304.00										405.54
9	8001085	机械自身质量 0.6 t 手扶式振动碾	160.38	34.520	34.52	1.000	101.54					3.200	24.32										125.86
10	8001095	蛙式夯土机（200～620 N·m）	29.88	15.140	15.14											17.340	14.74						14.74
11	8001132	机动液压喷播机	346.45	85.080	85.08	1.000	101.54					21.030	159.83										261.37
12	8003038	容量 4 000 L 以内沥青洒布车	618.59	197.330	197.33	1.000	101.54			34.280	318.12											1.60	421.26
13	8003048	生产能力 60 t/h 以内沥青混合料拌和设备	13 780.22	1 718.580	1 718.58	3.000	304.62	1 795.200	10 609.63							1 349.870	1 147.39						12 061.64
14	8003057	最大摊铺宽度 4.5 m 以内沥青混合料摊铺机（带自动找平）	1 307.79	785.050	785.05	2.000	203.08					42.060	319.66										522.74
15	8003063	机械自身质量 10 t 以内双钢轮振动压路机	1 094.70	478.180	478.18	2.000	203.08					54.400	413.44										616.52

编制：陈桂珍　　　　复核：

表 A.0.3-6 施工机械台班单价计算表

建设项目名称：武易高速 ZK33 + 740（YK33 + 725）大营村大桥

编制范围：武易高速 ZK33 + 740（YK33 + 725）大营村大桥 第 2 页共 5 页 24 表

序号	代号	机械名称	台班单价/元	不变费用/元		可变费用/元																车船税	合计
				调整系数：1.0		机械工		重油		汽油		柴油		煤		电		水		木柴			
						101.54 元/工日		5.91 元/kg		9.28 元/kg		7.6 元/kg		元/t		0.85 元/(kW · h)		2.72 元/m^3		元/kg			
				定额	调整值	定额	费用	定额	费用	定额	费用	定额	费用	定额	费用	定额	费用	定额	费用	定额	费用		
16	8003066	机械自身质量 9～16 t 轮胎式压路机	651.58	294.680	294.68	1.000	101.54					33.600	255.36										356.90
17	8003067	机械自身质量 16～20 t 轮胎式压路机	767.56	343.780	343.78	1.000	101.54					42.400	322.24										423.78
18	8003083	混凝土电动刻纹机	260.06	126.310	126.31	1.000	101.54									37.890	32.21						133.75
19	8005002	出料容量 250 L 以内强制式混凝土搅拌机	173.12	25.510	25.51	1.000	101.54									54.200	46.07						147.61
20	8005010	出料容量 400 L 以内灰浆搅拌机	133.05	13.230	13.23	1.000	101.54									21.510	18.28						119.82
21	8005031	容量 6 m^3 以内混凝土搅拌运输车	1 320.81	795.090	795.09	1.000	101.54					55.320	420.43									3.75	525.72
22	8005051	排量 60 m^3/h 以内混凝土输送泵	1 255.56	837.960	837.96	1.000	101.54									371.830	316.06						417.60
23	8005060	生产能力 60 m^3/h 以内混凝土搅拌站	1 699.52	798.230	798.23	3.000	304.62									701.960	596.67						901.29
24	8005079	智能张拉系统	630.22	272.090	272.09	3.000	304.62	1.000	5.91							56.000	47.60						358.13
25	8005084	智能压浆系统	689.59	316.970	316.97	3.000	304.62									80.000	68.00						372.62
26	8007003	装载质量 4 t 以内载货汽车	500.40	79.560	79.56	1.000	101.54			34.290	318.21											1.09	420.84
27	8007005	装载质量 6 t 以内载货汽车	495.62	94.220	94.22	1.000	101.54					39.240	298.22									1.64	401.40
28	8007006	装载质量 8 t 以内载货汽车	609.67	164.330	164.33	1.000	101.54					44.950	341.62									2.18	445.34
29	8007007	装载质量 10 t 以内载货汽车	673.78	187.310	187.31	1.000	101.54					50.290	382.20									2.73	486.47
30	8007009	装载质量 15 t 以内载货汽车	923.98	349.960	349.96	1.000	101.54					61.720	469.07									3.41	574.02
31	8007012	装载质量 5 t 以内自卸汽车	612.49	120.530	120.53	1.000	101.54			41.910	388.92											1.50	491.96

编制：陈桂珍 复核：

表 A.0.3-6　施工机械台班单价计算表

建设项目名称：武易高速 ZK33 + 740（YK33 + 725）大营村大桥

编制范围：武易高速 ZK33 + 740（YK33 + 725）大营村大桥　　第 3 页共 5 页　　24 表

序号	代号	机械名称	台班单价/元	不变费用/元		可变费用/元																
				调整系数：1.0		机械工		重油		汽油		柴油		煤		电		水		木柴		车船税	合计
						101.54 元/工日		5.91 元/kg		9.28 元/kg		7.6 元/kg		元/t		0.85 元/(kW·h)		2.72 元/m³		元/kg			
				定额	调整值	定额	费用	定额	费用	定额	费用	定额	费用	定额	费用	定额	费用	定额	费用	定额	费用		
32	8007014	装载质量 8 t 以内自卸汽车	685.75	205.990	205.99	1.000	101.54					49.450	375.82									2.40	479.76
33	8007023	装载质量 15 t 以内平板拖车组	785.70	269.490	269.49	2.000	203.08					40.460	307.50									5.63	516.21
34	8007024	装载质量 20 t 以内平板拖车组	953.32	400.450	400.45	2.000	203.08					45.260	343.98									5.81	552.87
35	8007026	装载质量 40 t 以内平板拖车组	1 416.29	783.980	783.98	2.000	203.08					55.540	422.10									7.13	632.31
36	8007041	容量 6 000 L 以内洒水汽车	728.94	307.390	307.39	1.000	101.54			34.290	318.21											1.80	421.55
37	8007043	容量 10 000 L 以内洒水汽车	1 111.58	605.760	605.76	1.000	101.54					52.800	401.28									3.00	505.82
38	8007046	装载质量 1.0 t 以内机动翻斗车	209.72	39.480	39.48	1.000	101.54					9.000	68.40									0.30	170.24
39	8007050	功率 30 kW 轨道拖车头	316.26	62.720	62.72	1.000	101.54					20.000	152.00										253.54
40	8009020	提升质量 20 t 以内轮胎式起重机	1 136.87	604.770	604.77	2.000	203.08					42.740	324.82									4.20	532.10
41	8009025	提升质量 5 t 以内汽车式起重机	655.60	211.280	211.28	2.000	203.08			25.740	238.87											2.37	444.32
42	8009027	提升质量 12 t 以内汽车式起重机	848.41	408.050	408.05	2.000	203.08					30.590	232.48									4.80	440.36
43	8009028	提升质量 16 t 以内汽车式起重机	1 025.95	546.160	546.16	2.000	203.08					35.620	270.71									6.00	479.79
44	8009029	提升质量 20 t 以内汽车式起重机	1 212.62	709.360	709.36	2.000	203.08					38.550	292.98									7.20	503.26
45	8009030	提升质量 25 t 以内汽车式起重机	1 361.00	841.180	841.18	2.000	203.08					40.650	308.94									7.80	519.82
46	8009031	提升质量 30 t 以内汽车式起重机	1 459.54	929.540	929.54	2.000	203.08					41.910	318.52									8.40	530.00
47	8009080	牵引力 30 kN 以内单筒慢动电动卷扬机	149.29	16.780	16.78	1.000	101.54									36.430	30.97						132.51

编制：陈桂珍　　复核：

表 A.0.3-6　施工机械台班单价计算表

建设项目名称：武易高速 ZK33 + 740（YK33 + 725）大营村大桥

编制范围：武易高速 ZK33 + 740（YK33 + 725）大营村大桥　　　　第 4 页共 5 页　　　　24 表

序号	代号	机械名称	台班单价/元	不变费用/元		可变费用/元																	合计
				调整系数：1.0		机械工		重油		汽油		柴油		煤		电		水		木柴		车船税	
						101.54 元/工日		5.91 元/kg		9.28 元/kg		7.6 元/kg		元/t		0.85 元/(kW·h)		2.72 元/m³		元/kg			
				定额	调整值	定额	费用	定额	费用	定额	费用	定额	费用	定额	费用	定额	费用	定额	费用	定额	费用		
48	8009081	牵引力 50 kN 以内单筒慢动电动卷扬机	167.56	19.570	19.57	1.000	101.54									54.650	46.45						147.99
49	8009083	牵引力 100 kN 以内单筒慢动电动卷扬机	258.91	77.370	77.37	1.000	101.54									94.120	80.00						181.54
50	8011013	激振力 500 kN 以内振动打拔桩锤	650.99	278.950	278.95	2.000	203.08									198.780	168.96						372.04
51	8011014	激振力 600 kN 以内振动打拔桩锤	769.95	349.630	349.63	2.000	203.08									255.580	217.24						420.32
52	8011030	JK10 型冲击钻机	677.67	253.560	253.56	2.000	203.08									260.040	221.03						424.11
53	8011035	钻孔直径 1 500 mm 以内回旋钻机	1 337.21	652.550	652.55	2.000	203.08									566.560	481.58						684.66
54	8011056	泥浆分离器	422.05	178.170	178.17	2.000	203.08									48.000	40.80						243.88
55	8011057	容量 100 ~ 150 L 泥浆搅拌机	119.76	9.290	9.29	1.000	101.54									10.500	8.93						110.47
56	8013024	出水口直径 100 mm 以内泥浆泵	267.63	35.790	35.79											272.750	231.84						231.84
57	8015006	数控钢筋弯箍机	846.99	264.940	264.94	1.000	101.54	48.000	283.68							231.560	196.83						582.05
58	8015007	数控立式钢筋弯曲中心	1 000.16	367.090	367.09	1.000	101.54	56.000	330.96							235.960	200.57						633.07
59	8015008	全自动钢筋笼滚焊机	857.59	149.150	149.15	1.000	101.54									714.000	606.90						708.44
60	8015028	容量 32 kV·A 以内交流电弧焊机	179.49	5.170	5.17	1.000	101.54									85.620	72.78						174.32
61	8015029	容量 42 kV·A 以内交流电弧焊机	223.08	5.420	5.42	1.000	101.54									136.610	116.12						217.66
62	8015048	容量 100 kV·A 以内交流对焊机	364.77	18.130	18.13	1.000	101.54									288.350	245.10						346.64
63	8017049	排气量 9 m³/min 以内机动空气压缩机	728.75	270.170	270.17							60.340	458.58										458.58

编制：陈桂珍　　　　复核：

表 A.0.3-6 施工机械台班单价计算表

建设项目名称：武易高速 ZK33 + 740（YK33 + 725）大营村大桥

编制范围：武易高速 ZK33 + 740（YK33 + 725）大营村大桥

第 5 页共 5 页　　24 表

序号	代号	机械名称	台班单价/元	不变费用/元		可变费用/元																车船税	合计
				调整系数：1.0		机械工		重油		汽油		柴油		煤		电		水		木柴			
						101.54 元/工日		5.91 元/kg		9.28 元/kg		7.6 元/kg		元/t		0.85 元/(kW·h)		2.72 元/m^3		元/kg			
				定额	调整值	定额	费用	定额	费用	定额	费用	定额	费用	定额	费用	定额	费用	定额	费用	定额	费用		
64	8019005	功率 221 kW 以内内燃拖轮	2 219.86	657.530	657.53	4.000	406.16					151.550	1 151.78					1.200	3.26			1.13	1 562.33
65	8019023	装载质量 200 t 以内工程驳船	219.93	218.630	218.63																	1.30	1.30

编制：陈桂珍　　　　复核：

第 2 章 公路工程预算编制实训指导书

2.1 内容及要求

（1）熟悉设计课题，准备概预算编制表格等有关资料。

（2）根据初步拟定的施工方案及施工方法进行列项，填入项目表 01 表；复核并计算工程数量。

（3）编 21-2 表，并与 22 表交叉进行。

（4）若有自采材料，则编 23-1 表、23-2 表，并与 21-2、22 表交叉进行。即 21-2 表发生的自采材料在 23-1 表计算出价格后，进入 23-2 表进行“材料自办运输单位运费计算表”，最后应用于 21-2 表。

（5）编 24 表，计算出施工机械台班单价，也与 21-2 表交叉进行。

（6）填列人工、材料、施工机械单价汇总表，09 表。

（7）编 04 表，即综合费率计算表。并用以最后完成 21-2 表中措施费、企业管理费、规费等计算。

（8）编 03 表，计算建筑安装工程费。21-2 表的成果进入本表，然后完成 05、06、07、08 表等费用计算。

（9）编 01 表，将 03、05、06、07、08 表成果汇入（应用于）本表。

（10）编 25 表及 02 表，从 21-2、23-1 表计算 25 表，再以 21-2、25 表进入 02 表中计算 ××段人工、材料、施工机械台班数量汇总表。

（11）编写预算说明书；整理、复核、装订成册。

2.2 需备参考书及资料

（1）现行《公路工程预算定额》（JTG/T 3832—2018）、《公路工程基本建设项目概算预算编制办法》（JTG 3830—2018）。工程项目所在地各省、自治区、直辖市交通运输厅（局）《编制办法》的补充规定；国家、省有关编制公路工程概（预）算的新的或补充规定。

（2）公路建设项目设计资料、图纸、施工组织设计文件。

（3）概预算表格。

2.3　注意事项

21-2 表是概（预）算的基本表，它与 09、22、24、04 表等交叉进行、互相关联，该表中的数据差错将影响其他各表，一定要细心认真计算，并作复核。编制流程见图 2-1。

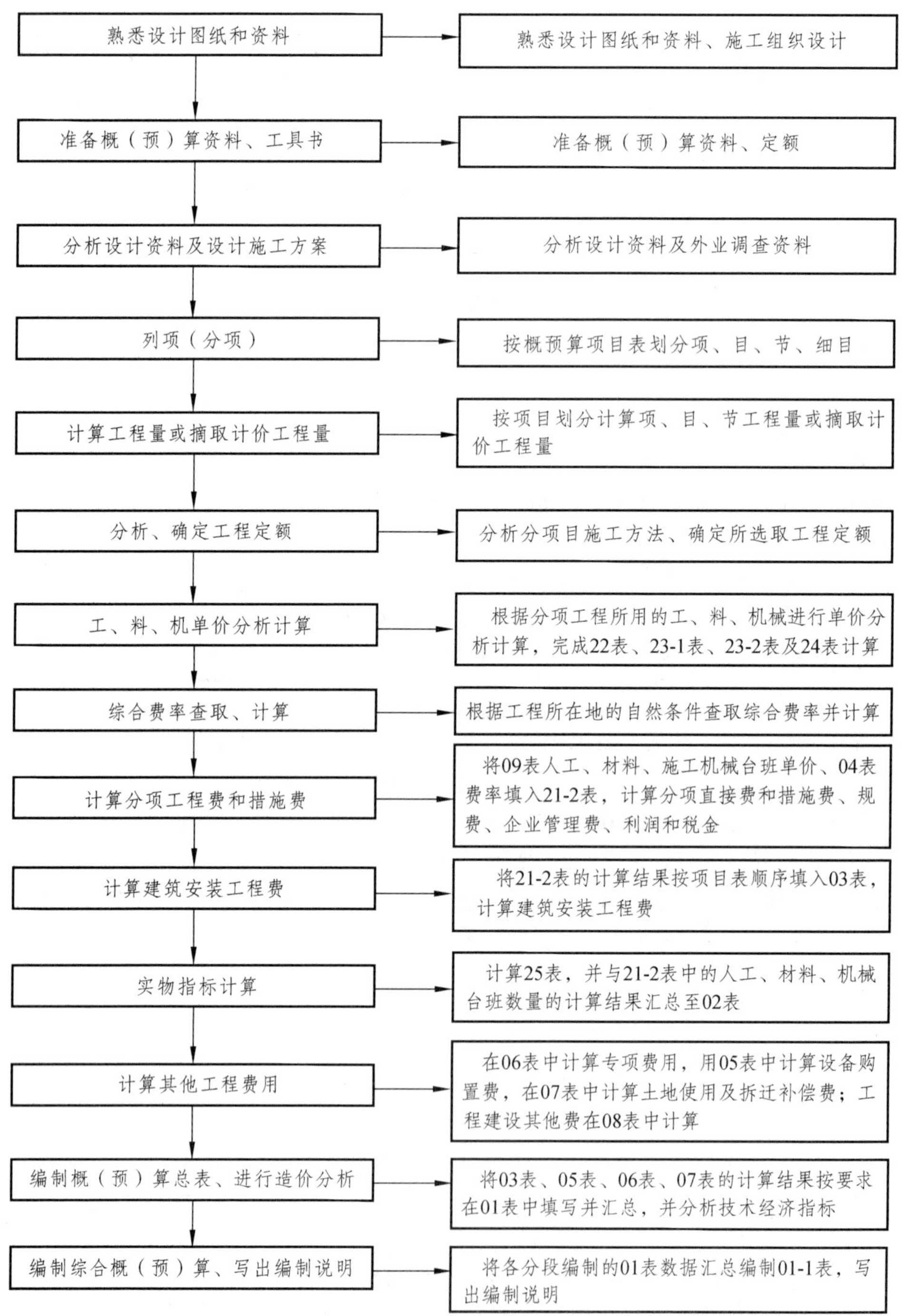

图 2-1　概预算编制流程

第 3 章
公路工程造价软件应用实训指导

3.1 纵横公路工程造价管理系统简介

纵横公路工程造价管理系统，以下简称纵横公路造价软件，主要用于编制公路工程建设项目的投资估算（建议估算、可行估算）、初步设计概算、修正概算、施工图预算、工程量清单、工程量清单预算、招标控制价、投标报价、合同价结算、工程变更费用、单价变更结算、工程结算、工程竣工结算。纵横公路造价软件是顶尖造价工程师的至爱。

3.1.1 纵横公路造价软件主要应用范围

纵横公路造价软件可用于政府行政机关、行业主管部门、项目投资业主和设计、施工、建设、管理、审计、审核、财审、监理、咨询、学校等相关单位。详见下图。

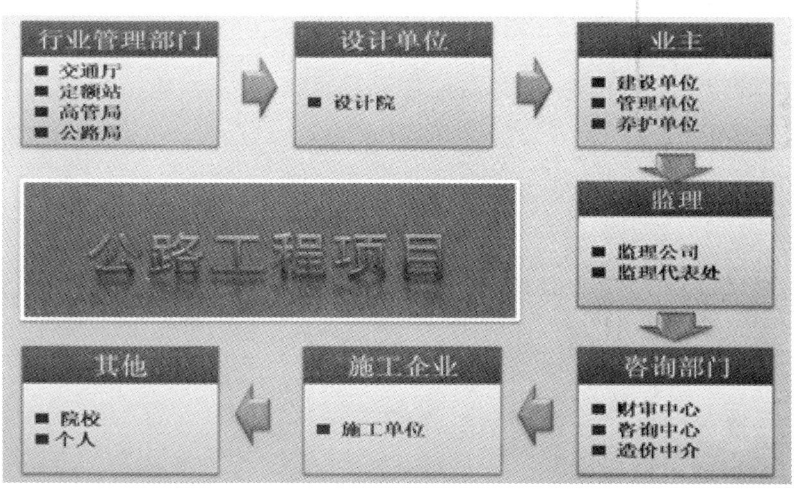

3.1.2 公路造价软件开发依据

（1）《公路工程建设项目造价文件管理导则》（JTG 3810—2017）。

（2）《公路工程建设项目概算预算编制办法》（JTG 3830—2018）。

（3）《公路工程基本建设项目投资估算编制办法》（JTG 3820—2018）。

（4）《公路工程概算定额》（JTG/T3831—2018）。
（5）《公路工程预算定额》（JTG/T B3832—2018）。
（6）《公路工程估算指标》（JTG/T 3821—2018）。
（7）《公路工程机械台班费用定额》（JTG/T 3833—2018）。
（8）《公路工程标准施工招标文件》（2018 年版）。
（9）各省、自治区、直辖市交通运输厅（局）发布的《公路工程基本建设项目概算预算编制办法补充规定》《补充定额》《养路费车船税标准》等相关文件。
（10）国家发布的有关法律、法规、规章、规程等。

3.1.3 公路造价软件的下载安装与注册

1. 下载安装程序

登录纵横公司官方网站 www.smartcost.com.cn，进入“产品下载”，下载安装程序即可。

2. 解压安装程序

（1）双击压缩包，解压安装程序。
（2）运行安装程序，按提示安装即可。
（3）安装完成后，在桌面即出现两个图标。

纵横公路造价专业版910(营改增)
快捷方式
817 字节

温馨提示：

建议将软件安装在非系统盘（D:\Program Files\纵横软件\）。安装完成后，插上软件加密锁即可使用。

3. 注册纵横公路造价软件

注册方式：手工输入注册码。
首先，打开软件，单击帮助菜单/产品注册/下一步/下一步/选择“手工输入注册码”。
然后，将注册码复制粘贴到“注册码”栏内，软件注册即可完成。

3.1.4 纵横公路造价软件版本介绍

（1）专业版/导则版：投资估算（建议估算、可行估算）、初步设计概算、修正概算、施工图预算、工程量清单、工程量清单预算、招标控制价、投标报价、合同价结算、工程变更费用、单价变更结算、工程结算、工程竣工结算。导则版符合《公路工程建设项目造价文件管理导则》。

（2）业主专业版/导则版：业主专业版=工程造价专业版＋固化清单。

（3）项目专业版/导则版：项目专业版=工程造价专业版＋材料调差（场内调差和场外调差）。

（4）工程造价全能版/导则版：工程造价全能版=工程造价专业版 + 固化清单 + 材料调差。
（5）网络版：只要能上网，就拥有免费正版纵横公路造价软件（功能同专业版）。
（6）学习版：学习版除了不能直接打印和导出报表，其他功能均与专业版相同。

3.2　编制概预算文件的操作流程

详见下图。

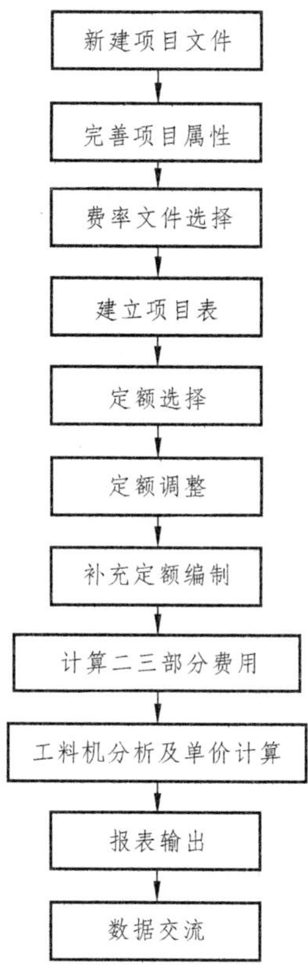

1. 建文件、建项目，完善项目属性

- 预算文件名称一般为编制范围。
- 一个建设项目下面可包含多个编制范围。
- 确定项目属性。

2. 确定费率文件

- 选择费率计算参数。

3. 建立项目表

- 添加标准项目。
- 添加非标准项目。

4. 定额选择

- 从定额表中选择。

5. 定额调整

- 工料机/砼。
- 附注条件。
- 辅助定额。
- 稳定土配合比。
- 本分项（或定额）单价。
- 自动统计“混凝土需计拌和量”。

6. 补充定额的编制

- 调用补充定额。
- 新建补充定额。

7. 计算第二、三、四、五部分费用

- 土地使用及拆迁补偿费计算。
- 工程建设其他费用计算。
- 预备费。
- 建设期贷款利息。

8. 工料机分析及单价计算

- 人工单价。
- 材料单价。
- 机械单价。

9. 报表输出

- 直接打印或导出 Excel、PDF 格式。
- 报表定制。

10. 数据交换

- 数据交换，导出.sbp 文件。

3.3 公路造价软件应用

1. 新建建设项目及造价文件

一个建设项目文件，可以包含一个或多个项目分段文件，以及与之配套的费率、单价和定额等文件，通过这些文件组合计算，最终可以得到项目工程的造价。具体操作如下：

（1）打开纵横公路造价软件，进入软件界面，如下图。

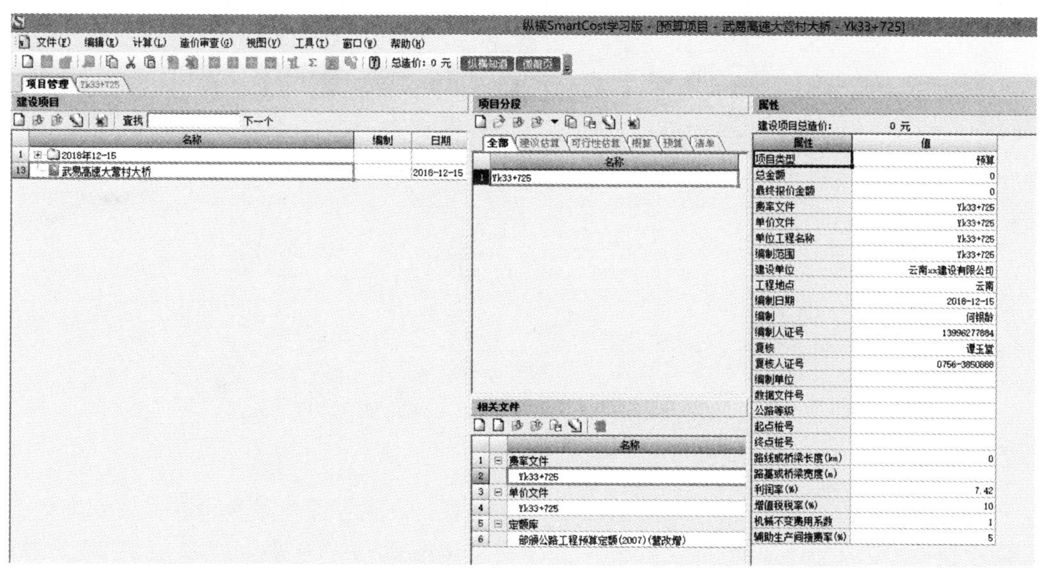

（2）点击“文件”菜单栏下的“新建”，在空白栏输入建设项目名称，如：× ×合同段，云南× ×高速公路，项目类型选择“概算/预算”，点击“确定”完成。

温馨提示：

在编制概预算时，项目文件夹名称一般以建设项目的名称命名，文件名称一般以编制范围命名。

（3）确定项目属性。

“项目属性”是指利润、税金等费用的取值。点击菜单栏“文件”→“项目属性”或点击“项目属性”图标，在弹出的项目文件属性对话框，按实际工程情况填写基本信息、技术参数、计算参数、其他取费。基本信息和技术参数只在报表页眉页脚中出现，不参与造价计算。“高级”栏请勿随意修改。

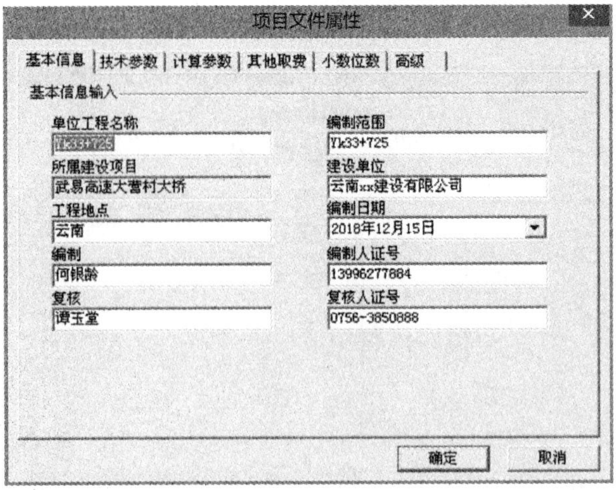

项目文件属性

基本信息 | 技术参数 | 计算参数 | 其他取费 | 小数位数 | 高级

基本信息输入

单位工程名称：Yk33+725　　编制范围：Yk33+725

所属建设项目：武易高速大营村大桥　　建设单位：云南xx建设有限公司

工程地点：云南　　编制日期：2018年12月15日

编制：何银龄　　编制人证号：13996277884

复核：谭玉堂　　复核人证号：0756-3850888

确定　取消

2. 确定费率文件

费率文件主要是指公路工程的其他工程费、规费、企业管理费等费用的费率，其他工程费和间接费按“人工费 + 材料费 + 机械费/人工费 + 机械费”“人工费”或“直接费”为基数，乘以“费率”计算，根据工程实际情况取用不同的值。

各省（区、市）结合当地实际情况，对部颁编制办法做了相应的补充规定。凡在该地区建设的公路工程项目均要执行当地的补充规定。根据项目所在地具体工程情况选择不同的费率标准（详见《公路工程基本建设项目概算预算编制办法》及各省补充规定）。

温馨提示：

点击主窗口左边的“费率”图标，然后根据工程实际情况选择“费率计算参数”，系统会自动生成综合费率，并形成费率文件。《公路工程基本建设项目概算预算编制办法》及各省补充规定详见纵横公路造价软件“帮助”菜单栏 2008 编制办法及定额章节说明。

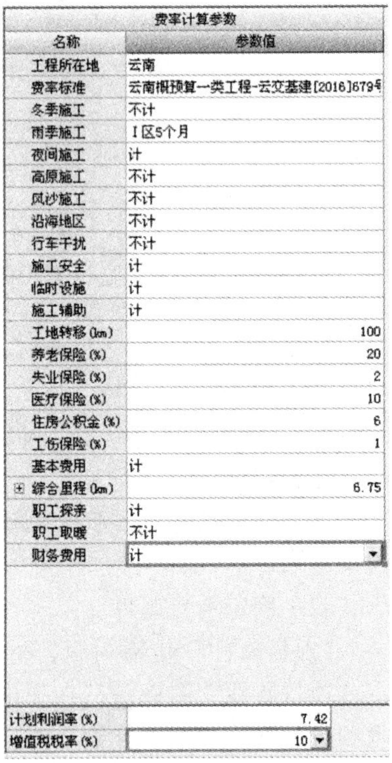

如右图，选择工程所在地“云南”，费率标准“云南概预算一类工程-云交基建〔2016〕679 号”，将鼠标悬停于“冬季、雨季施工”上面，根据工程所在地，按软件自动提示选择即可；其他参数根据工程实际情况选择（费率文件依据以编制年现行文件为准）。

费率计算参数

名称	参数值
工程所在地	云南
费率标准	云南概预算一类工程-云交基建[2016]679号
冬季施工	不计
雨季施工	Ⅰ区5个月
夜间施工	计
高原施工	不计
风沙施工	不计
沿海地区	不计
行车干扰	不计
施工安全	计
临时设施	计
施工辅助	计
工地转移 (km)	100
养老保险 (%)	20
失业保险 (%)	2
医疗保险 (%)	10
住房公积金 (%)	6
工伤保险 (%)	1
基本费用	计
⊞ 综合里程 (km)	6.75
职工探亲	计
职工取暖	不计
财务费用	计
计划利润率 (%)	7.42
增值税税率 (%)	10

3. 建立项目表

建立造价文件的项目组成结构，一般按部颁标准项目表进行划分，根据工程项目的规模不同，项目表的划分可粗可细。具体注意事项：

（1）概、预算项目应按项目表的序列及内容编制。实际出现的工程和费用项目与项目表的内容不完全相符时，第一、二、三部分和“项”的序号、内容应保留不变，项目表中的“项”以下的分项在引用时应保持序号、内容不变，缺少的分项内容可随需要就近增加，并按项目表顺序以实际出现的级别依次排列，不保留缺少的“项”以下项目序号。

（2）项目划分要恰当，比如路面集中拌和站场地安拆建议录入路面工程，桥梁集中拌和站场地及安拆、预制场建设建议列入桥梁涵洞工程。

（3）细目划分要适度，细目下尽量不要再划分层次，概预算项目表尽量以编制办法项目节细目划分一致。

（4）路线建设项目中的互通式立体交叉、辅道、支线，如工程规模较大时，也可按概、预算项目表单独编制建筑安装工程，然后将其概、预算建筑安装工程总金额列入路线的总概、预算表中相应的项目内。

（5）（第一、二、三、四部分费用合计）及以下内容全部保留，不允许删除，可增加内容。

例如：

编号	名称	单位	数量	数量2	单价	金额（F）
	第一、二、三部分 费用合计	**公路公里**	**33.760**		**44686826.01**	**1,508,627,246**
	预备费	**元**	**33.755**		**1258226.93**	**42,471,450**
	1.价差预备费	元	0.000		0.00	0
	2.基本预备费	元	33.755		1258226.93	42,471,450
	新增加费用项目（不作预备费基数）	**元**	**33.755**		**35550.29**	**1,200,000**
	1、水土保持方案报告书编制费用	公路公里	33.760		14218.01	480,000
	2、地质灾害危险性评估费用	公路公里	33.760		11255.92	380,000
	3、环境评估报告书编制费用	公路公里	33.760		10071.09	340,000
	概（预）算总金额	**元**	**33.755**		**45987222.52**	**1,552,298,696**
	其中：回收金额	**元**	**33.755**		**14069.77**	**474,925**
	1、原木		0.000		225916.00	225,916
	2、锯材		0.000		57309.00	57,309
	3、钢材		0.000		3992.00	3,992
	4、铁件		0.000		4411.00	4,411
	5、橡皮线		0.000		183297.00	183,297
	公路基本造价	**公路公里**	**33.760**		**45966343.93**	**1,551,823,771**

纵横公路造价软件采用独有的树表结构，分项结构及计算结果同屏显示，一览无遗。纵横公路造价软件按以下步骤建立概预算项目表：

① 点击“造价书”，点击右上角的“项目表”图标，展开“项目表”，直接双击该分项名称，然后填写“数量”即可。

② 对于标准项目表中没有的分项，即非标准项，可以通过鼠标右键或工具栏上的“插入”按钮插入非标准项，输入非标准项“编号”“名称”“单位”“数量”即可，如外购土方。

	编号	名称	单位	数量
1		**第一部分 建筑安装工程费**	**公路公里**	**33.755**
2	+ 一	临时工程	公路公里	33.755
9	- 二	路基工程	km	25.892
10	10	场地清理	km	33.755
11	10	清理与掘除	m²	973400.000
12	1	清除表土	m3	105114.000
13	2	伐树、挖根、除草	m²	973400.000
14	20	挖方	m3	4160135.000
15	10	挖土方	m3	654013.000
16	11	外购土方（非标准项）	m³	100000.000
17	20	挖石方	m3	3506122.000
18	30	挖非适用材料	m3	28900.000
19	1	挖淤泥	m3	28900.000
20	30	填方	m³	3509653.000

温馨提示：

① 若建立的项目表需调整层次时，可通过工具栏快捷键→（降级）、←（升级）、↑（上移）、↓（下移）方向键调整，如图 ← → ↑ ↓。

② 若要删除某分项，可选择该“项目”点击按钮“ ”，或右键“删除”即可。

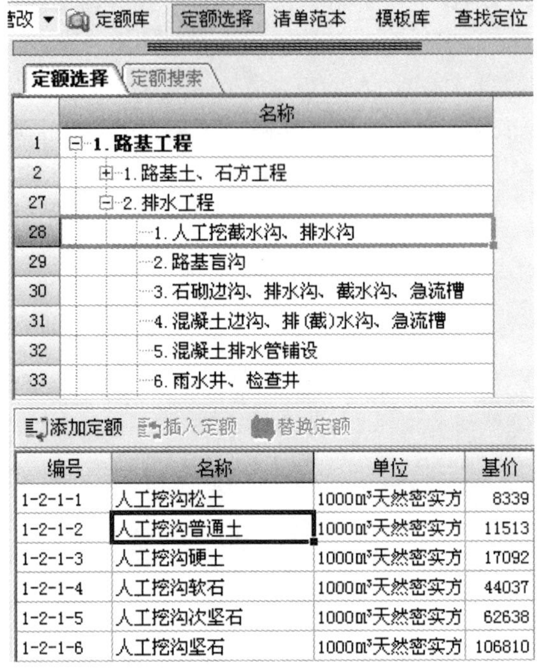

4. 定额选择

套定额常用方法：从定额表中选择定额。

操作要点：

选中需套定额的分项→点击“造价书”界面右上角的“定额选择”→在相应的定额章节中找到需要套用的定额后，双击定额即可。

5. 定额调整

当定额的工作内容和计算分项的工作内容不完全一致时，要对定额进行必要的调整。纵横公路造价软件的定额调整分为：工料机/砼、附注条件、辅助定额、稳定土、单价调整（单价调整是指局部工料机或单个定额中某一个工料机修改预算单价）。

选中要调整的定额细目，点击定额调整按钮，软件弹出“定额调整”窗口。如下图：

定额调整 | 工料机/砼 附注条件 辅助定额 稳定土 单价调整

1）工料机/砼

在工料机/砼界面，可进行工料机抽换（如替换砂浆强度等级、混凝土强度等级）、新增工料机、调整定额消耗量等调整。鼠标右键或点 图标进行操作。

【例 1】 替换砂浆强度等级：将 M5 水泥砂浆换成 M7.5 水泥砂浆。

选中需要调整的定额（如 5-1-10-2），点击“定额调整”—“工料机/砼”，右键选中需要替换的砂浆，选择“替换混凝土”，在弹出的“工料机库”中，选择“M7.5 水泥砂浆”，勾选确定即可。替换混凝土强度等级和替换砂浆强度等级的操作是一样的。

定额调整 | 工料机/砼 | 附注条件 | 辅助定额 | 稳定土 | 单价调整

整状态

编号	名称	单位	自定消耗	调整结果	定额消耗
1	人工	工日		11.400	11.400
9101	M5水泥砂浆			3.500	3.500
9103	M10水泥砂浆			0.320	0.320
832	32.5级水泥			0.866	0.866
866	水			18.000	18.000
899	中（粗）砂			4.260	4.260
931	片石			11.500	11.500
996	其它材料费	元		2.300	2.300
1999	基价	元		1496.000	1496.000

添加工料机...
替换混凝土
替换商品混凝土...
批量替换当前工料机...
删除工料机

选择工料机

工料机库
定额库工料机 部颁公路工程预算定额(2007)(营改增)
我的新工料机 我的新工料机库

查找条件
工料机名称
工料机编号

查找范围
全部
人工
材料
半成品
商品混凝土

选用	编号	名称	型号规格	单位	单价	新材料	类型	材料子类
☐	9101	M5水泥砂浆		m3		☐	半成品	一般材料
☑	9102	M7.5水泥砂浆		m3		☐	半成品	一般材料
☐	9103	M10水泥砂浆		m3		☐	半成品	一般材料
☐	9104	M12.5水泥砂浆		m3		☐	半成品	一般材料
☐	9105	M15水泥砂浆		m3		☐	半成品	一般材料

工料机/砼 | 附注条件 | 辅助定额 | 稳定土 | 单价调整

	编号	名称	自定消耗	调整结果	定额消耗
	1	人工		15.700	15.700
	9246	C50号泵送砼42.5水泥2c	0.000	0.000	10.400
	102	锯材		0.090	0.090
	182	型钢		0.028	0.028
	271	钢模板		0.060	0.060
	651	铁件		10.100	10.100
	833	42.5级水泥		0.000	5.762
	866	水		21.000	21.000
	899	中（粗）砂		0.000	5.510
	951	碎石（2cm）		0.000	6.860
	996	其它材料费		33.400	33.400
S	10009	C50普通商品混凝土2 ...	10.400	10.400	0.000
	1308	60m³/h以内混凝土输送		0.090	0.090
	1453	20t以内汽车式起重机		0.470	0.470
	1663	Φ100mm以内电动多级离		0.300	0.300

【例 2】 替换商品混凝土。

选中需要调整的定额（如 4-6-10-2），点击“定额调整”—“工料机/砼”—选中“C50号泵送砼 42.5 水泥 2 cm 碎石”—右键—选择“替换商品混凝土”—弹出“工料机库”—找到需要替换的商品混凝土即可。

替换完成后，水泥、中（粗）砂、碎石的消耗量自动调整为 0，水主要用于养生，所以消耗量未调整。

原理：《公路工程预算定额》总说明第十一条，本定额中各类混凝土均按施工现场拌和进行编制，当采用商品混凝土时，可将相关定额中的水泥、中（粗）砂、碎石的消耗量扣除，并按定额中所列的混凝土消耗量增加商品混凝土的消耗。

注意：取费类别选择构造物Ⅲ。构造物Ⅲ系指商品混凝土（包括沥青混凝土和水泥混凝土）的浇筑和外购构件及设备的安装工程。商品混凝土和外购构件及设备的费用不作为其他工程费和间接费的计算基数。详见部颁编制办法第 8 页。

温馨提示：

水泥混凝土定额替换商品混凝土时，系统会自动弹出“询问”窗口（如图），提示请先调整厚度。在购买商品混凝土时，需知具体消耗量，水泥混凝土路面定额调整时应先确定路面的厚度，所以在纵横软件操作时，会提示“请先调整厚度，再替换商品砼”。不需要调整厚度时，点击“确定”，继续操作即可。

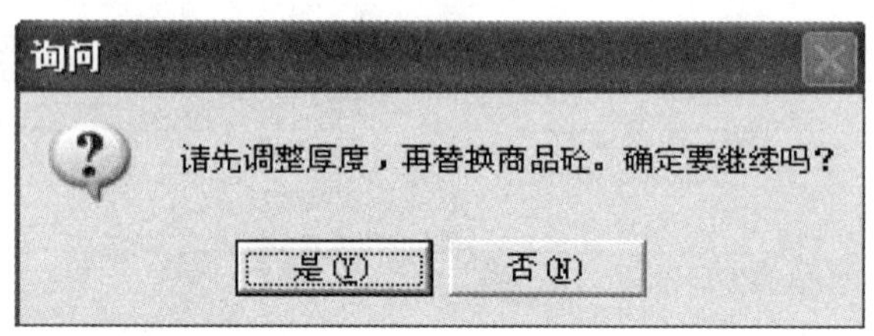

【例 3】　沥青路面定额可调油石比。

《公路工程预算定额》（以下简称“定额”）中沥青路面是按一定的油石比编制的，当设计采用的油石比与定额不同时，可按设计油石比调整定额中的沥青用量。详见定额第 128、994 页。

选中需要调整的定额（如 2-2-11-1），点击“定额调整”—“工料机/砼”，在“自定油石比”中输入设计油石比，石油沥青的消耗量根据内置公式自动计算。换算公式如下：

$$S_i = S_d \times L_i / L_d$$

式中　S_i——按设计油石比换算后的沥青数量；

S_d——定额中的沥青数量；

L_d——定额中标明的油石比；

L_i——设计采用的油石比。

工料机/砼　附注条件　辅助定额　稳定土　单价调整

编号	名称	自定消耗	调整结果	定额消耗
1	人工		156.700	156.700
851	石油沥青	114.183	114.183	105.857
897	砂		296.660	296.660
949	矿粉		96.104	96.104
961	石屑		168.130	168.130
965	路面用碎石（1.5cm）		259.890	259.890

定额油石比	自定油石比
4.45	4.80001

【例 4】　添加外掺剂。

定额中各类混凝土均未考虑外掺剂的费用，如设计需要添加外掺剂时，可按设计要求另行计算外掺剂的费用并适当调整定额中的水泥用量。

如：粉剂 FDN-9000 缓凝高效减水剂，掺量为水泥的 0.3%，5 000 元/t，掺后节约水泥 15%。

工料机/砼　附注条件　辅助定额　稳定土　单价调整

编号	名称	自定消耗	调整结果	定额消耗
	预算工料机			
1	人工		15.700	15.700
9246	C50号泵送砼42.5水泥2c		10.400	10.400
102	锯材		0.090	0.090
182	型钢		0.028	0.028
271	钢模板		0.060	0.060
651	铁件		10.100	10.100
833	42.5级水泥	4.898	4.898	5.762
866	水		21.000	21.000
899	中（粗）砂		5.510	5.510
951	碎石（2cm）		6.860	6.860
[illegible]	[illegible]		33.400	33.400
220001	粉剂FD-9000缓凝高效减	0.017	0.017	0.000
1308	[illegible]		0.090	0.090
1453	20t以内汽车式起重机		0.470	0.470
1663	Φ100mm以内电动多级离		0.300	0.300
1998	小型机具使用费		7.000	7.000
1999	基价		4617.000	4835.000

选中需要添加外掺剂的定额（如 4-6-10-2），点击“定额调整”—“工料机/砼”，在工料机界面右键选择“添加工料机”，在弹出的“选择工料机”窗口左下角点击“新增工料机”，并在弹出的“新工料机”窗口中输入外掺剂的参数，点击保存，关闭。

新增工料机

m² m³ ≠ ≈ ≤ ≥ ∠ ‰ ℃ δ Φ Ω ± × ÷ > < .

提示：可以从EXCEL成批复制材料名称，对绿化苗木、电缆、伸缩缝、支座等型号复杂的材料特别有用。

	名称	型号规格	单位	定额价	类型	材料子类	毛重系数	一次装卸损耗率	场外运输损耗率	采购保管费率
1	粉剂FDN-9000缓凝高效减水剂	FDN-9000	t	5000	材料	一般材料				
2										

在“我的新工料机”窗口中勾选新增的外掺剂，点击确定即可。切换到定额调整—工料机/砼窗口中，根据要求，计算并输入水泥和外掺剂的“自定消耗”，这样就完成了添加外掺剂的操作，如图。

温馨提示：

在这里，外掺剂是作为一种独立的新材料出现在工料机里，当需要调整它的预算单价时，直接修改即可。

2）附注条件（定额乘系数）

定额中常常出现章、节、定额附注说明，这些附注影响定额乘系数、工料机抽换等方面，对造价结果有较大影响，而这些附注分散在章、节、定额中，必须熟悉定额的同时细心耐心，才能避免错计漏计。

纵横公路造价软件已经把定额书中的附注说明做成了选项的形式，做预算时，直接根据实际情况勾选即可。

【例 1】　挖掘机挖装土方定额的系数调整。

挖掘机挖装土方定额中，包含开挖、装车等工作内容，若实际施工中土方不需要装车，可根据实际情况调整。

选中需要调整的定额（如 1-1-9-5），点击“定额调整”—“附注条件”，根据实际情况勾选即可。

工料机/砼　附注条件　辅助定额　稳定土　单价调整

	调整	条件	内容
1	☑	土方不需装车时	定额×0.87
2	☐	洞内用洞外项目	人、机、小型机具×1.2
3	☐	自定义系数	人工×1;材料×1;机械>

【例 2】　灌注桩可根据不同的桩径选择调整系数。

当设计桩径与定额桩径不同时，可根据实际情况选择桩径。

选中需要调整的定额（如 4-4-5-43），点“定额调整”—“附注条件”，根据实际情况勾选即可。

工料机/砼　附注条件　辅助定额　稳定土　单价调整

	调整	条件	内容
1	☐	桩径130cm以内	定额×0.94
2	☑	桩径140cm以内	定额×0.97
3	☐	洞内用洞外项目	人、机、小型机具×1.2
4	☐	自定义系数	人工×1;材料×1;机械>

3）辅助定额

辅助定额调整主要调整定额的运距、厚度、钢绞线的束数、强夯夯击遍数等内容。定额中描述定额单位值的定额我们称之为“主定额”。定额中同时给出了可对主定额进行增量调整的定额，其定额名称中一般含有“增、减”字样，我们称之为“辅助定额”。

【例 1】　调整运距：“10 t 车运输 10.2 km 或者 10.3 km”。

选中需要调整的定额（如 1-1-11-13），点击“定额调整”—“辅助定额”，在“实际值”处输入实际运距：10.2（10.3）即可。软件自动选择辅助定额，定额名称随即自动变化，单价随即自动计算。

工料机/砼　附注条件　辅助定额　稳定土　单价调整

	参数	定额值	实际值
1	运距km	1	10.2
2			
3			

	选择	可选调整
1	☐	5km内运距km
2	☐	10km内运距km
3	☑	15km内运距km

	定额编号	定额名称	定额单位	工程量	取费类别	调整状态
1	1-1-11-13	10t内自卸车运土10.2km	1000m³	21.187	3)汽车运输	+16×18
2	1-1-11-13	10t内自卸车运土10.3km	1000m³	21.187	3)汽车运输	+16×19

温馨提示：

定额项目“1-1-11 自卸汽车运土、石方”及“1-1-22 洒水汽车洒水”中，均按不同的运输距离综合考虑了施工便道的影响，定额规定仅适用于平均运距在 15 km 以内的工程；当运距超过 15 km 时，应按工程所在地社会运输的有关规定计算运费。

当运距超过第一个定额运距单位，其运距尾数不足一个增运定额单位的半数时不计，超过半数时按一个增运定额运距单位计算。

例如：平均运距为 10.2 km 时，套用第一个 1 km 和运距 15 km 以内的增运定额 18 个单位后，尾数为 0.2 km，不足一个增运定额单位（0.5 km）的半数（0.25 km），因此不计；平均运距为 10.3 时，0.3 km 已经超过一个增运定额单位（0.5 km）的半数（0.25 km），因此计，增运单位则合计为 19 个。

使用增运定额时要注意两点：① 平均运距不扣减第一个 1 km；② 平均运距为整个距离内直接套用，不是分段套用。

例如：15 t 以内自卸汽车运输路基土方，平均运距为 10.2 km 时，定额台班数量为 5.57 + 0.61 × 18 = 16.55（台班）；平均运距为 10.3 km 时，定额台班数量为 5.57 + 0.61 × 19 = 17.16（台班）。

【例 2】 水平泵送运距 100 m。

选中需要调整的定额（如 4-6-2-11），点击“定额调整”—“辅助定额”，在“实际值”处输入实际泵送距离 100 即可，人工、机械消耗量自动调整。

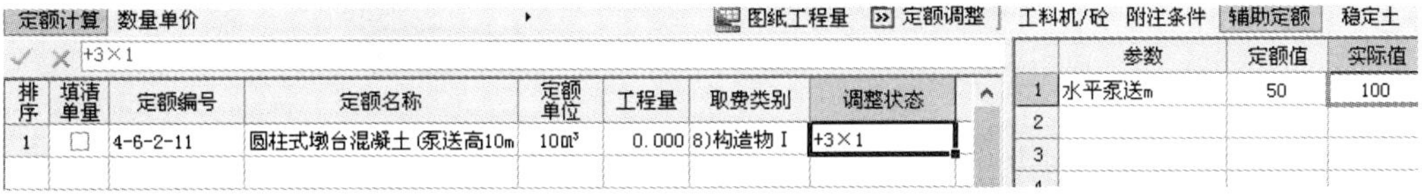

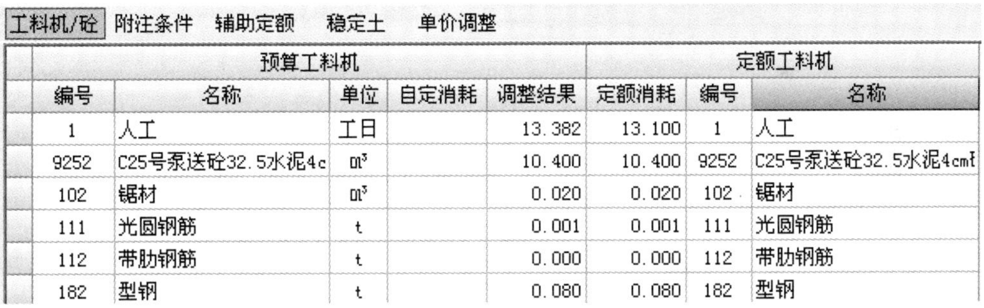

定额计算 数量单价 图纸工程量 定额调整 | 工料机/砼 附注条件 辅助定额 稳定土

+3×1

排序	填清单量	定额编号	定额名称	定额单位	工程量	取费类别	调整状态
1	☐	4-6-2-11	圆柱式墩台混凝土(泵送高10m	10m³	0.000	8)构造物Ⅰ	+3×1

	参数	定额值	实际值
1	水平泵送m	50	100
2			
3			

工料机/砼 附注条件 辅助定额 稳定土 单价调整

预算工料机					定额工料机		
编号	名称	单位	自定消耗	调整结果	定额消耗	编号	名称
1	人工	工日		13.382	13.100	1	人工
9252	C25号泵送砼32.5水泥4c	m³		10.400	10.400	9252	C25号泵送砼32.5水泥4cm
102	锯材	m³		0.020	0.020	102	锯材
111	光圆钢筋	t		0.001	0.001	111	光圆钢筋
112	带肋钢筋	t		0.000	0.000	112	带肋钢筋
182	型钢	t		0.080	0.080	182	型钢

温馨提示：

定额中采用泵送混凝土的项目均已包含水平和向上垂直泵送所消耗的人工、机械，当水平泵送距离超过定额综合范围时，可按下表增列人工及机械消耗量。向上垂直泵送不得调整。

项　目		定额综合的水平泵送距离/m	每 100 m³ 混凝土每增加水平距离 50 m 增列数量	
			人工/工日	混凝土输送泵/台班
基　础	灌注桩	100	1.55	0.27
	其　他	100	1.27	0.18
上、下部构造		50	2.82	0.36
桥面铺装		250	2.82	0.36

【例 3】 钢绞线束数调整。

选中需要调整的定额（如 4-7-20-15），点击“定额调整”—“辅助定额”，输入实际的钢绞线束数值即可，人工及钢绞线的消耗量自动调整。

工料机/砼　附注条件　辅助定额　稳定土

	参数	定额值	实际值
1	束数	18.94	30.722
2			

4）稳定土

一般调整稳定土配合比，系数自动保持为 100%。

例：调整水泥稳定碎石配合比为 4∶96。

选中需要调整的定额（如 2-1-7-5），点击“定额调整”—“稳定土”，在“调整配合比”中输入实际配合比即可。切换到“工料机/砼”，可以看到，水泥、碎石消耗量自动换算，无须其他任何操作，如图。

工料机/砼　附注条件　辅助定额　稳定土　单价调整

	材料编号	材料名称	定额配合比	调整配合比
1	832	32.5级水泥	5	4
2	958	碎石	95	96
3				

工料机/砼　附注条件　辅助定额　稳定土　单价调整

预算工料机					
编号	名称	单位	自定消耗	调整结果	定额消耗
1	人工	工日		2.800	2.800
832	32.5级水泥	t		13.404	16.755
866	水	m^3		21.000	21.000
958	碎石	m^3		222.639	220.320

5）单价调整

选中需要调整的定额，点击“定额调整”—“单价调整”，在“单价调整”处直接输入实际单价即可。此单价调整只对本条定额相应材料单价起作用，可以看到本条定额被调价材料后会有“（1）”字样。

工料机/砼　附注条件　辅助定额　稳定土　单价调整

编号	名称	单位	定额价	预算价	单价调整
1	人工	工日	49.20	46.06	
9102	M7.5水泥砂浆	m^3	0.00	0.00	
9103	M10水泥砂浆	m^3	0.00	0.00	
832	32.5级水泥	t	320.00	380.00	
866	水	m^3	0.50	0.50	
899	中（粗）砂	m^3	60.00	80.00	80.00
931	片石	m^3	34.00	67.16	
996	其它材料费	元	1.00	1.00	
1999	基价	元	1.00	1.00	

编号	名称	单位	定额价	预算价	单价调整
1	人工	工日	49.20	46.06	
9102	M7.5水泥砂浆	m^3	0.00	0.00	
9103	M10水泥砂浆	m^3	0.00	0.00	
832	32.5级水泥	t	320.00	380.00	
866	水	m^3	0.50	0.50	
899	中（粗）砂(1)	m^3	60.00	81.00	81.00
931	片石	m^3	34.00	67.16	
996	其它材料费	元	1.00	1.00	
1999	基价	元	1.00	1.00	

6）自动统计“混凝土需计拌和量”

在造价书界面选中需要统计的分项，右键选择“混凝土需计拌和量”，弹出“混凝土合计”小窗口，在小窗口中可以查看混凝土的相关统计信息，选中混凝土拌和和运输定额，点击“填写工程量”，软件自动将统计好的混凝土需计拌和量填写到定额工程量中。

下面我们结合纵横实例，具体讲解如何操作。

例：选中“C30 混凝土基础”子目，右键选择“混凝土需计拌和量”，选中混凝土拌和、运输定额，点击“填写工程量”，软件自动将统计好的混凝土需计拌和量（计损耗）填写到定额工程量中。

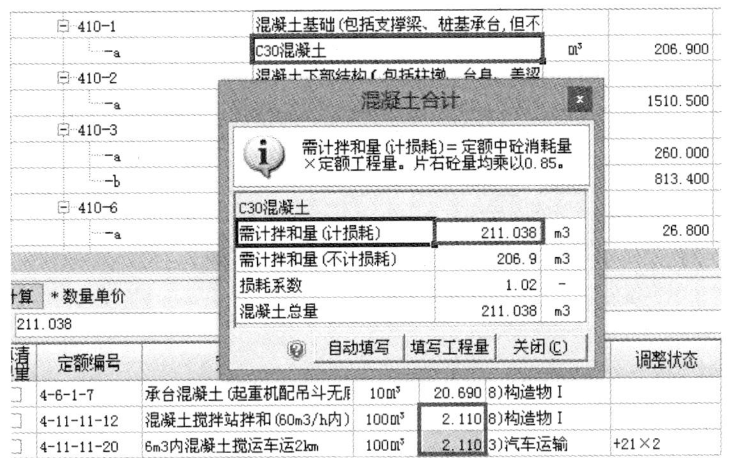

6. 补充定额的调用及编制

补充定额是指部颁《公路工程预算定额》（或概算定额、估算指标）内没有包含的定额，如为新工艺、新材料做的补充定额，系统已内置各省近年公路工程的大量补充定额，内容涵盖路基、路面、隧道、桥涵、防护、绿化、交通工程及沿线设施，可直接调用。

下面，介绍如何调用其他省份的补充定额以及如何新建补充定额。

1）调用补充定额

首先，在造价书界面，点击 定额库，点击左下角“增加定额库”，在弹出的窗口中选择需要的补充定额库，打开即可。

然后，点击定额库旁边的▼，即可调用补充定额。注意：调用完补充定额后，切换回部颁定额。

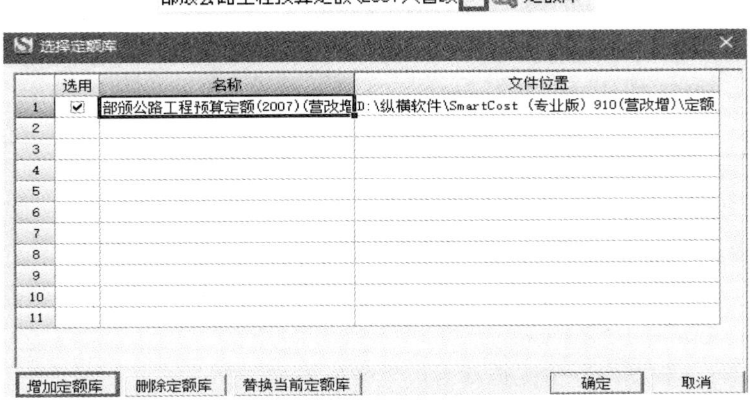

2）新建补充定额

例：新建“防抛网”补充定额。防抛网的补充定额数据如下表。

防抛网　　50 m

序号	工料机名称	单位	代号	工料机单价	防抛网（一）	防抛网（二）
					1	2
1	人　工	工日	1	49.2	5.3	4
2	钢　丝	kg	131	4.97	33.9	33.9
3	钢　管	t	191	5 610	0.124	0.155
4	螺　栓	kg	240	10.65	42.931	1.131
5	膨胀螺栓	套	242	3.3	120	
6	铁丝编制网	m^2	693	18.84	99	82.5
7	其他材料费	元	996	1	28	25
8	4 t 以内载货汽车	台班	1 372	293.84	0.15	0.15
9	小机型具使用费	元	1 998	1	23	23
10	基　价	元	1 999	1	3 938	2 893

操作要点：

第一步：建立补充定额。

在“工具”菜单中选择“定额库编辑器”，在“SmartCost 定额库编辑器”窗口中点击“新建”；

进入下一界面，根据实际情况选择对应定额库类型，如：

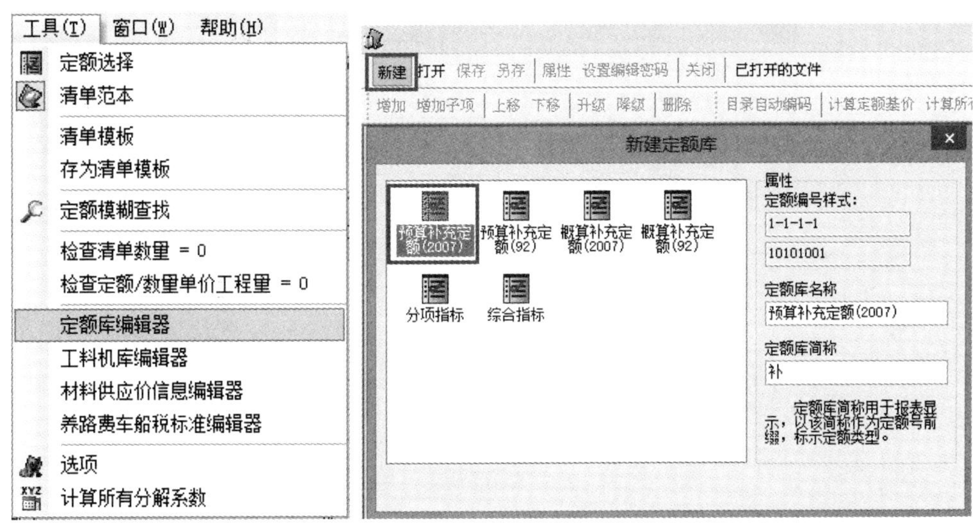

此新建定额属于“其他工程及沿线设施”，在“其他工程及沿线设施”上右键“增加子项”，输入补充定额名称，在右侧定额窗口输入编号、名称及定额单位等基本信息。如下图：

新建 打开 保存 另存 属性 设置编辑密码 关闭 已打开的文件

增加 增加子项 上移 下移 升级 降级 删除 目录自动编码 计算定额基价 计算所

定额 工料机 附注条件

序号	名称
1	路基工程
2	路面工程
3	隧道工程
4	桥涵工程
5	防护工程
6	其他工程及沿线设施
1	防抛网(一)
7	临时工程

定额 工作内容 附注

	编号	名称	单位
1	6-1-1-1	防抛网(一)	50m
2			
3			
4			
5			
6			
7			

建立好补充定额项后，在工料机窗口右键添加工料机，输入定额消耗。软件自动计算该补充定额的基价，点击保存或另存即可。如下图：

工料机 辅助定额调整 附注条件调整 稳定土配合比

	编码	名称	型号规格	单位	定额单价	定额消耗	主材	新材料	类型
1	1	人工		工日	49.2	5.300	☐	☐	人工
2	131	钢丝	φ5mm以内	kg	4.97	33.900	☐	☐	材料
3	191	钢管	无缝钢管	t	5610	0.124	☐	☐	材料
4	240	螺栓	混合规格	kg	10.65	42.931	☐	☐	材料
5	242	膨胀螺栓	混合规格	套	3.3	120.000	☐	☐	材料
6	693	铁丝编制网	镀锌铁丝(包括加强	m²	18.84	99.000	☐	☐	材料
7	996	其它材料费		元	1	28.000	☐	☐	材料
8	1372	4t以内载货汽车	CA10B	台班	293.84	0.150	☐	☐	机械
9	1998	小型机具使用费		元	1	23.000	☐	☐	机械
10	1999	基价		元	1	3938.000	☐	☐	基价
11									

第二步：调用补充定额。

点击“定额库”，添加补充定额库。

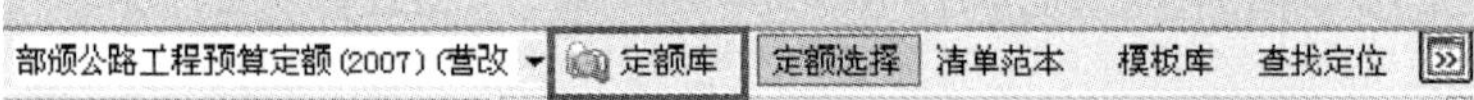

在弹出对话框中点击“增加定额库”：

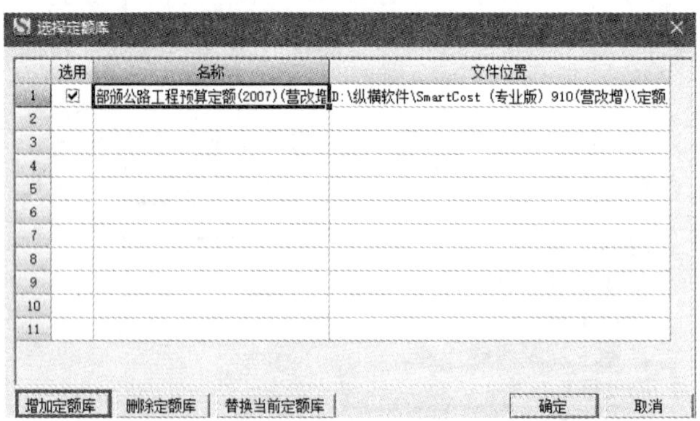

弹出定额库选择界面，选择需要的定额库，打开即可。

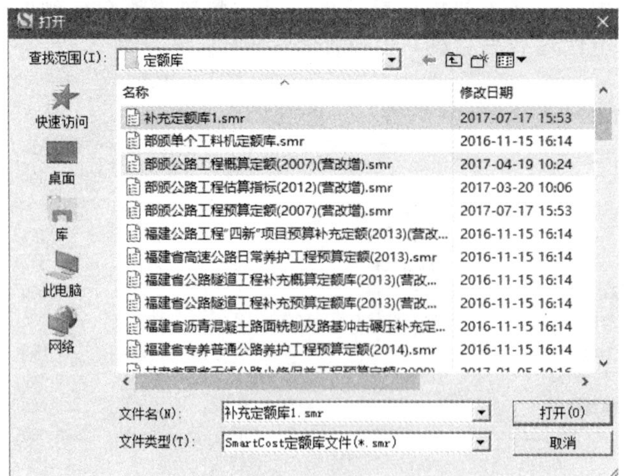

点击定额库旁边的▼，即可调用此补充定额库。

点击定额选择，双击套用定额即可。套用完毕可点击定额库旁边的▼，切换回部颁定额库。

7. 计算第二、三部分费用

第二、三部分费用系指设备及工具、器具购置费和工程建设其他费用，主要通过基数计算和数量单价的方式确定费用。

点击项目表“金额”列图标⋯，弹出“表达式编辑器”（如图），在表达式窗口中输入计算公式即可。

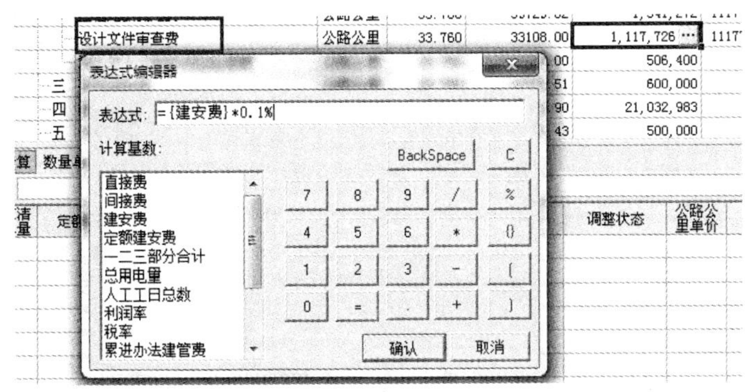

方法 1：直接在金额列输入数值（数量单价）。

方法 2：单击金额列，打开表达式编辑器进行基数计算。

【例 1】 计算“建设期贷款利息”。

操作要点：

选中建设期贷款利息分项，右键选择“建设期贷款利息设置”，弹出对话框。输入计息年后回车，依次输入贷款额及利率，点击生成项目表即可。

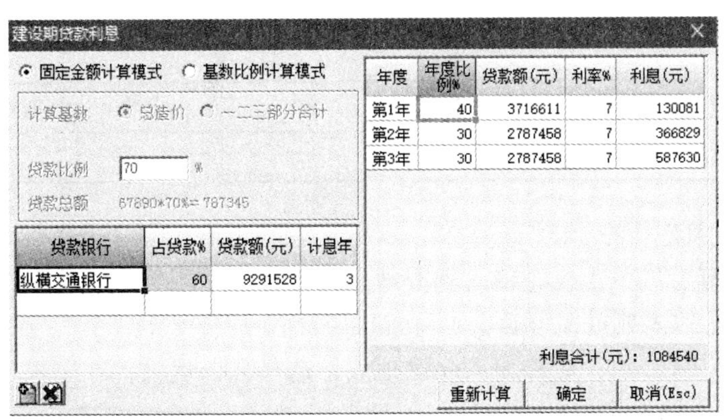

十一	建设期贷款利息	公路公里	5.000		216908.00	1,084,540	
一	纵横交通银行	元	33.755		32129.76	1,084,540	Σ(上年度付息贷款本息累计+本年
1	第1年	元	1.000		130081.00	130,081	贷款额:3716611元,利率:7%
2	第2年	元	1.000		366829.00	366,829	贷款额:2787458元,利率:7%
3	第3年	元	1.000		587630.00	587,630	贷款额:2787458元,利率:7%

8. 工料机分析及单价计算

工料机预算单价包括人工单价、材料单价、机械单价。

“工料机”窗口汇总显示本造价文件所有定额内包含的工料机，可直接在此窗口修改或计算工料机的预算单价。

1）人工单价

在工料机窗口预算单价列输入人工单价即可。可通过纵横公路造价软件“帮助”中的“2018 编制办法及定额章节说明”，查看各省补充编办中规定的人工单价。

温馨提示：

人工费单价仅作为编制概预算的依据，不作为施工企业实发工资的依据。

2）材料单价

材料的预算价，是指材料运达工地仓库的价格，不是材料的出厂价格，也不是市场价格。直接在预算单价列输入即可。

（1）材料预算价，由材料原价、运杂费、场外运输损耗、采购及仓库保管费组成。

材料预算价格=（材料原价＋运杂费）×（1＋场外运输损耗率）×（1＋采购及保管费率）－包装品回收价值。原价又叫供应价、购买价、出厂价，对自采材料而言，叫料场价。

（2）运费计算［原价已知］。

操作要点：

① 添加计算材料。

双击或右键选择“添加计算材料”。

② 运费计算。

点击“运费计算”，如下图中分别输入起讫地点、原价、运价、运距、装卸费单价、装卸次数、其他费用等。

切换显示方式 | 运费计算 | 原价计算 | 供应价文件

编号	名称	预算价	供应地点	原价	单位运费	单位毛重(吨)	装卸次数	每增加一次装卸损耗率	场外运输损耗率	场外运输损耗	采购及保管费率	采购及保管费	包装品回收价值
899	中(粗)砂	78.93		45	30	1.5	1	1	2.5	1.875	2.67	2.053	0

【例 1】 计算中（粗）砂运费。

名称	起讫地点	原价	运价	运距	装卸费	装卸次数	预算价
中（粗）砂	料场—工地	45	0.8	15	8	1	78.93

（3）自采材料原价计算。

① 在原价计算窗口中，应先输入供应地点，再在“定额编号”选择定额（第八章材料采集及加工定额），输入数量即可确定工料机供应价。

② 在运费计算窗口中，应先输入起讫地点，选择自办运输，在“单位运价”栏输入实际数值或选择定额（第九章材料运输定额）计算。

通过上面步骤操作，软件可计算出自采材料的预算单价。

3）机械单价

施工机械台班单价由不变费用和可变费用组成。不变费用一般不允许修改（特殊情况：如青海省计算机械台班单价时，考虑高寒边远地区维修工资、配件材料等价差的影响因素，第一类费用即不变费用采用 1.1 的系数进行调整），可变费用只需确定机械工单价、动力燃料费、车船使用税，机械台班费用自动计算。

温馨提示：

在工料机窗口中，左下角点击，切换到“机械单价”窗口，点击选择工程所在地“车船税标准”即可。

国发〔2008〕37 号、财综〔2008〕84 号文件规定，取消公路养路费，所以选取各省不含养路费车船税标准。

9. 报表输出

点击“报表”图标可直接预览、打印、输出报表、导出 PDF/EXCEL 格式，A3、A4 自由切换，同时还可对报表进行设置。

10. 数据交换

“文件”菜单栏—“导出”—“成批导出建设项目”，可以把整个建设项目的项目文件、单价文件和费率文件等统一压缩在一个.sbp 文件里，可进行数据交换，通过“文件—导入”操作即可接收项目文件。

操作如下图：

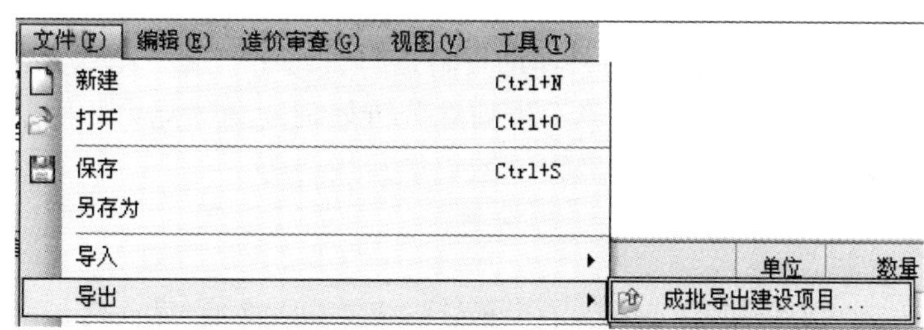

然后勾选需要导出的建设项目：

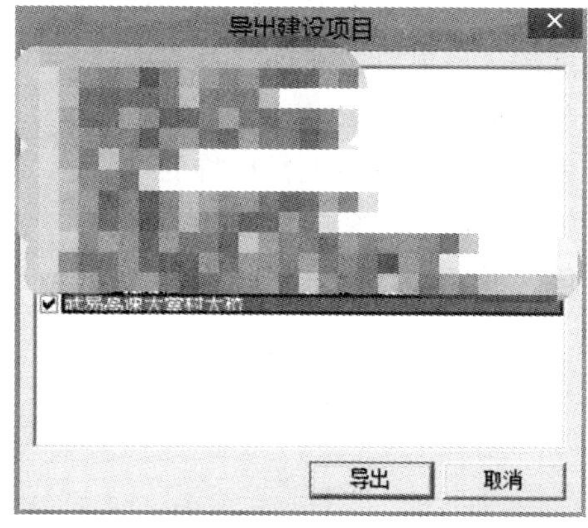

点击“导出”，选择存放路径，确定即可。

第 4 章 公路工程造价编制任务书

4.1 公路工程施工图概、预算编制实训任务书

1. 实训目的

公路工程施工图预算编制实训是在学生完成“公路工程概预算”课程后进行的一次重要的综合训练，是独立完成和掌握概预算基本计算程序、基本原理、基本方法的一次重要实践教学环节。其目的是培养学生系统全面地总结运用所学定额原理相关知识正确地进行定额套取、定额调整的能力，加深学生对预算定额的理解和运用，以及利用公路工程概预算有关基础价格和公路工程单价的相关知识进行初步编制公路工程概预算的能力，加强学生对概预算编制的系统把握。本课程设计主要利用《公路工程预算定额》、《公路基本建设项目概预算编制办法》、某项目施工图设计文件等相关辅助资料进行公路工程施工图预算文件的编制。通过理论联系实践，产学结合，进一步培养学生独立分析处理问题的能力，使学生掌握公路工程施工图预算文件编制的程序、方法、步骤、图表填写规定等。

2. 实训要求

（1）根据交通运输部颁发的《公路工程预算定额》《公路工程机械台班费用定额》，能够正确熟练地进行定额的套取和定额的调整，运用定额计算工程项目的资源需要量。

（2）根据《公路基本建设项目概预算编制办法》按要求完成基础单价的计算，包括人工预算单价、材料预算单价、机械台班单价，在计算过程中要求依据现行的公路工程费用标准和编制规定正确地进行各项单价费率的计取。

（3）按要求完成工程量表中所有列项的工程单价的计算，每一个项都要对应相应的分项工程预算表，在计算工程单价的过程中定额的选取、费率标准的选取等要符合相关规定。

（4）基础单价的计算要包含相应的计算过程、各种取费标准并以表格形式按照性质分类列出。

（5）最后形成施工图预算文件。

3. 实训工作任务

（1）×××公路项目施工图预算文件的编制。

（2）×××桥梁工程施工图预算文件的编制（施工图设计资料附后）。

根据时间的要求题目可以二选一。

4. 造价编制成果提交

（1）预算书封面。

（2）目录。

（3）编制说明。

（4）所有计算表格。

实训任务 1　某公路工程施工图预算编制

建设项目名称：安丰营—易门二级公路。

编制范围：K0 + 000 ~ K7 + 400。山岭重丘区一般二级公路（改建），混合交通量为 2 000 辆/昼夜。

工程概况：安丰营至冶炼厂路线起于安楚公路安丰营立交桥（K0 + 000，高程 H = 1 820.6 m），止于易门冶炼厂（K33 + 045，高程 H = 1 672.97 m）。路基宽 21.5 m，路面结构：沥青碎石路面，其中上层为 3 cm 细粒式沥青碎石，下层用 5 cm 粗粒式沥青碎石。基层采用 25 cm 水泥稳定碎石，水泥含量 6%，200 t/h 的拌和机拌和；垫层为 12 cm 填隙碎石。

工程数量如下。

1. 临时工程

施工便道 3.5 km（有路面）。

2. 路基工程（表 4-1 ~ 表 4-5）

表 4-1　路基工程每千米土石方数量汇总表

起讫里程	挖方/m^3							填方/m^3							弃方/m^3		计价方总数/m^3		总运量/(m^3/km)	
	总数量	土方			石方			总数量	本桩利用		纵向利用		借方							
		Ⅰ	Ⅱ	Ⅲ	Ⅳ	Ⅴ	Ⅵ		土	石	土	石	土	石	土	石	土	石	土	石
1	2	3	4	5	6	7	8	9	10	11	12	13	14	15	16	17	18	19	20	21
K0 + 000 ~ K7 + 400																				
合计	297 708	29 770	59 544	148 854	44 659		14 881	304 969	11 094	10 574	197 304	48 966	42 955		29 770		374 378	249 585	561 567	449 253

表 4-2　挡土墙工程数量汇总表

起止桩号	墙长/m	工程数量/m^3												
		墙身/m^3		基础/m^3	抹面/m^2	勾缝面积/m^2	挖基				回填/m^3	基底面积/m^2	泄水孔	
		块石	片石				普土	坚土	软石	坚石			回填砂砾/m^3	油毡/m^2
1	2	3	4	5	6	7	8	9	10	11	12	13	14	
合计	2 180	9 980	15 480	5 340	1 380	8 930	8 450	8 448	8 400	8 430	19 012	5 670	12 042	13 380

表 4-3　石砌边沟工程数量表

起止桩号	长度/m	7.5 号浆砌片石/m^3	抹面/m^2
K0 + 000 ~ K7 + 400	3 660	1 186	152

表 4-4　截水沟工程数量表

起止桩号	长度/m	7.5 号浆砌片石/m^3	C15 混凝土/m^3	10 号砂浆抹面/m^2	勾缝/m^2	挖基/m^3
K0 + 000 ~ K7 + 400						
合　计	6 120	4 580	1 550	8 200	8 630	7 530

表 4-5　特殊路基设计工程数量表（上路床处理）

起止桩号	处理类型	采用图号	长度/m	宽度/m	工程项目及数量	
					砂砾层/m^3	挖基土方/m^3
K0 + 000 ~ K7 + 400	4 型	S4-9-1				
合　计			4 290		15 830	15 830

3. 路面工程（表 4-6）

表 4-6　路面工程数量表

起止桩号	铺筑长度/m	级配碎石垫层		水泥稳定碎石基层（水泥含量 6%，厂拌设备 200 t/h）		沥青混凝土（拌和设备生产能力 160 t/h）				路缘石	
		垫层厚度/cm	面积/m^2	基层厚度/cm	面积/m^2	中粒式		细粒式		7.5 号浆砌片石/m^3	10 号砂浆抹面/m^2
						厚度/cm	面积/m^2	厚度/cm	面积/m^2		
K0 + 000 ~ K7 + 400		12		32		5		3			
合　计	74 000		165 200		155 250		147 860		147 860	1 095	1 309

4. 涵洞工程（表 4-7）

表 4-7　涵洞工程数量表

序号	涵长/m	结构类型	进出口形式		挖基		洞身部分						洞口部分			
			一字跌井	八字墙、挡墙	石方	土方	钢筋/kg		C20 混凝土盖板	涵台基础	涵台身	铺底	墙身	墙基础	帽石	铺底
							光圆	带肋		片石	片块石	片石	片块石	片石	C20 混凝土	片石
1	2	3	4	5	6	7	8	9	10	11	12	13	14	15	16	17
1 ~ 28		钢筋混凝土盖板涵														
合计	401				2 385	5 060	1 680	12 030	215	718	2 542	203	540	118	48	140

注：构件运输 3 km。

5. 用地、拆迁补偿表（表 4-8）

表 4-8　用地、拆迁补偿表

用地补偿				拆迁补偿			
名称	单位	数量	单价（元/亩）	名称	单位	数量	单价
水田	亩	8	35 000	砖瓦房	m^2	250	850 元/m^2
旱地	亩	12	25 000	电杆	棵	4	2 800 元/棵
山林	亩	87	8 000	水池	m^3	438/2	150 元/m^3
荒山	亩	475	500	电线	m	200	8 元/m
鱼塘	亩	1.23	35 000				
甘蔗地	亩	14	30 000				
果树	棵	380	80 元/棵				

附注：

（1）人工单价 90.18 元/工日。

（2）运价率及装卸费：二货物除税后 0.66 元/（t · km）、装卸费 6.2 元/t，特种货物除税后 0.86 元/（t · km）（爆炸物品、汽柴油等）、装卸费 8.6 元/t。

（3）主副食综合里程 5 km；工地转移距离 90 km。

（4）材料运距：

① 石油沥青、其他外购材料运距 150 km；其中高速公路 120 km。

② 木材运距 30 km；水泥运距 50 km。

③ 煤运距 15 km。

④ 自采砂石材料自采运距 5 km。

（5）规费费率：养老保险 16%；医疗保险 10%；失业保险 0.7%；住房公积金 8%；工伤保险 0.75%。

（6）建筑业增值税税率为 9%，材料的采购及保管费费率为 2.67%。

任务要求：根据以上的工程量编制本段路施工图预算并写出编制说明、装订成册。

实训任务 2　桥梁施工图预算编制任务书

建设项目：永胜至宁蒗二级公路 K90 + 195，3 ~ 20 m 预应力 T 形梁桥。

附件二：永胜至宁蒗二级公路 K90 + 195，3 ~ 20 m 预应力 T 形梁桥公路某预应力 T 形梁桥施工图设计文件部分资料（共 12 张 A3 图纸）。请扫描二维码。

永胜至宁蒗公路

1. 施工图预算编制规定

（1）工资标准：按工程所在地标准执行。

（2）其他标准：费率取费按现行公路工程概预算编制办法及相关法规取定。

（3）其他资料：主副食运费综合里程按 9 km 计。

附表 1　工程项目汇总表

项目名称	单位	数　量
第一部分 建筑安装工程费		
一、临时工程		
1. 临时便道	km	详见设计资料
二、某某大桥	km	
1. 天然基础	m^3	详见某大桥全桥工程数量表
2. 桩基础	m^3	
3. 桥台		
4. 桥墩		
5. 上部构造		
…		…
第二部分 略		
第三部分 工程建设其他费用		
一、土地青苗补偿费及安置补偿费		
二、建设项目管理费		
1		
2 …		

附表 2　外购材料价格及运距表

序号	规格名称	单位	单价	供应地点	运输方式及运距
1	原木	m^3			
注：材料单价及运距按调查计算					

2. 造价编制成果提交

完成桥梁工程施工图预算文件编制。包括：

（1）编制说明。

（2）所有计算表格。

4.2　公路工程造价技能操作成绩评定表

路线工程造价技能操作成绩评定表见表（1）。

桥梁工程造价技能操作成绩评定表见表（2）。

路线工程造价技能操作成绩表（1）

班级：__________　　姓名：______________　　学号：____________　　成绩：____________

考核内容	分值	赋分说明	得分
一、所有步骤完成、造价合理	共计 10 分		
二、费率考核	共计 10 分	按 20 项费率属性项，每个属性设置作为一个考核点计 0.5 分	
三、预算书	共计 60 分		
1. 项目列项及填写工程量	14	每个分项 1 分，共计___分	
2. 选套定额	26	每个分项 2 分（按合理施工工艺定额分摊得分值，如某分项组价定额数目共 5 项，则漏套或错套一条定额扣 0.4 分）	
3. 工程量换算	共计 10 分		
（1）土方利用方天然密实方与压实方的换算	2		
（2）石方利用方天然密实方与压实方的换算	2		
（3）弃方数量计算	2		
（4）路面基层体积换算	2		
（5）路面面层体积计算	2		
4. 定额调整	共计 10 分		
（1）土石方运距调整	1		
（2）挡土墙基础墙身砂浆配合比调整	1		
（3）基层厚度调整、混合料配合比调整、分层铺筑调整	3	（1、1、1）	
（4）水泥强度等级批量替换	2		
（5）定额取费类别换算	1		
（6）涵洞混凝土强度等级调整	2		
四、材料预算价格计算	共计 15 分		
（1）外购材料起讫地点设置	3		
（2）自采材料原价计算（砂、片块石、碎石）	8	每个考核点 2 分	
（3）自办运输运杂费计算	4	每个考核点 2 分	
五、报表输出打印	共计 5 分		
（1）报表表头设置	2		
（2）编制说明	3		

桥梁工程造价技能操作成绩表（2）

班级：__________ 姓名：______________ 学号：____________ 成绩：____________

考核内容	分值	赋分说明	得分
一、所有步骤完成、造价合理	共计 10 分		
二、费率考核	共计 10 分	按 20 项费率属性项，每个属性设置作为一个考核点计 0.5 分	
三、预算书	共计 60 分		
1. 项目列项及填写工程量	14	每个分项 1 分，共计___分	
2. 选套定额	26	每个分项 2 分（按合理施工工艺定额分摊得分值，如某分项组价定额数目共 5 项，则漏套或错套一条定额扣 0.4 分	
3. 工程量换算	共计 10 分		
（1）桩基工程量计算	2		
（2）基础工程量计算	2		
（3）主梁计价工程计算	2		
（4）钢筋、钢绞线工程量计算	2		
（5）辅助工程量计算	2		
4. 定额调整	共计 10 分		
（1）运距调整	1		
（2）基础配合比调整	1		
（3）钢绞线束数计算、调整	3	（1、1、1）	
（4）水泥强度等级批量替换	2		
（5）定额取费类别换算	1		
（6）设备摊销费调整	2		
四、材料预算价格计算	共计 15 分		
（1）外购材料起讫地点设置	3		
（2）地方砂石材料计算	8	每个考核点 2 分	
（3）自办运输运杂费计算	4	每个考核点 2 分	
五、报表输出打印	共计 5 分		
（1）报表表头设置	2		
（2）编制说明	3		

参考文献

[1] 徐连铭. 公路工程预算编制实例[M]. 北京：人民交通出版社，2015.
[2] 中华人民共和国行业标准. JTG 3830—2018 公路工程建设项目概算预算编制办法[S]. 北京：人民交通出版社，2019.
[3] 中华人民共和国行业标准. JTG/T 3832—2018 公路工程预算定额[S]. 北京：人民交通出版社，2019.
[4] 中华人民共和国行业标准. JTG/T 3833—2018 公路工程机械台班费用定额[S]. 北京：人民交通出版社，2019.
[5] 纵横造价软件操作手册.

附录 1
公路工程造价编制实训教学大纲

一、实习项目和时间分配

公路工程预算编制实习时间为 1 周，具体项目和时间分配如下：

序号	实习项目	学 时
1	准备编制依据，收集资料	0.5 天
2	熟悉工程项目，图纸文件	
3	选择主要施工方法，技术措施	
4	对照路线标准项目表，完成列项工作	0.5 天
5	编制预算 04 表	
6	选择定额、完成 21-2 表编制	2 天
7	完成 21 表、22 表、23 表、24 表、09 表编制	1.5 天
8	写出编制说明、制作封面	0.5 天
9	出版、装订	
	合 计	5 天

二、技能目标

在完成本教学实习后，要求学生能够：

（1）熟练应用《公路基本建设工程概、预算编制办法》。

（2）熟练掌握《公路工程预算定额》中的施工方法、工程量计算规则、章节说明等。

（3）能根据具体工程项目现场施工条件、工程结构特点合理选择施工方法，套用定额。

（4）能独立编制完成一条路线或中、小桥梁工程的预算文件，并能对工程概（预）算进行经济合理性审查。

（5）熟练应用造价软件进行工程概、预算的编制。

三、组织与实施

1. 组织形式

概（预）算编制实习以班为单位，由任课教师提供设计文件、图纸资料，负责指导编制。

2. 实施过程

（1）进行准备工作。学生准备《公路工程预算定额》《公路基本建设工程概预算编制办法》《公路工程机械台班费用定额》，概预算标准表格 01 ~ 25 表若干。

（2）教师可提供实训项目设计文件、图表，指导学生阅读工程图纸，摘取计价工程数量等信息。

（3）利用造价软件开展概（预）算编制工作。

① 列项。

在熟悉设计文件的基础上，对照“概算预算项目表”进行列项，填写项目工程数量，初编 01 表。

② 编制 04 表。

依据工程所在地、气候地貌类型等，编制其他直接费、现场经费、间接费综合费率。

③ 初编分项工程预算表，21-2 表。

依据 01 表中的目、节工程分项名称选择合理的施工方法套用定额，进行工、料、机分析。

④ 编制 21 表、22 表、23 表、24 表、09 表。

依据 21-2 表出现的工、料、机名称进行分析。

⑤ 完成 21-2 表计算。

⑥ 完成 02 表统计计算。

依据 21-2 表完成 02 表中的人工、主要材料、机械台班数量汇总。

⑦ 编制建安工程费计算表。

依据 21-2 表计算出的工、料、机费用计算 03 表。

⑧ 编制 05 表、06 表、07 表、08 表。

依据设备购置计划计算 05 表；依据地亩表、拆迁建筑表及赔偿标准及有关费用计算规定，完成 07 表的计算。

⑨ 完成 01 表。

依据 03、05、06、07、08 表的计算结果，完成 01 表的计算汇总工作，得出工程总造价。

（4）写出预算编制说明。

四、成果与资料

实训应交资料：一条路线工程（或一座桥梁）预算的计算表格 01 ~ 12 表，编制说明，并装订成册。进行工程经济指标分析。

五、考核与成绩评定考核及成绩评定办法

依据预算编制文件的质量要求“符合规定、不重不漏、经济合理，书写工整，装订整齐”，进行优、良、中、差评定。

六、注意事项

（1）列项要不重不漏。

（2）选择的施工方法经济合理，套用定额正确。

（3）计算数据正确。

（4）编制说明简明扼要。

附录 2
大营村大桥，永胜至宁蒗公路相关设计图纸

大营村大桥

设 计 说 明

一、概述

大营村大桥孔跨布置为：左幅桥梁 4×30+4×30+4×30 米，右幅桥梁 5×30+4×30+4×30 米。

本桥左幅 3 联，右幅 3 联。连续方式为结构连续。全桥共计 8 道伸缩缝。

二、设计规范及技术标准

(一)设计规范

1、中华人民共和国行业标准《公路工程技术标准》(JTG B01—2014)

2、中华人民共和国行业标准《公路桥涵设计通用规范》(JTG D60—2004)

3、中华人民共和国行业标准《公路圬工桥涵设计规范》(JTG D61—2005)

4、中华人民共和国行业标准《公路钢筋混凝土及预应力混凝土桥涵设计规范》(JTG D62—2004)

5、中华人民共和国行业标准《公路桥涵地基与基础设计规范》(JTG D63-2007)

6、中华人民共和国交通部部标准《公路桥梁抗震设计细则》(JTG/TB02-01-2008)

7、中华人民共和国行业标准《公路桥涵施工技术规范》(JTG/T F50－2011)

8、中华人民共和国行业标准《公路交通安全设施设计规范》(JTG D81—2006)

9、中华人民共和国行业标准《公路交通安全设施施工技术规范》(JTGF71—2006)

10、中华人民共和国交通行业标准《公路桥梁板式橡胶支座》(JT/T4—2004)

11、中华人民共和国交通行业标准《公路桥梁伸缩缝装置》(JT/T327—2004)

12、国家标准《钢筋混凝土用热轧光圆钢筋》(GB 1499.1-2008)

13、国家标准《钢筋混凝土用热轧带肋钢筋》(GB 1499.2-2007)

14、中华人民共和国行业标准《公路桥梁抗震规范》(JTG B02-2013)

(二)技术标准

1、汽车荷载：公路—Ⅰ级。

2、地震基本烈度：7 度；设计基本地震动加速度峰值：0.15g。

3、标准桥面宽度：15.5m 净桥面+2×0.5m 护墙（单幅）。

4、设计车速：100km / h。

三、通用图采用情况

本桥上部构造采用：

1、《30 米箱形梁上部构造通用图》YQT-SLX330ZQ-30-1

四、地质、地貌

拟建桥址区海拔高程介于 1890～1925m 之间，相当高差约 35m，属罗茨构造新拗盆地区，湖积地貌，地形差异明显且不对称。桥址区位于山坡上，附近有乡间土路，交通条件较差。

测区在区域上位于扬子亚板块次级构造单元康滇古隆起，位于经向构造体系的普渡河断裂与绿汁江断裂间。据区域资料，罗茨至易门断裂为区内主要断裂，断裂带经汤郎、羊槽箐、发窝、插甸街延入罗次盆地，经盆地东缘、羊街、禄裱、二街盆地，至易门为北西向构造所截而终止。断裂带总体南北向展布，局部地段略有偏转。北部呈舒缓波状；中段从插甸街到罗茨呈略向东突出的弧形；南段从罗次盆地以南大致为走向北 10° 东。断裂面在北段多东倾，倾角为 40° ～70° 。南段多西倾，倾角 60° ～80° 。断裂为晚更新世活动断裂，断裂北段为挤压逆冲性质。南段为左旋正断活动。断裂南段位于线路附近，与线路近平行并多次与线路相交，其次级断裂发育。测区新构造运动强烈，主要表现为地壳抬升及地震活动，断裂、褶皱构造发育。因此，桥梁所处区域稳定性较差，发育有大营箐推测断层，需加强抗震设计。桥址区岩体较破碎，节理裂隙发育，岩层产状为 260° ∠53° ，340° ∠22° ，节理产状为 10° ∠85° 、215° ∠76° 。

五、主要材料

1. 混凝土：预制小箱梁、端横梁、跨中横隔板、现浇接头、堵头板、湿接缝、封锚、梁靴采用 C50；伸缩缝预留槽采用 C50 钢纤维混凝土；桥面现浇层混凝土采用 C50；桥面铺装采用沥青混凝土。

2. 预应力钢绞线：采用符合 GB/T 5224-2003 标准高强度低松弛预应力钢绞线。公称直径 φs15.2（7φ5）mm，公称面积 140mm2，抗拉强度标准值 fpk=1860MPa，弹性模量 Ep＝1.95×105MPa。

3. 锚具及管道成孔：纵向预应力钢束锚具采用预应力群锚锚具及配套设备，管道成孔采用塑料波纹管。锚固体系技术性能应符合《后张预应力体系验收建议》（FIP－1993）和《预应力筋用锚具、夹具和连接器》(GB/T14370) 及相关行业标准的规定。塑料波纹管应符合《预应力混凝土桥梁用塑料波纹管》(JT/T 529-2004)。预制箱梁正弯矩预应力锚具采用 15-4 型、15-5 型、15-6 型圆形锚具及其配套的配件，波纹管内径对应为φ50mm(15-4 型、15-5 型)或φ60mm(15-6 型)；墩顶负弯矩预应力钢束锚具采用 BM15-5 扁形具及其配套的配件，波纹管采用 90×22mm 扁形塑料波纹管。

4. 普通钢筋：采用热轧 HPB300、HRB400 钢筋，其技术标准须符合国家标准 GB 1499.1-2008、GB 1499.2-2007 的规定。桥面铺装钢筋焊接网宜采用 CRB550 级冷轧带肋钢筋，焊接网用钢筋的技术要求应符合现行国家标准（GB/T 1499.3-2010）的规定。

5. 钢板：应符合国家标准《碳素结构钢》（GB/T 700-2006）规定的普通碳素结构钢（Q235）。

6. 支座：采用 LNR-d670×199 圆形固定型水平力分散型支座/LNR-d345×110 圆形固定型水平力分散型支座支座、LNR-d345×118 圆形滑动型水平力分散型橡胶支座；支座技术性能及尺寸偏差按《橡胶支座 第 2 部分：桥梁隔震橡胶支座》（GB 20688.2-2006）执行。

7、伸缩缝：桥台处采用 80 型伸缩缝，桥墩处采用 160 型伸缩缝。

六、设计要点

1. 本通用图结构体系为简支梁或先简支后结构连续结构，按 A 类预应力混凝土构件设计。

2. 本通用图采用平面有限元杆系分析计算。横向分布系数按成桥断面考虑，采用刚性横梁法、刚接板梁法和梁格法三种方法进行对比分析，按其中最不利者选用。

3. 预制箱梁高 1.7 米，顶宽 2.45 米（中梁），底宽 1.0 米；腹板按 4：1 斜置设计腹板跨中厚 18 厘米、端部厚 28 厘米；底板厚跨中 20 厘米、端部 30 厘米；顶板厚均为 18 厘米。桥梁每孔设两道横梁（端横梁/中横梁），跨中设横隔板一道，均沿径向设置。

4. 位于平曲线段部分桥跨用调节预制边梁外侧翼缘宽度的方法来适应平曲线外形变化。箱梁按平梁预制，采用“正做斜置”设计，通过梁靴调整桥梁纵横坡度使之符合桥面的纵横坡度指标要求。

5. 有关设计参数：相对湿度 70%；管道摩擦系数 μ＝0.17；偏差系数 k＝0.0015；预应力松弛系数取 0.3；预应力钢束采用两端张拉，锚具变形及钢束回缩总变形值取 12mm；支座不均沉降△=5mm；非线性温度梯度，按《公路桥涵设计通用规范》(JTG D60—2004)计算，并考虑 8cm 混凝土铺装层的影响。

6. 梁体预应力钢束分正弯矩钢束和负弯矩钢束两种。正弯矩钢束采用 15-4/15-5/15-6 型圆形锚具和圆形塑料波纹管，在梁体预制时张拉。钢束数量根据梁体类型（位置）而定，除 N4 钢束只有竖弯外，N1、N2、N3 钢束均既有竖弯又有平弯。负弯矩钢束采用扁形锚具和扁形塑料波纹管，在连续段横梁混凝土浇注养生后张拉。各钢束主要设计参数如下：

表 1　30 米小箱梁钢束锚下控制张拉力表

项目	钢束类型	钢束编号	钢束型号	张拉控制应力 (MPa)	张拉控制力 (KN)
简支梁	简支跨正弯矩钢束	N1	15-6	1395	1172
		N2	15-6	1395	1172
		N3	15-5	1395	977
		N4	15-5	1395	977
连续梁	边跨正弯矩钢束	N1	15-5	1395	977
		N2	15-5	1395	977
		N3	15-5	1395	977
		N4	15-4	1395	781
	中跨正弯矩钢束	N1	15-4	1395	781
		N2	15-4	1395	781
		N3	15-4	1395	781
		N4	15-4	1395	781
	负弯矩钢束	N1	15-5	1395	977
		N2	15-5	1395	977

注：施工控制张拉力＝锚下控制张拉力+锚圈口摩阻损失（试验测定）。

7. 一片梁梁端支点最大反力(汽车荷载考虑冲击系数)：

表 2　一片梁梁端支点反力表

反力位置	简支跨简支端		连续跨简支端		连续跨连续端	
	边梁	中梁	边梁	中梁	边梁	中梁
标准值组合 (KN)	1340	1305	1310	1262	2614	2560

8. 支座

(1) 简支梁

横桥向每片梁梁端设 LNR-d345×110 圆形固定型水平力分散型支座支座两个。

(2) 先简支后结构连续梁

连续处采用 LNR-d670×199 圆形固定型水平力分散型支座，单片梁单个连续处对应一个支座；简支端采用 LNR-d345×118 圆形滑动型水平力分散型橡胶支座，每片梁梁端对应两个支座。

9. 桥面系

桥面系设计包括桥面铺装、护墙、排水设施、伸缩缝等。

(1) 桥面铺装

采用8厘米混凝土+防水材料+10厘米沥青混凝土铺装。

为保证调平层内钢筋焊网质量，8厘米厚混凝土内钢筋焊接网应采用工厂制成品。

(2) 护墙

单幅桥梁两侧各0.5米范围内设两道混凝土防撞护墙。

(3) 排水设施

全桥均采用泄水管竖排方式排水。当部分桥跨跨越特殊路线或沟河需设置排水收集系统时，相关数量应另计入。

(4) 伸缩缝

当本联与相邻联均为1孔简支或3孔连续结构时，联间采用80型伸缩缝；桥台处均采用80型伸缩缝；

当本联与相邻联中有一联为4～6孔一联连续结构时，联间桥墩处采用160型伸缩缝。

七、施工注意事项

1、有关施工工艺及质量检查标准按《公路桥涵施工技术规范》(JTJ041—2000)有关条文及有关检测规程办理。

2、施工前，首先对图纸各部分尺寸和数量进行仔细、认真的校核，确信无误后，才能进行模板加工、钢材下料以及支座、伸缩缝等定型产品的定购，以避免造成不必要的损失。

3、预制箱梁混凝土达到标准强度的90%时方可张拉钢绞线。现浇接头混凝土可采用微膨胀混凝土，当混凝土强度达到标准强度的95%时，方可张拉负弯矩钢束。

4、临时支座顶面标高应与永久支座顶面标高相齐平，永久支座顶面预埋钢板直接与接头混凝土底部浇在一起。

5、从箱梁预制到浇筑完横向湿接缝的时间不应超过三个月。

6、所有新、老混凝土结合面均应严格拉毛处理。

7、要特别注意预制箱梁混凝土振捣和养生，严格保证混凝土质量，起吊、运输、堆放时应在箱梁端部两点搁支，不得使上、下面倒置。运输时要采取措施，严防压力区产生负弯矩使梁顶产生拉应力而导致混凝土发生裂缝。

8、钢筋焊接时，要根据《公路钢筋混凝土及预应力混凝土桥涵设计规范》(JTG D62-2004)、《公路桥涵施工技术规范》(JTJ041—2000)严格检查焊接质量和几何尺寸。

9、在进行混凝土浇筑之前，必须注意该工序应预先埋设伸缩缝、护栏等的构件及相关工序的钢筋构件。施工时需严格按照有关设计规范及施工规范办理。

10、为满足美观需要，伸缩缝沿行车道及内、外侧护栏表面设置。护栏施工前，先施工行车道范围内伸缩缝，且伸入护栏宽度范围20cm，然后浇注护栏，最后安装护栏表面伸缩缝。

11、在预制箱梁或现浇调平层和浇注桥台时必须严格按施工图要求控制各部分尺寸。在架设箱梁时应严格按施工图要求留出板端间的缝宽，缝内用泡沫板嵌填，缝内不得残留混凝土渣、模板、砂石等杂物。

12、本设计采用跨墩龙门架施工。如采用其它架桥机或其它架设方式，应根据实际情况自行验算。

13、桩基施工前，首先对逐桩坐标进行图纸校核，然后对全桥基桩所有坐标按校核后的坐标进行放样，并且在施工现场逐个进行核查，确信无误后，才能进行钻孔桩的施工，以便消除因个别桩位坐标在设计和放样过程中的错误，避免造成不必要的损失。

14、施工时，根据具体情况可采取必要措施，及时清理钻孔泥浆等杂物，以防造成环境污染。

15、本桥桩基设计均为嵌岩桩(部分桩基设计为摩擦桩)，桩基嵌入持力层深度不小于2.5倍桩径。桩基钻孔施工的全过程均应对地质资料进行校核，若发现实际地层情况与设计所用的《工程地质勘察报告》资料不符，应酌情变更基桩设计。变更应按相关程序进行。

16、为了使桥梁外观颜色一致，要求采用同一厂家、同品种的水泥和外加剂。

17、施工请遵照《公路桥涵施工技术规范》及《公路工程质量检验评定标准》执行。

八、其他

1. 本桥高程采用路线高程系统。

2. 上、下部详细情况见上、下部通用图及说明。

3. 桥台附近及桥下严禁堆放废方，如因施工需要，施工便道穿行本桥范围，则必须做好便道的防排水工程，以免造成不良地质病害，危及桥梁安全。

大营村大桥 全桥工程数量表

××至××高速公路 WYTJ-1合同段　　　　第1页　共1页　　　　S4-37-2

材料名称		单位	上部构造							下部构造																附属工程					合计
			预制	现浇	现浇	桥面	伸缩缝	桥面	支座、垫石及挡块	桥墩								桥台													
			箱梁	横梁	湿接缝	现浇层、铺装		排水		盖梁	矩形墩墩身	变截面矩形实心墩墩身	空心薄壁墩墩身	柱系梁	桩系梁	桩基	承台	台帽(U台)	台帽(轻型台)	耳、背墙及牛腿、侧墙	台身	肋板	承台	桩基础	扩大基础	防撞护栏	搭板及枕梁	锥坡及防护	桥下排水	声测管	
混凝土	C50	m^3	4478.9	571.7	453.2	990.0																									6493.8
混凝土	C40	m^3																													
混凝土	C30	m^3							117.8	1331.7	2156.3			328.3	304.5	4319.5	765.0		203.6	74.5		148.3	282.8	504.0		555.0	110.8				11202.1
混凝土	C20	m^3																										20.7	405.0		425.7
混凝土	C25片石混凝土	m^3																													
混凝土	C25混凝土六角块	m^3																										92.0			92.0
混凝土	C50钢纤维混凝土	m^3					19.0																								19.0
混凝土	沥青混凝土	m^3				1162.5																									1162.5
防水剂		m^2				12375.0																									12375.0
$Φ_s$15.2 钢绞线		kg	189246.8																												189246.8
钢筋 HRB400	⌀32	kg								138966.0	310429.3			32510.0	29420.0	395822.3															907147.6
钢筋 HRB400	⌀28	kg																	17800					15716.6							33516.6
钢筋 HRB400	⌀25	kg							31794.0													5165.1	6422.0	21887.2							65268.3
钢筋 HRB400	⌀22	kg																									12200.8				12200.8
钢筋 HRB400	⌀20	kg	110407.1	22299.5							5847.2						43656.0						6496.0								188705.8
钢筋 HRB400	⌀16	kg			5957.0		4364.4									2659.2				5168		3090.0	3592.0	554.2							25384.8
钢筋 HRB400	⌀14	kg																													
钢筋 HRB400	⌀12	kg	927593.6	48610.1	92773.9		352.0		4581.0	51773.0	185514.0			13515.0	14475.0		5944.0		8388	1147		4641.1				51450.0	3601.6				1414359.3
钢筋 HRB400	小计	kg	**1038001**	**70910**	**98731**		**4716**		**36375**	**190739**	**501791**			**46025**	**43895**	**398482**	**49600**		**26188**	**6315**		**12896**	**16510**	**38158**		**51450**	**15802**				2646583.2
钢筋 HRB300	Φ16	kg																													
钢筋 HRB300	Φ10	kg	53145.0						8134.0							31267.6							470.0	5567.6							98584.2
钢筋 HRB300	Φ8	kg	4625.0				636.0													902.0						16800.0					22963.0
钢筋 HRB300	小计	kg	**57770**				**636**		**8134**							**31268**				**902**			**470**	**5568**		**16800**					121547.2
波纹管	Φ内50	m	29309.3																												29309.3
波纹管	90/22/3	m	6270.0																												6270.0
波纹管	55/22/2.5	m																													
锚具	YM15-5型	套	980																												980.0
锚具	YM15-4型	套	1020																												1020.0
锚具	BM15-5型	套	950																												950.0
锚具	BM15-4型	套																													
支座	LNR-d345×118	块							120																						120.0
支座	LNR-d670×199	块							95																						95.0
伸缩缝	80型	m					66.0																								66.0
伸缩缝	160型	m					66.0																								66.0
760*760*25钢板		kg							21546.0																						21546.0
595*455*20钢板		kg							5100.0																						5100.0
445*445*20钢板		kg							3732.0																						3732.0
铸铁泄水管		套						150																							150.0
玻纤格栅		kg																													
碎石盲沟		m^3																													
钢护筒		kg																													
其它钢材		kg																													
其他钢材		kg																													
Φ10冷轧带肋钢筋网		kg				168000.0																									168000.0
Φ57×3钢管		kg																												23953.1	23953.1
植草面积		m^2																										630.4			630.4
大片石		m^3																													
碎石		m^3																													
M7.5号浆砌片石		m^3																										127.8			127.8
砂砾垫层		m^3																										75.0			75.0
挖土方		m^3	232.5												456.8		1147.5						424.2					430.2	1060.0		3751.2
填方		m^3																										1941.1	380.0		2321.1

设计：　　　　复核：　　　　审核：

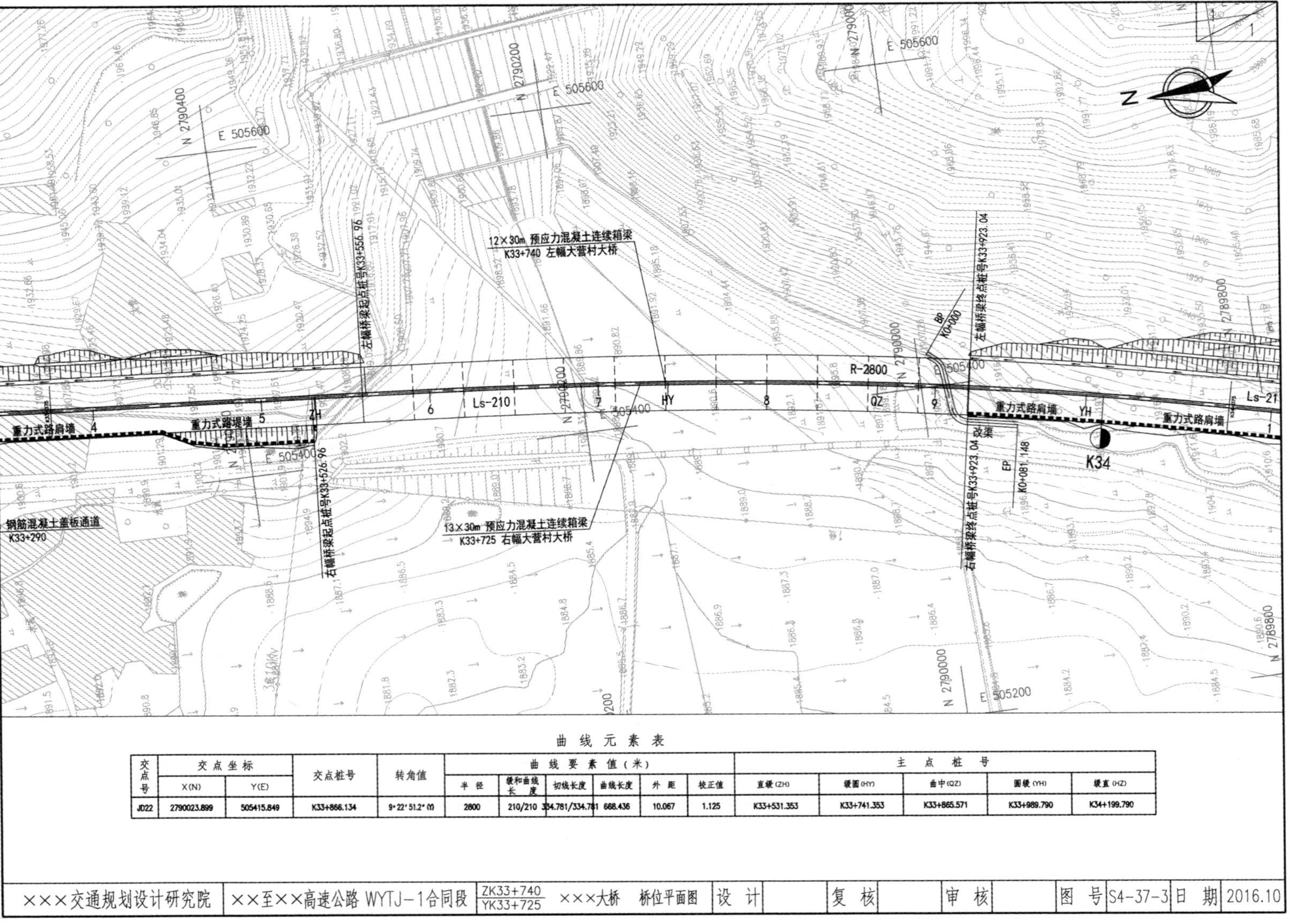

曲线元素表

交点号	交点坐标 X(N)	交点坐标 Y(E)	交点桩号	转角值	曲线要素值（米）半径	缓和曲线长度	切线长度	曲线长度	外距	校正值	主点桩号 直缓(ZH)	缓圆(HY)	曲中(QZ)	圆缓(YH)	缓直(HZ)
JD22	2790023.899	505415.849	K33+866.134	9°22′51.2″(Y)	2800	210/210	334.781/334.781	668.436	10.067	1.125	K33+531.353	K33+741.353	K33+865.571	K33+989.790	K34+199.790

×××交通规划设计研究院	××至××高速公路 WYTJ－1合同段	ZK33+740 YK33+725	×××大桥 桥位平面图	设 计		复 核		审 核		图 号	S4-37-3	日 期	2016.10

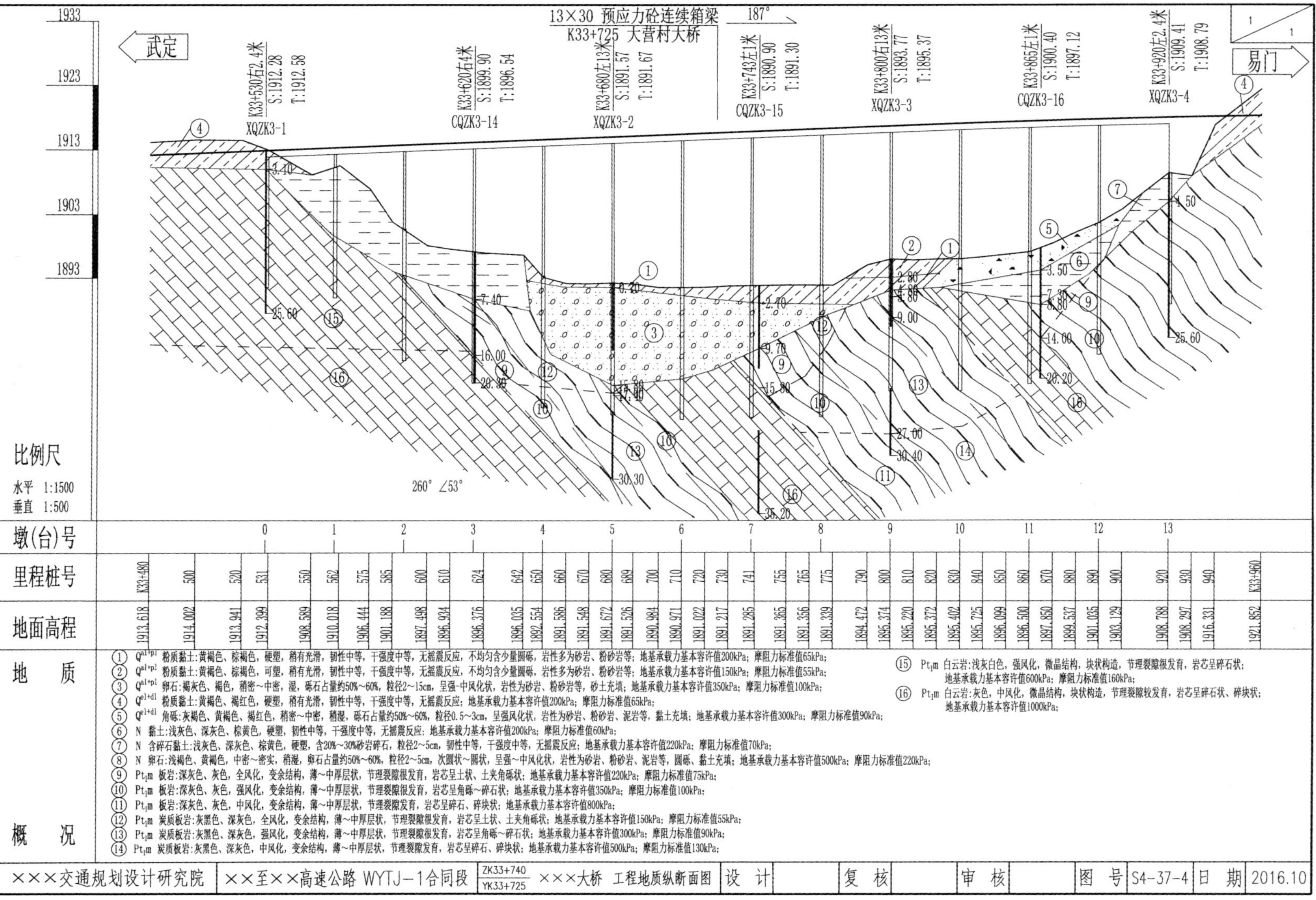
13×30 预应力砼连续箱梁
K33+725 大营村大桥
187°
武定
易门
K33+530左2.4米 S:1912.28 T:1912.58 XQZK3-1
K33+620右4米 S:1899.90 T:1896.54 CQZK3-14
K33+680左13米 S:1891.57 T:1891.67 XQZK3-2
K33+743左1米 S:1890.90 T:1891.30 CQZK3-15
K33+800右13米 S:1893.77 T:1895.37 XQZK3-3
K33+865左1米 S:1900.40 T:1897.12 CQZK3-16
K33+920左2.4米 S:1909.41 T:1908.79 XQZK3-4
260° ∠53°
1933
1923
1913
1903
1893
比例尺
水平 1:1500
垂直 1:500
墩(台)号
0 1 2 3 4 5 6 7 8 9 10 11 12 13
里程桩号
K33+480 500 520 531 550 562 575 585 600 610 624 642 650 660 670 680 689 700 710 720 730 741 755 765 775 790 800 810 820 830 840 850 860 870 880 890 900 920 930 940 K33+960
地面高程
1913.618 1914.002 1913.941 1912.399 1908.589 1910.018 1906.444 1901.188 1897.498 1896.934 1896.376 1896.035 1892.554 1891.586 1891.548 1891.672 1891.526 1890.984 1890.971 1891.022 1891.217 1891.285 1891.365 1891.356 1891.339 1894.472 1895.374 1895.220 1895.372 1895.402 1895.725 1896.099 1896.500 1897.850 1899.537 1901.035 1903.129 1908.788 1908.297 1916.331 1921.852
地质概况
① Q^al+pl 粉质黏土:黄褐色、棕褐色，硬塑，稍有光滑，韧性中等，干强度中等，无摇震反应，不均匀含少量圆砾，岩性多为砂岩、粉砂岩等；地基承载力基本容许值200kPa；摩阻力标准值65kPa；
② Q^al+pl 粉质黏土:黄褐色、棕褐色，可塑，稍有光滑，韧性中等，干强度中等，无摇震反应，不均匀含少量圆砾，岩性多为砂岩、粉砂岩等；地基承载力基本容许值150kPa；摩阻力标准值55kPa；
③ Q^al+pl 卵石:褐灰色、褐色，稍密~中密，湿，砾石占量约50%~60%，粒径2~15cm，呈强-中风化状，岩性为砂岩、粉砂岩等，砂土充填；地基承载力基本容许值350kPa；摩阻力标准值100kPa；
④ Q^el+dl 粉质黏土:黄褐色、褐红色，硬塑，稍有光滑，韧性中等，干强度中等，无摇震反应；地基承载力基本容许值200kPa；摩阻力标准值65kPa；
⑤ Q^el+dl 角砾:灰褐色、黄褐色、褐红色，稍密~中密，稍湿，砾石占量约50%~60%，粒径0.5~3cm，呈强风化状，岩性为砂岩、粉砂岩、泥岩等，黏土充填；地基承载力基本容许值300kPa；摩阻力标准值90kPa；
⑥ N 黏土:浅灰色、深灰色、棕黄色，硬塑，韧性中等，干强度中等，无摇震反应；地基承载力基本容许值200kPa；摩阻力标准值60kPa；
⑦ N 含碎石黏土:浅灰色、深灰色、棕黄色，硬塑，含20%~30%砂岩碎石，粒径2~5cm，韧性中等，干强度中等，无摇震反应；地基承载力基本容许值220kPa；摩阻力标准值70kPa；
⑧ N 卵石:浅褐色、黄褐色，中密~密实，稍湿，卵石占量约50%~60%，粒径2~5cm，次圆状~圆状，呈强~中风化状，岩性为砂岩、粉砂岩、泥岩等，圆砾、黏土充填；地基承载力基本容许值500kPa；摩阻力标准值220kPa；
⑨ Pt1m 板岩:深灰色、灰色，全风化，变余结构，薄~中厚层状，节理裂隙很发育，岩芯呈土状、土夹角砾状；地基承载力基本容许值220kPa；摩阻力标准值75kPa；
⑩ Pt1m 板岩:深灰色、灰色，强风化，变余结构，薄~中厚层状，节理裂隙很发育，岩芯呈角砾~碎石状；地基承载力基本容许值350kPa；摩阻力标准值100kPa；
⑪ Pt1m 板岩:深灰色、灰色，中风化，变余结构，薄~中厚层状，节理裂隙发育，岩芯呈碎石、碎块状；地基承载力基本容许值800kPa；
⑫ Pt1m 炭质板岩:灰黑色、深灰色，全风化，变余结构，薄~中厚层状，节理裂隙很发育，岩芯呈土状、土夹角砾状；地基承载力基本容许值150kPa；摩阻力标准值55kPa；
⑬ Pt1m 炭质板岩:灰黑色、深灰色，强风化，变余结构，薄~中厚层状，节理裂隙很发育，岩芯呈角砾~碎石状；地基承载力基本容许值300kPa；摩阻力标准值90kPa；
⑭ Pt1m 炭质板岩:灰黑色、深灰色，中风化，变余结构，薄~中厚层状，节理裂隙发育，岩芯呈碎石、碎块状；地基承载力基本容许值500kPa；摩阻力标准值130kPa；
⑮ Pt1m 白云岩:浅灰白色，强风化，微晶结构，块状构造，节理裂隙很发育，岩芯呈碎石状；地基承载力基本容许值600kPa；摩阻力标准值160kPa；
⑯ Pt1m 白云岩:灰色，中风化，微晶结构，块状构造，节理裂隙较发育，岩芯呈碎石状、碎块状；地基承载力基本容许值1000kPa；
×××交通规划设计研究院
××至××高速公路 WYTJ－1合同段
ZK33+740
YK33+725
×××大桥 工程地质纵断面图
设 计
复 核
审 核
图 号 S4-37-4
日 期 2016.10

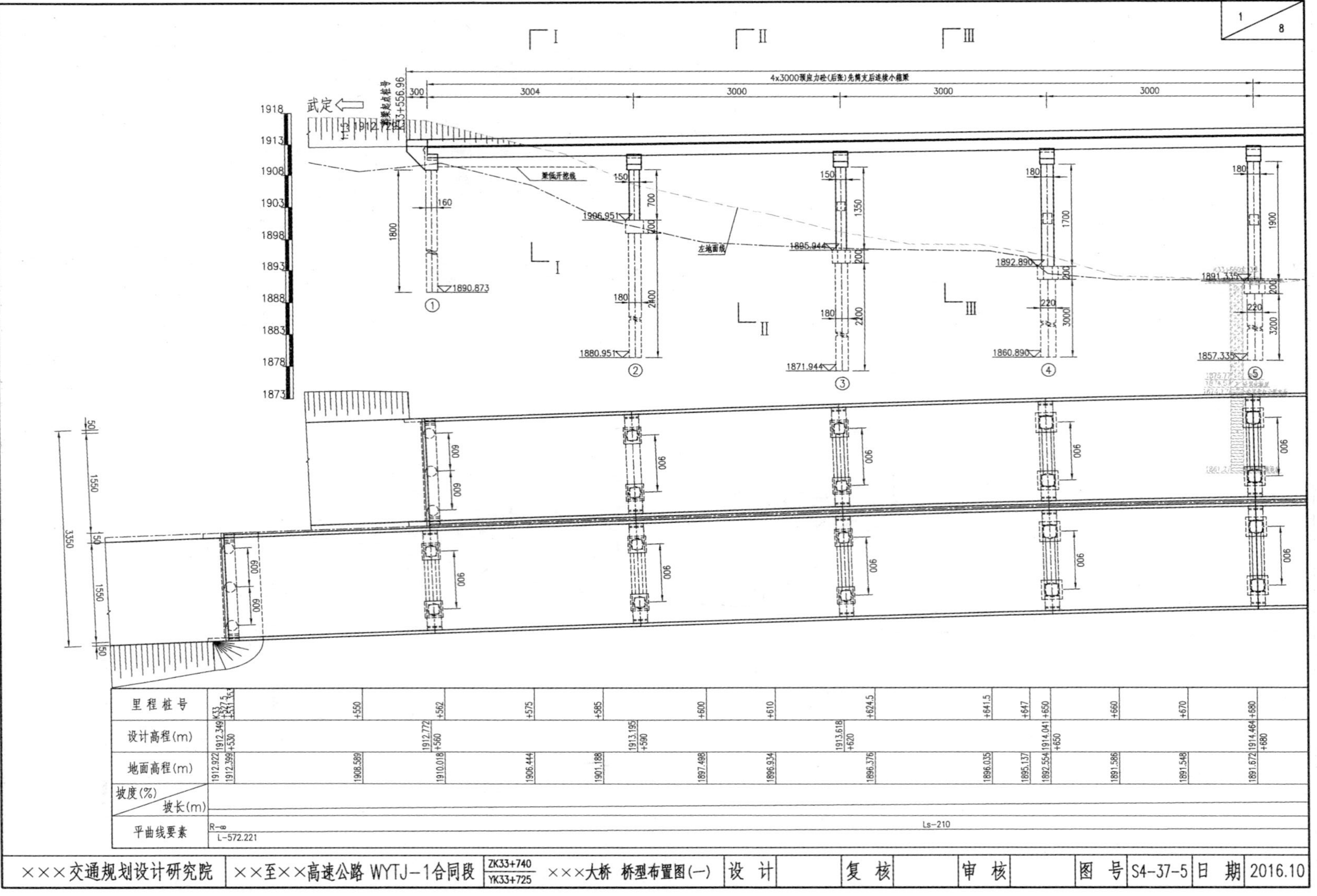
1/8
4x3000预应力砼(后张)先简支后连续小箱梁
300 3004 3000 3000 3000
武定
1918 1913 1908 1903 1898 1893 1888 1883 1878 1873
左地面线
1890.873
1906.951
1880.951
1895.944
1871.944
1892.890
1860.890
1891.335
1857.335
1800 160 150 700 200 2400 180 1350 2200 1700 3000 220 1900 3200
900 600
1550 50 3350
里程桩号
设计高程(m)
地面高程(m)
坡度(%)
坡长(m)
平曲线要素
+550 +562 +575 +585 +600 +610 +624.5 +641.5 +647 +650 +660 +670 +680
1912.349 +530 1912.772 +560 1913.195 +590 1913.618 +620 1914.041 +650 1914.464 +680
1912.922 1912.399 1908.589 1910.018 1906.444 1901.188 1897.498 1896.934 1896.376 1896.035 1895.137 1892.554 1891.586 1891.548 1891.672
R-∞
L-572.221
Ls-210
×××交通规划设计研究院
××至××高速公路 WYTJ-1合同段
ZK33+740
YK33+725
×××大桥 桥型布置图(一)
设 计
复 核
审 核
图 号 S4-37-5
日 期 2016.10

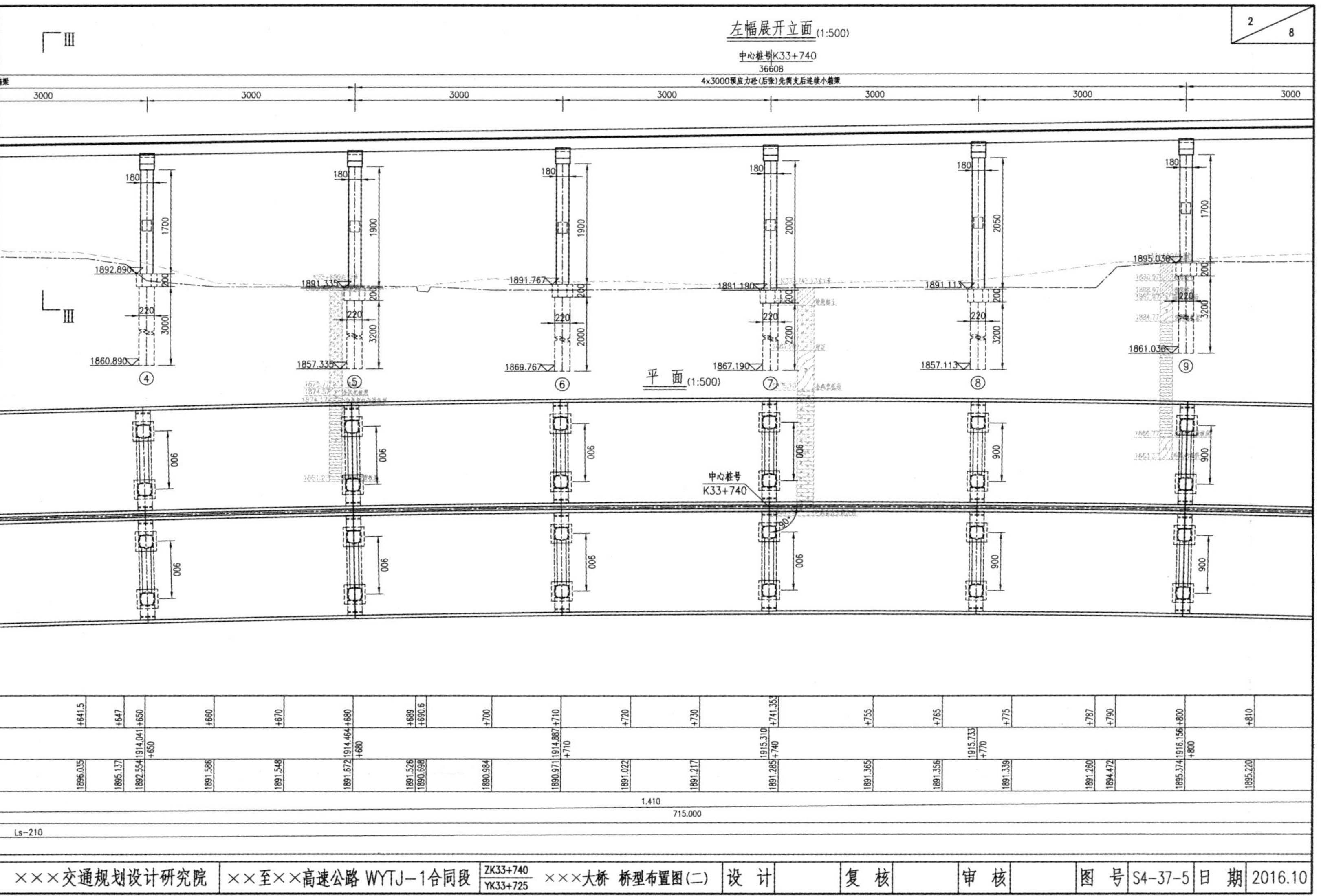
左幅展开立面(1:500)
中心桩号K33+740
36608
4x3000预应力砼(后张)先简支后连续小箱梁
平 面(1:500)
中心桩号
K33+740
×××交通规划设计研究院
××至××高速公路 WYTJ-1合同段
ZK33+740
YK33+725
×××大桥 桥型布置图(二)
设 计
复 核
审 核
图 号 S4-37-5
日 期 2016.10

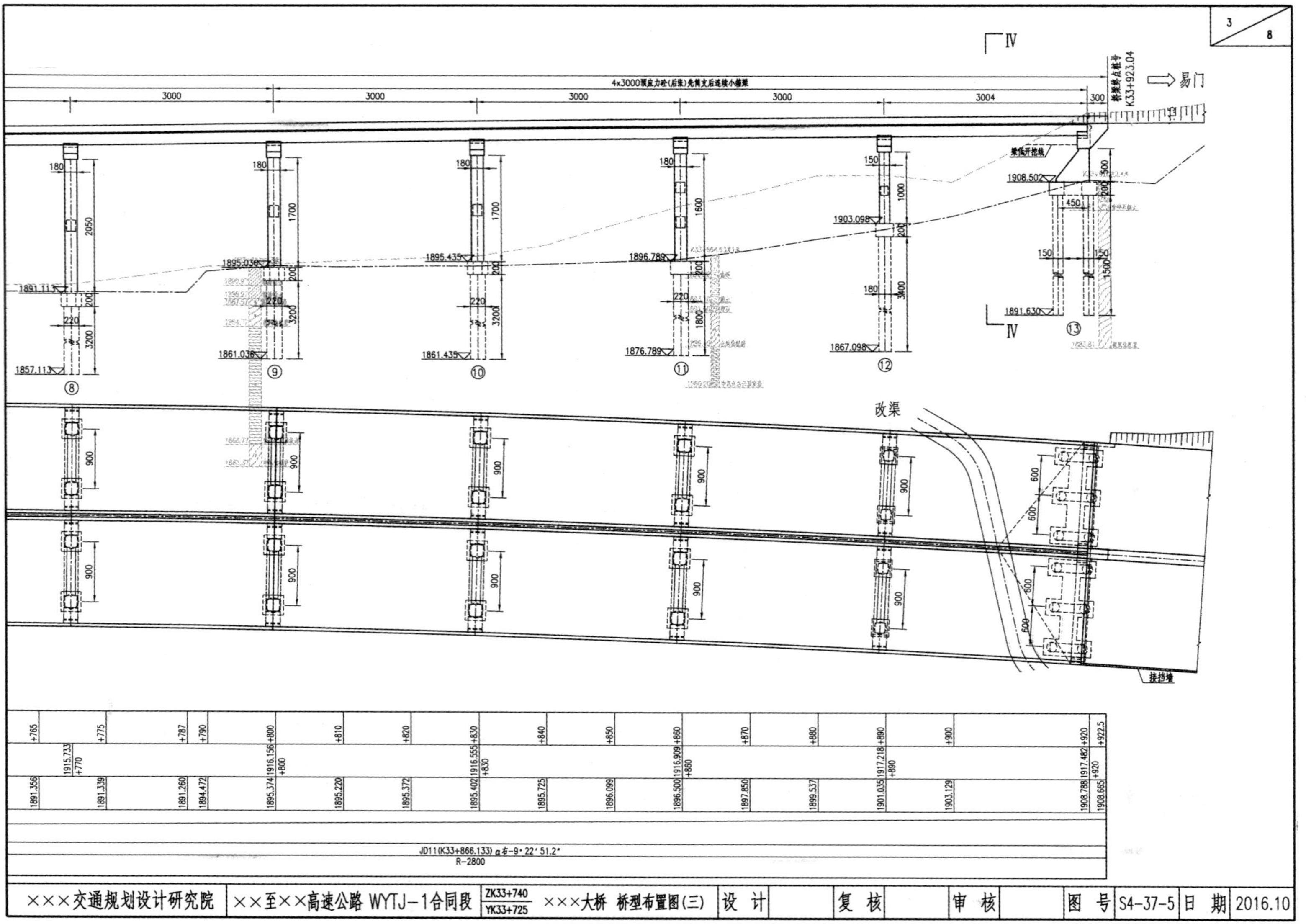
3
8
4x3000预应力砼(后张)先简支后连续小箱梁
3000
3000
3000
3000
3004
300
桥梁终点桩号
K33+923.04
易门
改渠
1891.113
1857.113
1895.036
1861.036
1895.435
1861.435
1896.789
1876.789
1903.098
1867.098
1908.502
1891.630
JD11(K33+866.133) α右-9°22′51.2″
R-2800
×××交通规划设计研究院
××至××高速公路 WYTJ-1合同段
ZK33+740
YK33+725
×××大桥 桥型布置图(三)
设 计
复 核
审 核
图 号 S4-37-5
日 期 2016.10

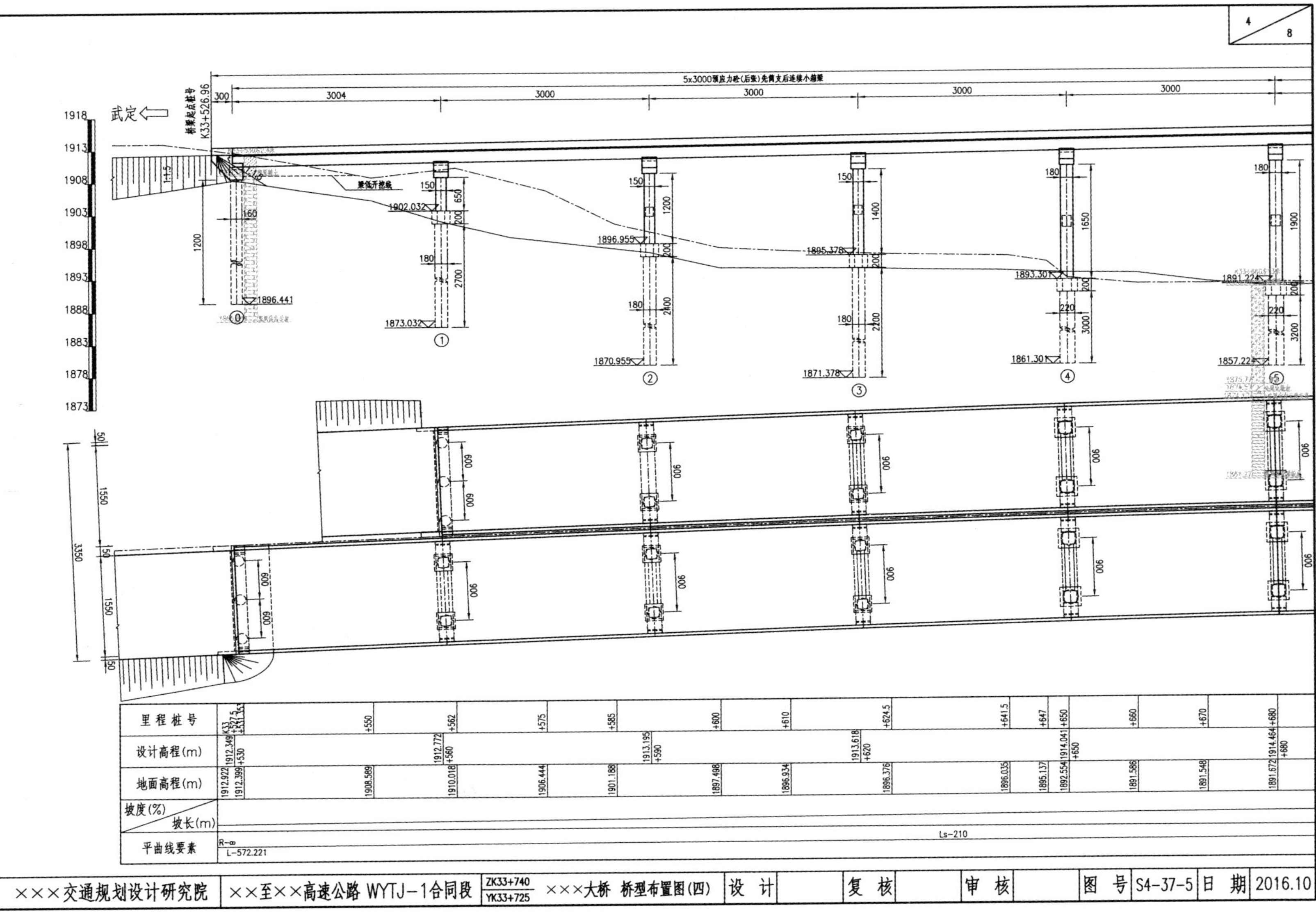
5x3000预应力砼(后张)先简支后连续小箱梁
K33+526.96
武定
里 程 桩 号
设计高程(m)
地面高程(m)
坡度(%)
坡长(m)
平曲线要素
Ls-210
L-572.221
×××交通规划设计研究院
××至××高速公路 WYTJ-1合同段
ZK33+740
YK33+725
×××大桥 桥型布置图(四)
设 计
复 核
审 核
图 号
S4-37-5
日 期
2016.10

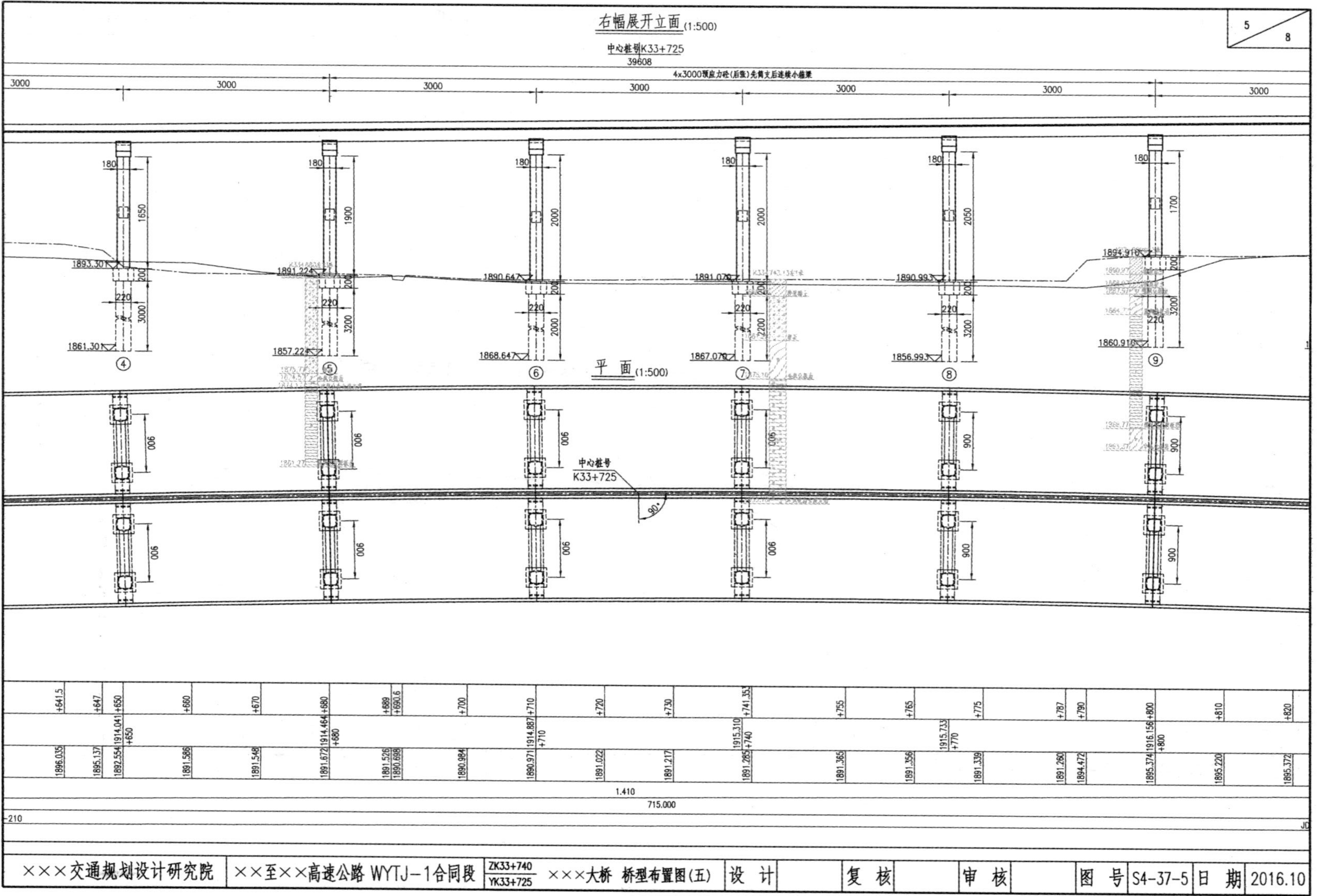
右幅展开立面(1:500)
中心桩号K33+725
39608
4x3000预应力砼(后张)先简支后连续小箱梁
3000
3000
3000
3000
3000
3000
3000
180
1650
1900
2000
2000
2050
1700
200
220
3000
3200
2000
2200
3200
3200
1893.301
1861.301
1891.224
1857.224
1890.647
1868.647
1891.070
1867.070
1890.993
1856.993
1894.910
1860.910
④
⑤
⑥
⑦
⑧
⑨
平 面(1:500)
中心桩号
K33+725
90°
900
+641.5
+647
+650
+660
+670
+680
+689
+690.6
+700
+710
+720
+730
+741.353
+755
+765
+775
+787
+790
+800
+810
+820
1914.041
+650
1914.464
+680
1914.887
+710
1915.310
+740
1915.733
+770
1916.156
+800
1896.035
1895.137
1892.554
1891.586
1891.548
1891.672
1891.526
1890.698
1890.984
1890.971
1891.022
1891.217
1891.285
1891.365
1891.356
1891.339
1891.260
1894.472
1895.374
1895.220
1895.372
1.410
715.000
-210
JD
5
8
×××交通规划设计研究院
××至××高速公路 WYTJ-1合同段
ZK33+740
YK33+725
×××大桥 桥型布置图(五)
设 计
复 核
审 核
图 号
S4-37-5
日 期
2016.10

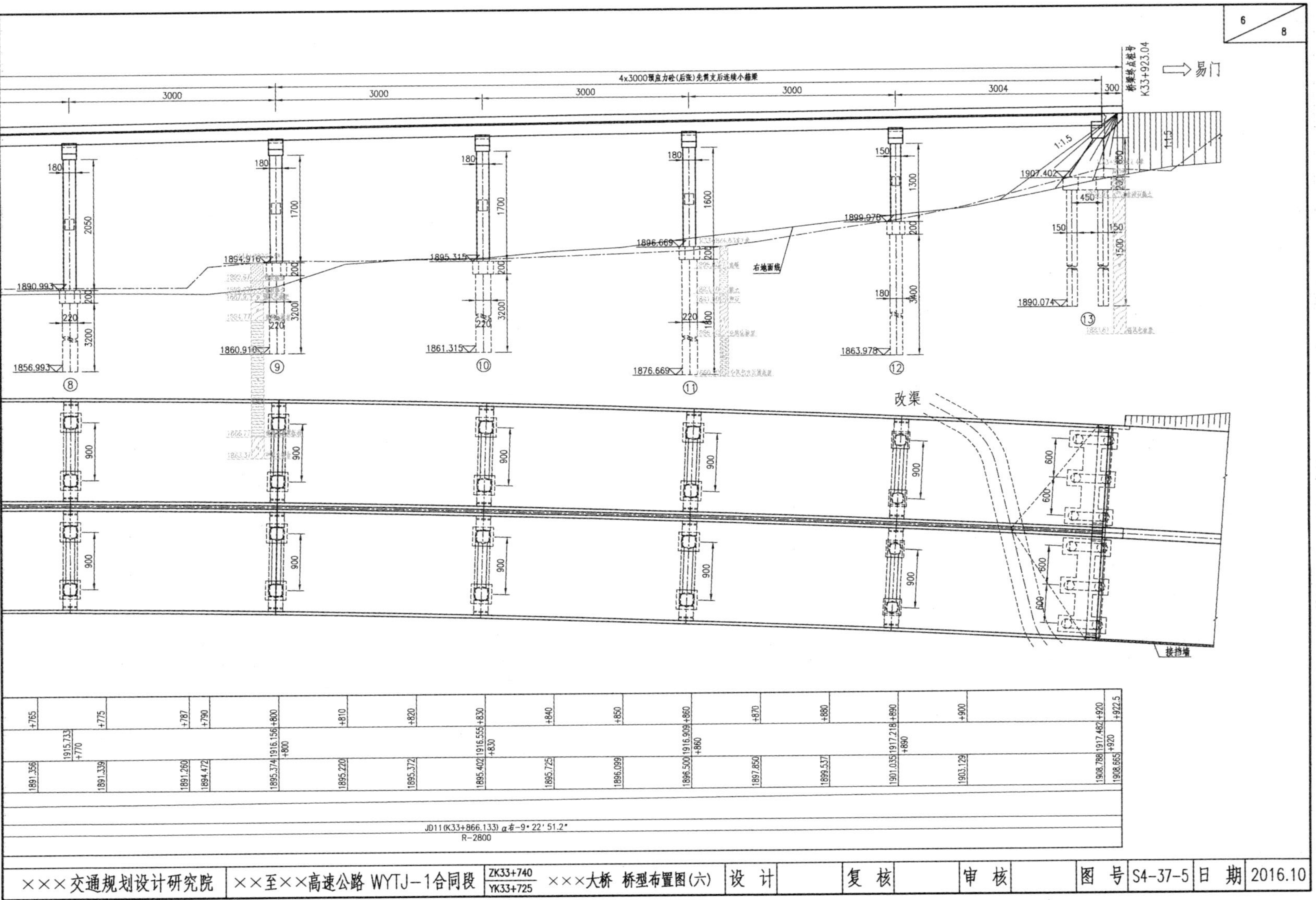

6
8
桥梁终点桩号
K33+923.04
易门
4x3000预应力砼(后张)先简支后连续小箱梁
3000
3000
3000
3000
3004
300
1:1.5
180
2050
1700
1600
1300
150
1907.402
1899.978
1896.669
1895.315
1894.916
1890.993
1890.074
右地面线
220
3200
3400
1800
1500
450
1856.993
1860.916
1861.315
1876.669
1863.978
⑧
⑨
⑩
⑪
⑫
⑬
改渠
900
600
接挡墙
+765
+775
+787
+790
+800
+810
+820
+830
+840
+850
+860
+870
+880
+890
+900
+920
+922.5
1915.733
+770
1916.156
1916.555
1916.909
1917.218
1917.482
1891.356
1891.339
1891.260
1894.472
1895.374
1895.220
1895.372
1895.402
1895.725
1896.099
1896.500
1897.850
1899.537
1901.035
1903.129
1908.788
1908.665
JD11(K33+866.133) α右-9°22′51.2″
R-2800
×××交通规划设计研究院
××至××高速公路 WYTJ-1合同段
ZK33+740
YK33+725
×××大桥 桥型布置图(六)
设 计
复 核
审 核
图 号
S4-37-5
日 期
2016.10

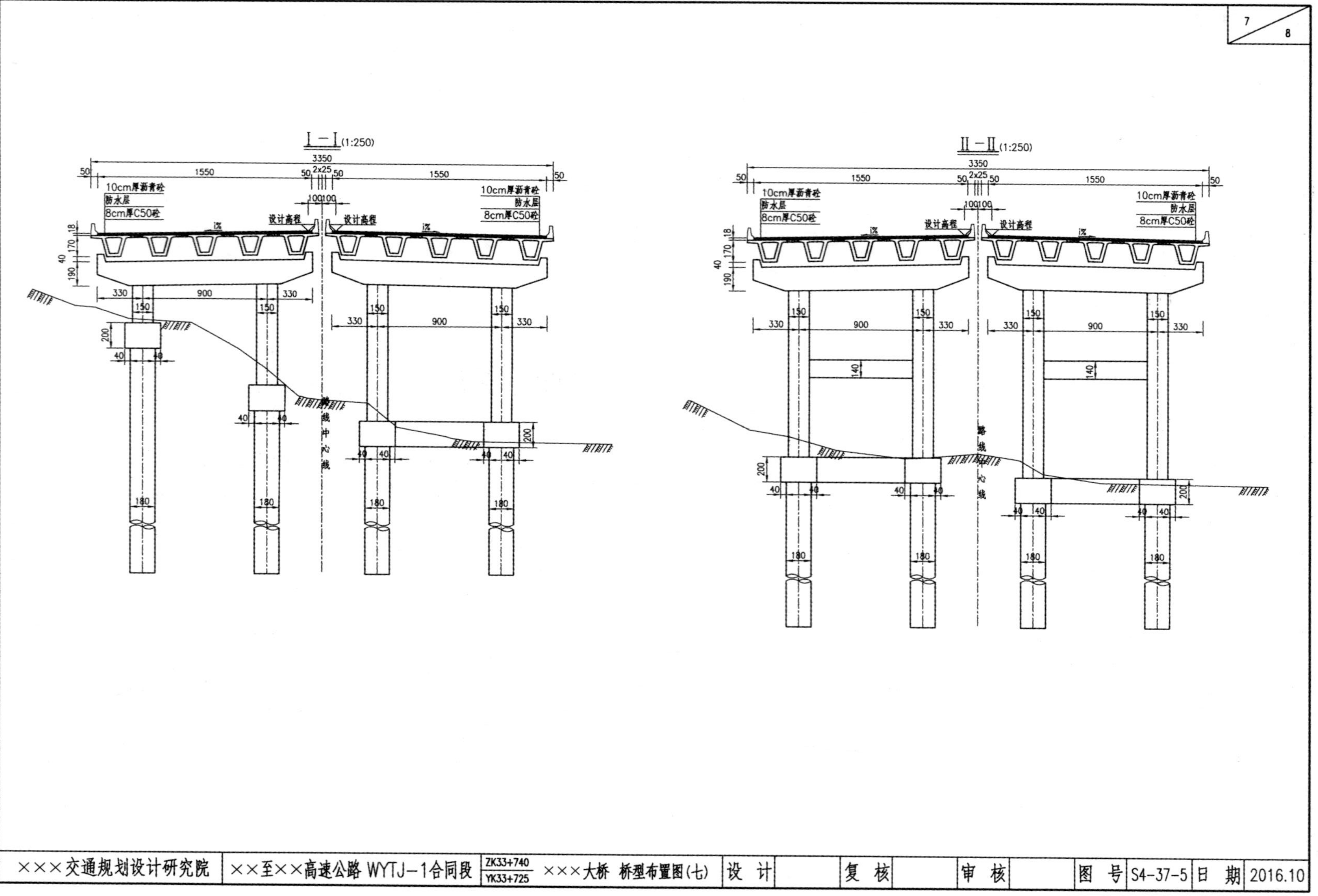
Ⅰ—Ⅰ(1:250)
Ⅱ—Ⅱ(1:250)
10cm厚沥青砼
防水层
8cm厚C50砼
设计高程
路线中心线
×××交通规划设计研究院
××至××高速公路 WYTJ-1合同段
ZK33+740
YK33+725
×××大桥 桥型布置图(七)
设计
复核
审核
图号 S4-37-5
日期 2016.10
7
8

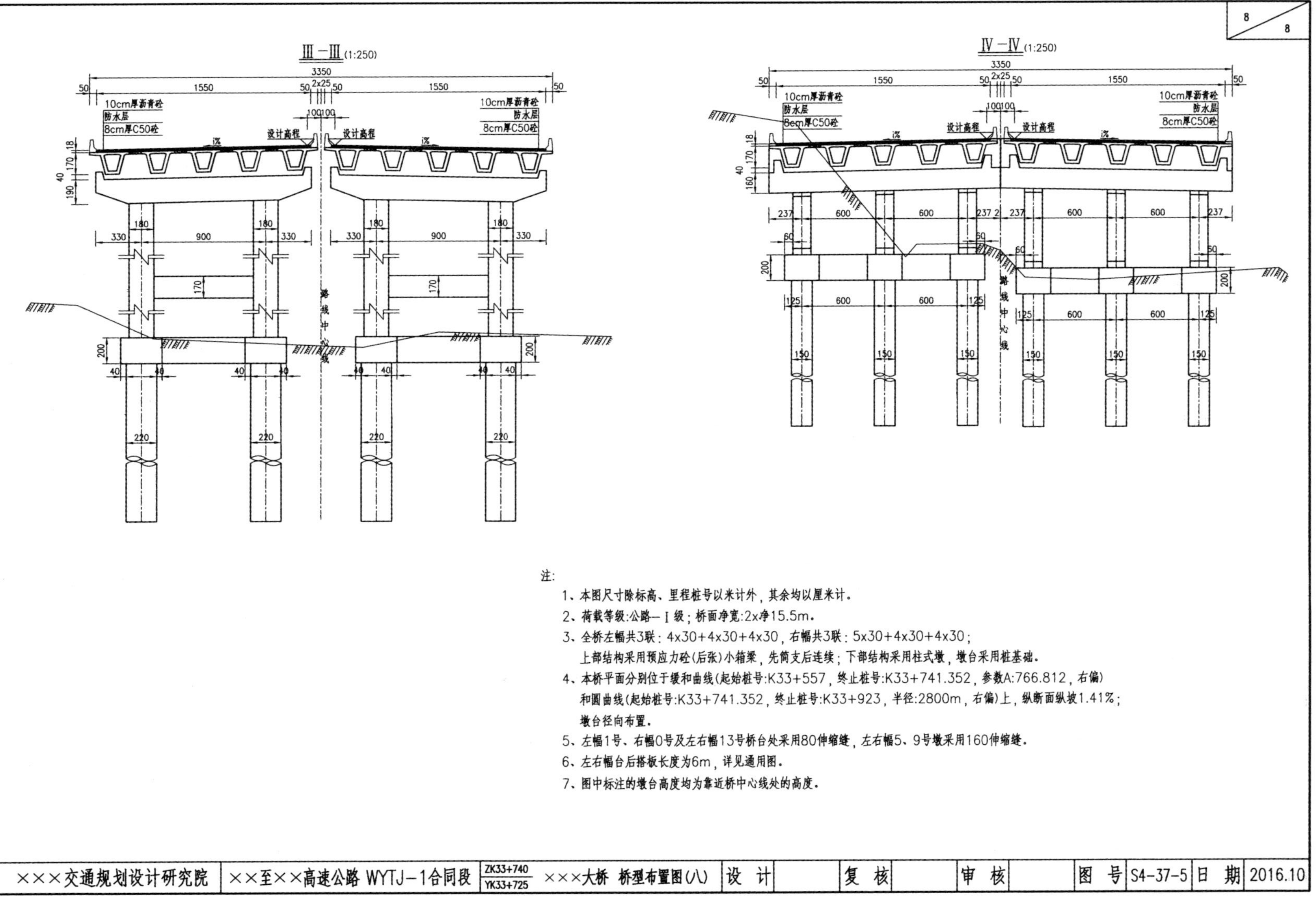

注:

1、本图尺寸除标高、里程桩号以米计外，其余均以厘米计。
2、荷载等级:公路—Ⅰ级；桥面净宽:2x净15.5m。
3、全桥左幅共3联：4x30+4x30+4x30，右幅共3联：5x30+4x30+4x30；
上部结构采用预应力砼(后张)小箱梁，先简支后连续；下部结构采用柱式墩，墩台采用桩基础。
4、本桥平面分别位于缓和曲线(起始桩号:K33+557，终止桩号:K33+741.352，参数A:766.812，右偏)和圆曲线(起始桩号:K33+741.352，终止桩号:K33+923，半径:2800m，右偏)上，纵断面纵坡1.41%；墩台径向布置。
5、左幅1号、右幅0号及左右幅13号桥台处采用80伸缩缝，左右幅5、9号墩采用160伸缩缝。
6、左右幅台后搭板长度为6m，详见通用图。
7、图中标注的墩台高度均为靠近桥中心线处的高度。

×××交通规划设计研究院	××至××高速公路 WYTJ—1合同段	ZK33+740 YK33+725	×××大桥 桥型布置图(八)	设计		复核		审核		图号	S4-37-5	日期	2016.10

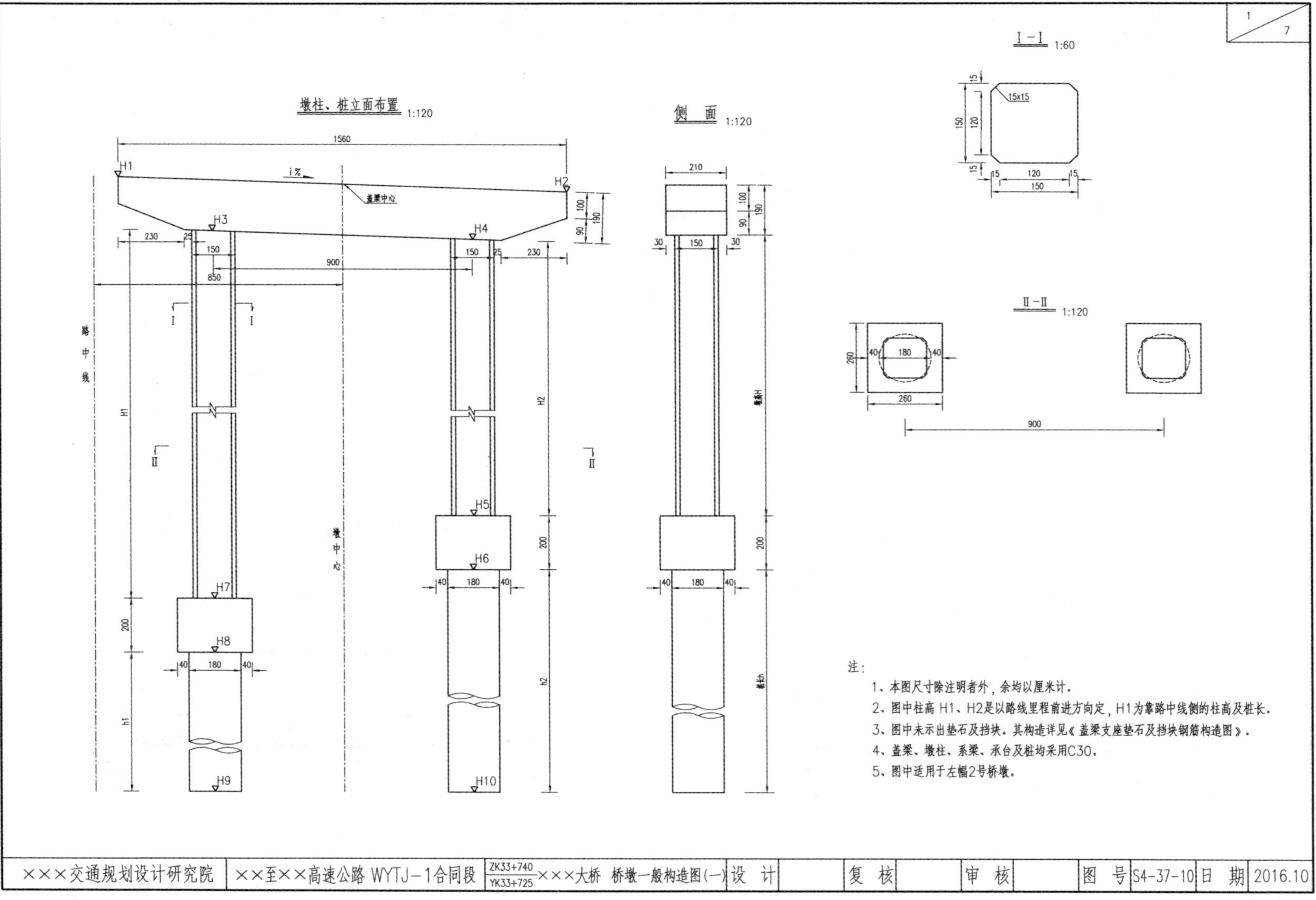
墩柱、桩立面布置 1:120
侧 面 1:120
I－I 1:60
II－II 1:120
1560
i%
盖梁中心
路中线
墩中心
H1
H2
H3
H4
H5
H6
H7
H8
H9
H10
h1
h2
230
25
150
900
850
100
90
190
210
30
200
40
180
260
15x15
15
120
注：
1、本图尺寸除注明者外，余均以厘米计。
2、图中柱高 H1、H2是以路线里程前进方向定，H1为靠路中线侧的柱高及桩长。
3、图中未示出垫石及挡块。其构造详见《盖梁支座垫石及挡块钢筋构造图》。
4、盖梁、墩柱、系梁、承台及桩均采用C30。
5、图中适用于左幅2号桥墩。
×××交通规划设计研究院
××至××高速公路 WYTJ－1合同段
ZK33+740
YK33+725
×××大桥 桥墩一般构造图(一)
设 计
复 核
审 核
图 号 S4-37-10
日 期 2016.10
1
7

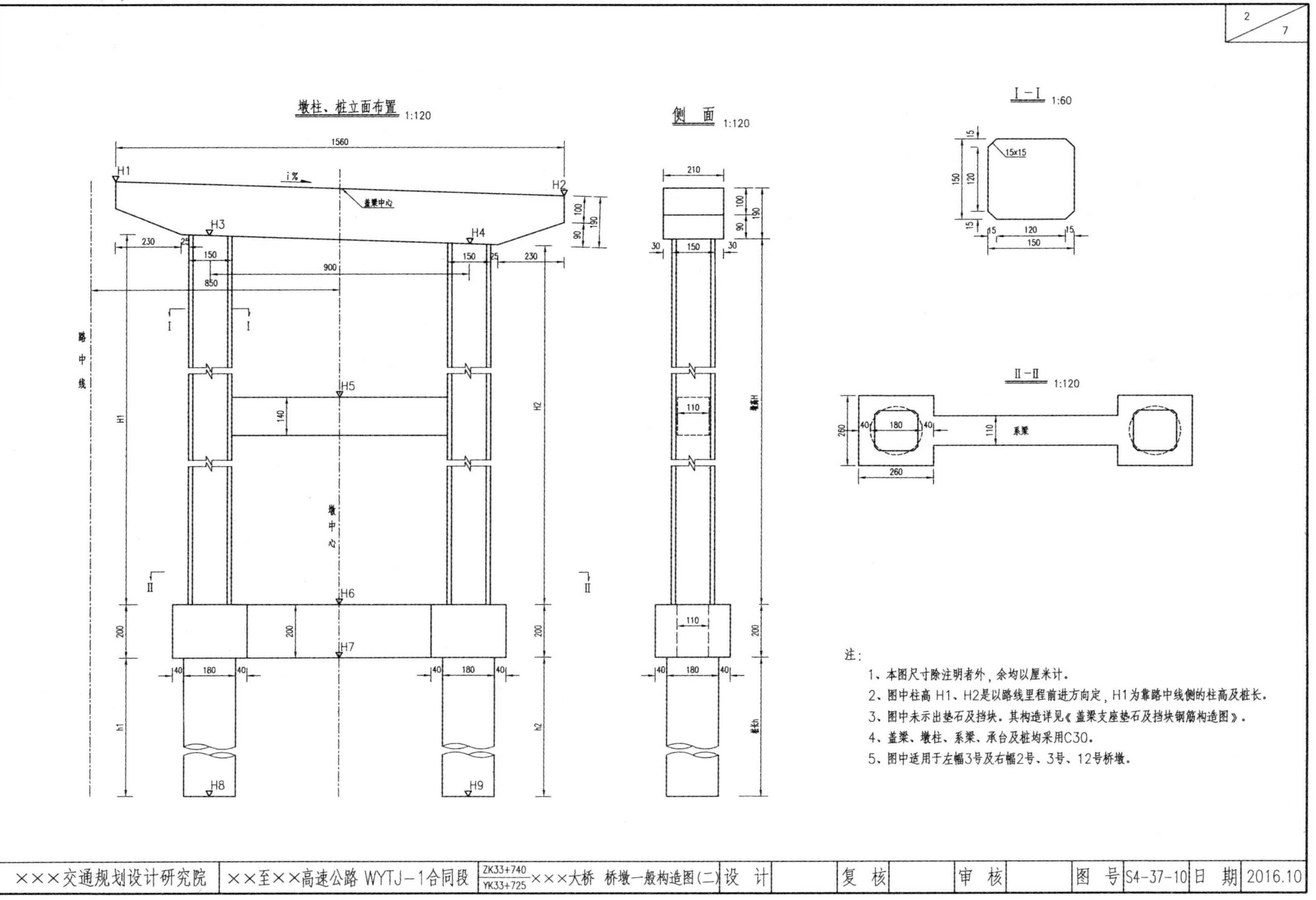

墩柱、桩立面布置 1:120
侧 面 1:120
I－I 1:60
II－II 1:120
盖梁中心
路中线
墩中心
系梁
注：
1、本图尺寸除注明者外，余均以厘米计。
2、图中柱高 H1、H2是以路线里程前进方向定，H1为靠路中线侧的柱高及桩长。
3、图中未示出垫石及挡块。其构造详见《盖梁支座垫石及挡块钢筋构造图》。
4、盖梁、墩柱、系梁、承台及桩均采用C30。
5、图中适用于左幅3号及右幅2号、3号、12号桥墩。
×××交通规划设计研究院
××至××高速公路 WYTJ－1合同段
ZK33+740 / YK33+725 ×××大桥 桥墩一般构造图(二)
设 计
复 核
审 核
图 号 S4-37-10
日 期 2016.10
2 / 7

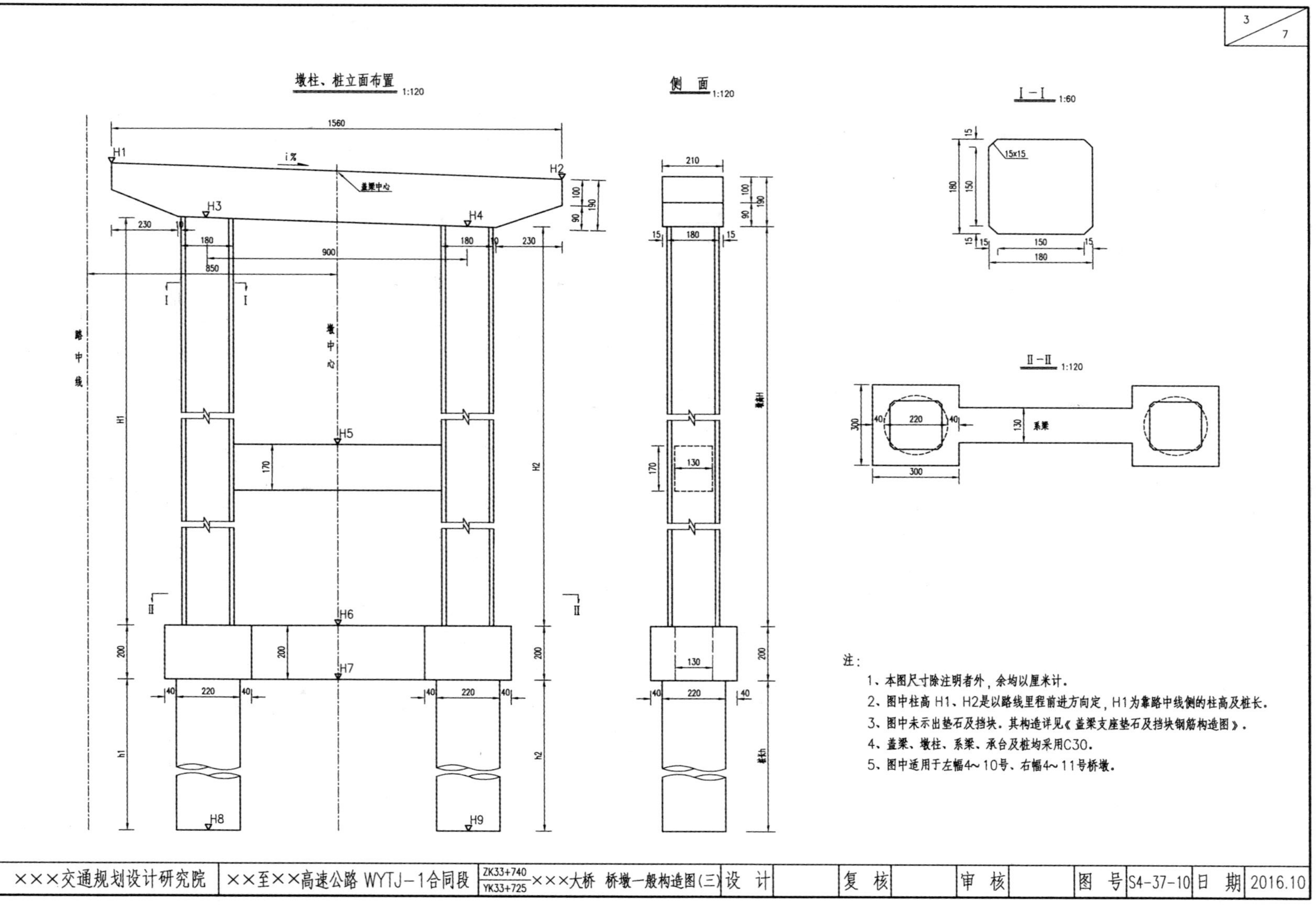

3
7
墩柱、桩立面布置 1:120
侧 面 1:120
I－I 1:60
II－II 1:120
1560
H1
i%
H2
盖梁中心
H3
H4
H5
H6
H7
H8
H9
路中线
墩中心
系梁
15x15
注：
1、本图尺寸除注明者外，余均以厘米计。
2、图中柱高 H1、H2是以路线里程前进方向定，H1为靠路中线侧的柱高及桩长。
3、图中未示出垫石及挡块。其构造详见《盖梁支座垫石及挡块钢筋构造图》。
4、盖梁、墩柱、系梁、承台及桩均采用C30。
5、图中适用于左幅4～10号、右幅4～11号桥墩。
×××交通规划设计研究院
××至××高速公路 WYTJ－1合同段
ZK33+740
YK33+725
×××大桥 桥墩一般构造图(三)
设 计
复 核
审 核
图 号 S4-37-10
日 期 2016.10

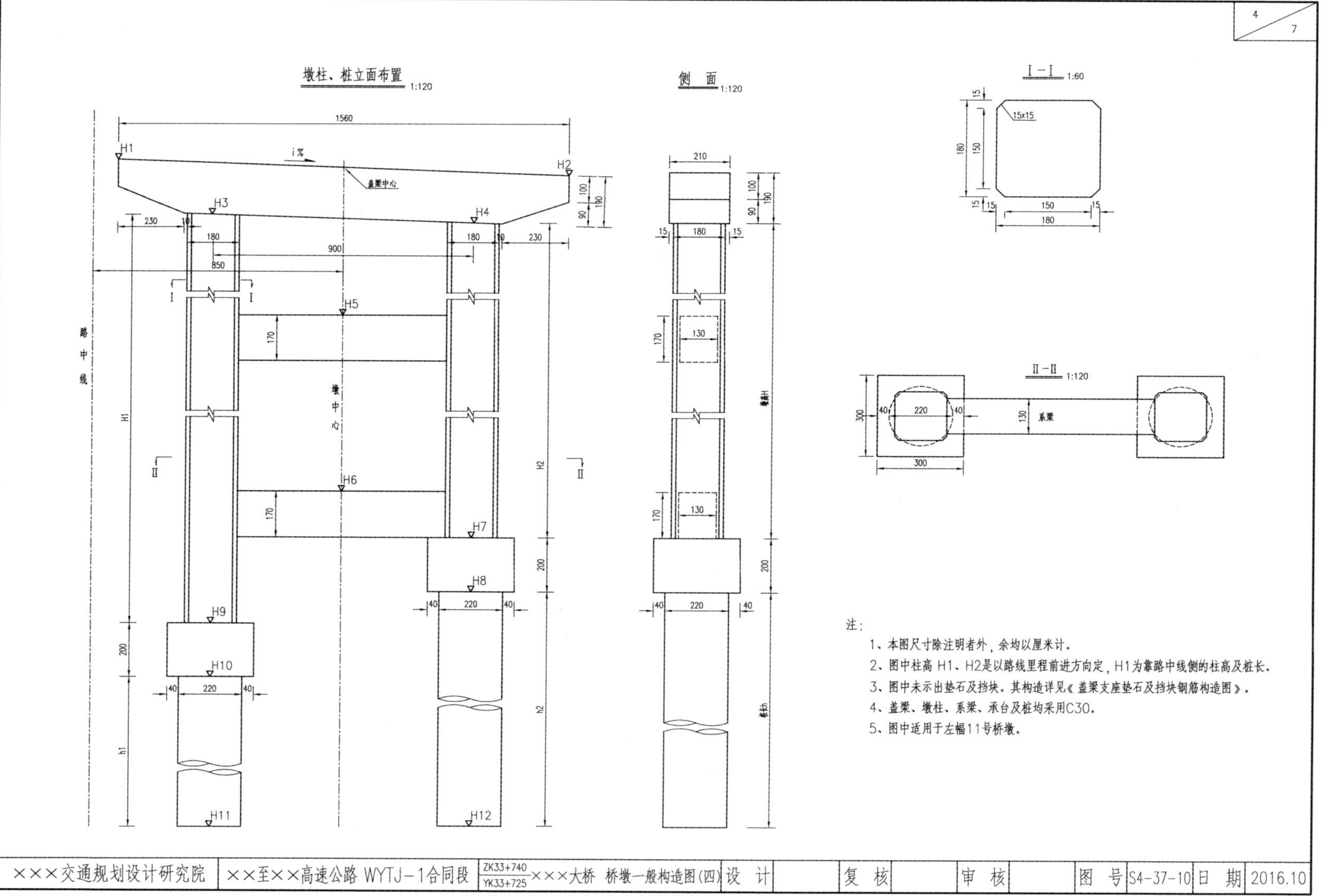

4
7
墩柱、桩立面布置 1:120
侧 面 1:120
I－I 1:60
II－II 1:120
1560
H1
H2
H3
H4
H5
H6
H7
H8
H9
H10
H11
H12
i％
盖梁中心
路中线
墩中心
系梁
230
180
900
850
170
200
220
40
210
100
90
190
15
130
150
15x15
300
H1
H2
h1
h2
墩高H
桩长h
注：
1、本图尺寸除注明者外，余均以厘米计。
2、图中柱高 H1、H2是以路线里程前进方向定，H1为靠路中线侧的柱高及桩长。
3、图中未示出垫石及挡块。其构造详见《盖梁支座垫石及挡块钢筋构造图》。
4、盖梁、墩柱、系梁、承台及桩均采用C30。
5、图中适用于左幅11号桥墩。
×××交通规划设计研究院
××至××高速公路 WYTJ－1合同段
ZK33+740
YK33+725
×××大桥 桥墩一般构造图(四)
设 计
复 核
审 核
图 号 S4-37-10
日 期 2016.10

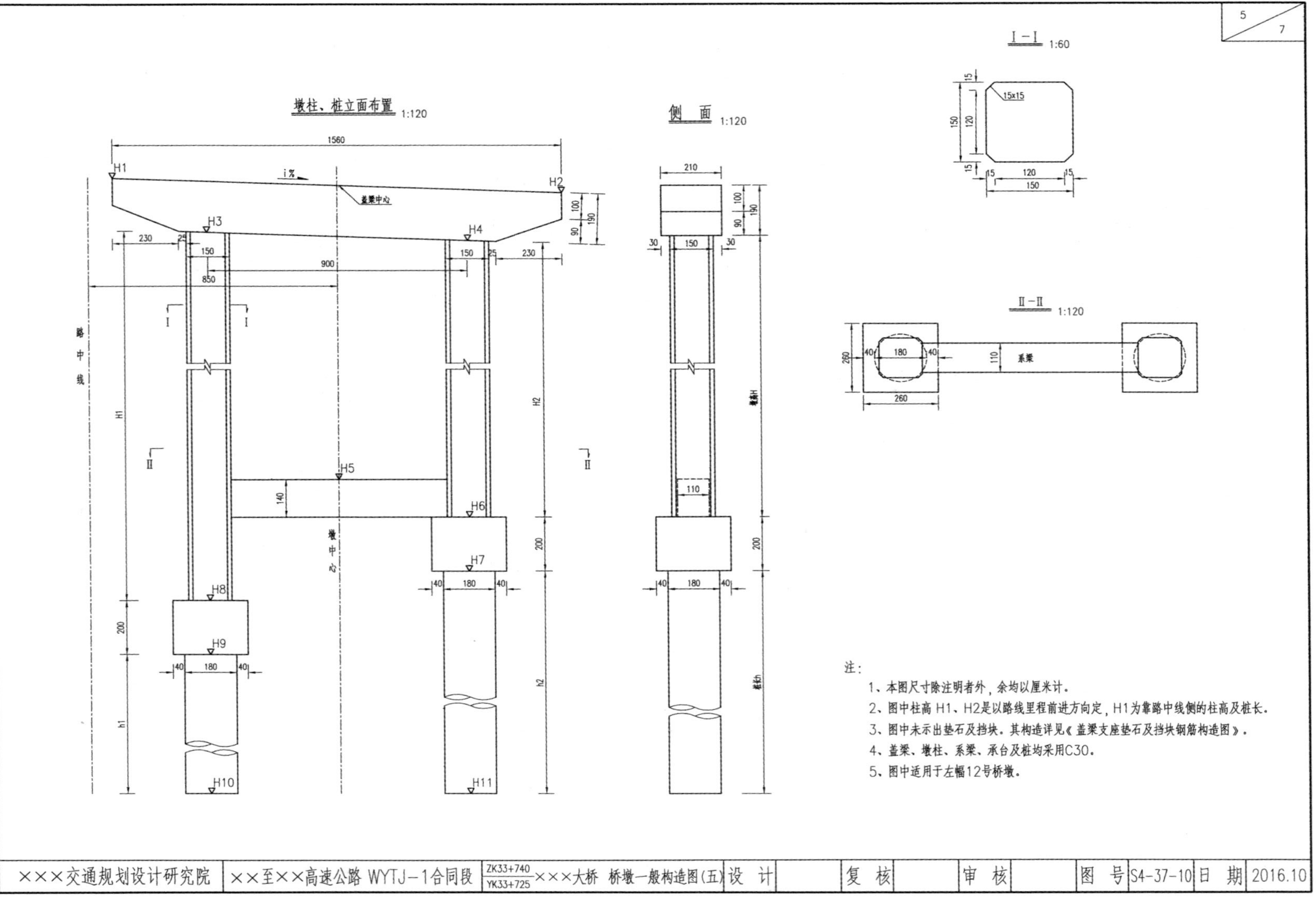

5
7
墩柱、桩立面布置 1:120
1560
H1
H2
i%
盖梁中心
H3
H4
230
25
150
900
850
路中线
H1
H2
Ⅰ
Ⅱ
H5
140
H6
墩中心
200
H7
40
180
H8
H9
h1
h2
H10
H11
侧面 1:120
210
100
90
190
30
150
墩高H
110
200
180
桩长h
Ⅰ-Ⅰ 1:60
15x15
15
120
150
Ⅱ-Ⅱ 1:120
260
系梁
注：
1、本图尺寸除注明者外，余均以厘米计。
2、图中柱高 H1、H2是以路线里程前进方向定，H1为靠路中线侧的柱高及桩长。
3、图中未示出垫石及挡块。其构造详见《盖梁支座垫石及挡块钢筋构造图》。
4、盖梁、墩柱、系梁、承台及桩均采用C30。
5、图中适用于左幅12号桥墩。
×××交通规划设计研究院
××至××高速公路 WYTJ-1合同段
ZK33+740
YK33+725
×××大桥 桥墩一般构造图(五)
设 计
复 核
审 核
图 号
S4-37-10
日 期
2016.10

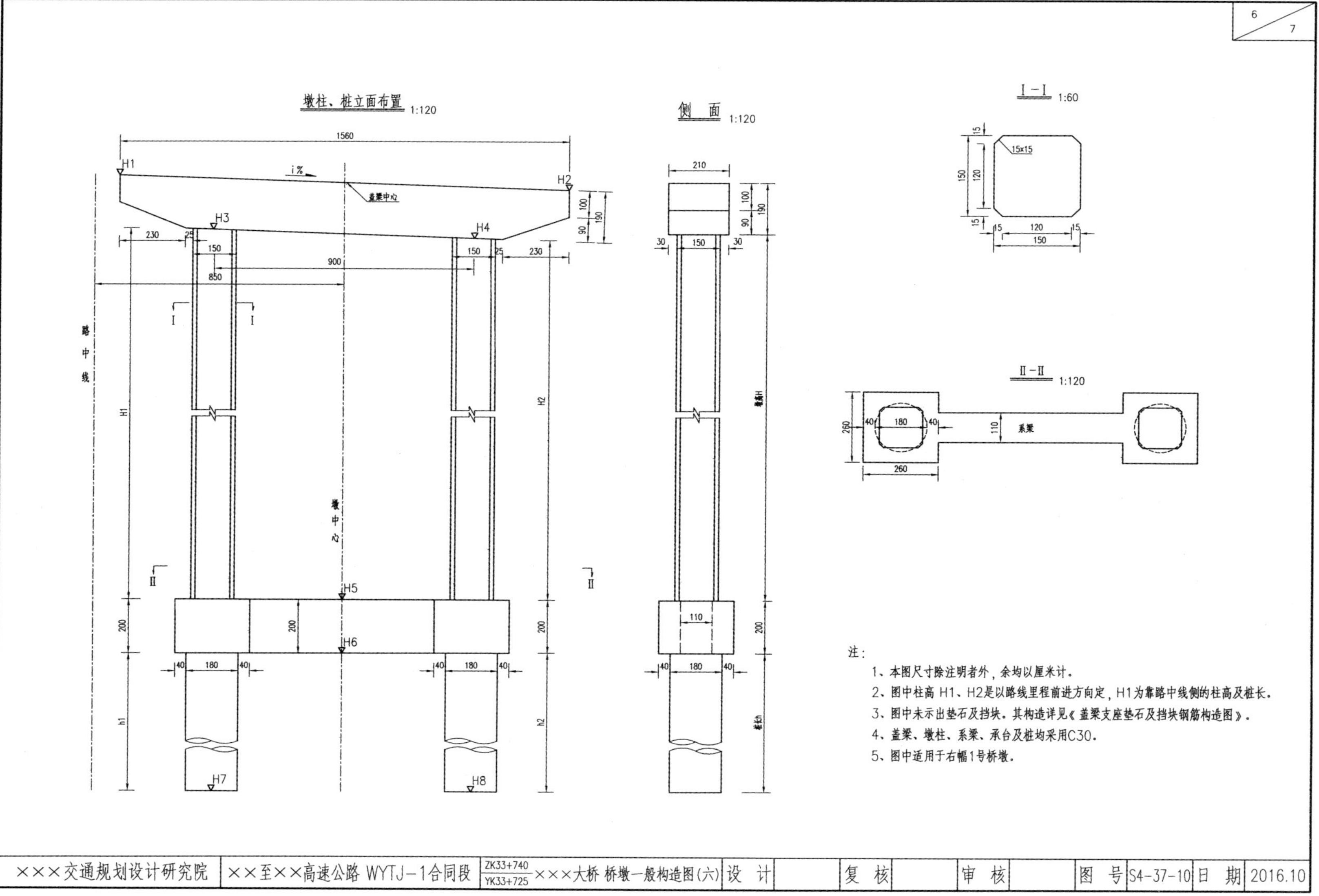
6
7
墩柱、桩立面布置 1:120
侧 面 1:120
I－I 1:60
II－II 1:120
1560
H1
H2
H3
H4
H5
H6
H7
H8
i%
盖梁中心
路中线
墩中心
系梁
15x15
注:
1、本图尺寸除注明者外，余均以厘米计。
2、图中柱高 H1、H2是以路线里程前进方向定，H1为靠路中线侧的柱高及桩长。
3、图中未示出垫石及挡块。其构造详见《盖梁支座垫石及挡块钢筋构造图》。
4、盖梁、墩柱、系梁、承台及桩均采用C30。
5、图中适用于右幅1号桥墩。
×××交通规划设计研究院
××至××高速公路 WYTJ－1合同段
ZK33+740
YK33+725
×××大桥 桥墩一般构造图(六)
设 计
复 核
审 核
图 号
S4-37-10
日 期
2016.10

永胜至宁蒗二级公路

K90+195.0 / 3-20m 预应力T形梁桥施工图设计

永胜至宁蒗二级公路

K90+195.0 / 3-20m 预应力T形梁桥施工图设计

目　录

图　号	图　名	图　号	图　名
	设计说明书	SIV-4-5(08/14)	盖梁钢筋构造图
SIV-4-5(01/14)	全桥工程材料数量表	SIV-4-5(09/14)	盖梁垫石挡块钢筋构造图
SIV-4-5(02/14)	桥位平面布置图	SIV-4-5(10/14)	桥墩墩柱、桩基钢筋构造图（1/2～2/2）
SIV-4-5(03/14)	桥型总体布置图(1/2～2/2)	SIV-4-5(11/14)	桥台一般构造图
SIV-4-5(04/14)	桥面放样坐标表表(1/2～2/2)	SIV-4-5(12/14)	台帽钢筋构造图
SIV-4-5(05/14)	上部构造各部尺寸表(1/3～3/3)	SIV-4-5(13/14)	台帽垫石挡块钢筋构造图
SIV-4-5(06/14)	桥墩台垫石高度及高程表	SIV-4-5(14/14)	桥台搭板构造图(1/2～2/2)
SIV-4-5(07/14)	桥面放样坐标表及各部尺寸表说明		

设 计 说 明

一、概述：

本桥位于永胜至宁蒗二级公路，桥位中心桩号K90+195.00，为路线跨越冲沟而建，本桥上部构造设计为3孔20米（路中线处）T形梁桥，采用3×20桥面连续结构简支体系，下部桥墩为双柱墩下配独立钻孔灌注桩，桥台为重力式桥台。

本桥平面上位于曲线段内，立面上桥跨位于 i=-3.1%的坡段上；竖曲线半径 R=11000 米；超高:0%;加宽:0 米。ZH:K90+235.00；HY:K90+245.00；YH:K90+252.45；HZ:K90+262.45；本桥在两端桥台分别设置一道异型钢单缝式 80 型伸缩缝(见总体布置图)，全桥共计 2 道伸缩缝。本桥在设置伸缩缝端采用 $GYZF_4$ φ350×87 支座，在其余墩顶桥面连续简支端采用 GYZ φ350×85 支座。

二、设计规范与技术标准：

（一）设计规范：

1. 《公路工程技术标准》（JTG B01—2003）
2. 《公路桥梁抗震设计细则》（JTG B02—01—2008）
3. 《公路路线设计规范》（JTG D20-2006）
4. 《公路工程水文勘测设计规范》（JTG C30-2003）
5. 《公路桥涵设计通用规范》（JTG D60—2004）
6. 《公路圬工桥涵设计规范》（JTG D61—2005）
7. 《公路钢筋混凝土及预应力混凝土桥涵设计规范》（JTG D62—2004）
8. 《公路桥涵地基与基础设计规范》（JTG D63-2007）
9. 《公路桥梁抗风设计规范》（JTG D60-01-2004）
10. 《公路桥梁板式橡胶支座》（JT/T4-2004）
11. 《公路桥梁板式橡胶支座规格系列》（JT/T663-2006）
12. 《公路桥梁伸缩缝装置》（JT/T327-2004）
13. 《公路桥涵施工技术规范》（JTG/T F50—2011）

（二）技术标准：

1. 汽车荷载：公路—II 级。
2. 设计车速：V=60km/h。
3. 桥梁标准宽度：净 9.5+2×0.5 米防撞护栏。
4. 车道数：双向两车道。
5. 地震动峰值加速度：0.2g；地震设防烈度：Ⅷ。

三、区域地形、地貌、气候、水文、地质：

路线通过区段地处横断山脉和滇西北高原两个地貌单元，属三江并流的边缘地区，有江、河、湖泊、山原、盆地（坝子）、河谷等多种地貌类型。地势北高，南低。山峰林立多为南北走向，沟壑交错，属典型山原地貌。 路线最高处为白岩子山主峰海拔4510.3米。最低处为新田河门口金沙江畔，海拔1056米。

气候属低纬高原季风区，干湿季分明。由于路线内海拔高差大，加之错综复杂的地貌，在不同的海拔区域有高寒、冷凉、低热、金沙江亚热带等多种气候类型，是典型的立体气候。总体上是：冬春干旱，夏秋多雨，南部热旱，北部暖湿，年际温度变化小，降水时空变化大。全年太阳总辐射量136.2千卡／平方厘米，日照时数为2403.6小时，光照充足，年均降雨量920毫米，年均日照2298小时，年均无霜期190天，年均气温12.7℃。

桥位区段内上覆地层为第四系冲洪积褐黄、褐红色卵石土,稍密，湿；厚度1.60米。承载力基本容许值300KPa，摩阻力标准值80KPa。下伏基岩为下第三系（E2）紫红色泥岩：中厚层状构造；岩石较破碎，节理裂隙发育。强风化，呈碎石、碎块状；承载力基本容许值400kPa，摩阻力标准值60kPa。

四、通用图采用情况：

本桥上部构造采用永胜至宁蒗二级公路《20 米桥面连续简支 T 形梁上部构造通用图》（YNGL—SJT210-20-5）。

五、主要材料：

1. 混凝土：预制 T 形梁、横隔板、翼板湿接头采用 C50；伸缩缝预留槽采用 C50 钢纤维混凝土；桥面铺装现浇层混凝土(厚 10cm)采用 C50；桥面铺装采用沥青混凝土；墩柱、盖梁、台帽、挡块、垫石及桩基采用 C30；防撞护栏、搭板采用 C25，其中水中桩基采用水下 C30。

2. 预应力钢绞线：采用符合GB/T 5224-2003标准高强度低松驰预应力钢绞线。公称直径 ϕ^s15.2（7φ5）mm，公称面积 140mm²，抗拉强度标准值 f_{pk} = 1860Mpa，弹性模量 E_p = 1.95×10⁵ Mpa。。

3. 锚具及管道成孔：所采用的锚具应满足设计要求，并应符合公路桥涵施工技术规范（JTG/T F50—2011）第 7.3 条的规定。钢束成孔方式均采用塑料波纹管。波纹管材料的物理力学指标应符合交通行业标准《预应力混凝土桥梁用塑料波纹管》（JT/T 529-2004）的规定。T 形梁梁肋内预应力锚具采用 15-6 型和 15-5 型，波纹管内径为 φ70mm 和 φ55mm。

4. 普通钢筋采用热轧 HPB235、HRB335 钢筋，钢筋的主要技术性能必须符合国家标准 GB1499.2—2007、GB 1499.1-2008 的有关规定。

5. 冷轧带肋钢筋：桥面现浇层中采用 CRB550 级 ϕ^R10mm 冷轧带肋钢筋。

6. 钢板：应符合国家标准《碳素结构钢》GB/T700 规定的 Q235 钢。

7. 支座：采用圆形板式氯丁橡胶支座，规格 $GYZF_4$ φ350×87 支座、GYZ φ350×85mm。必须符合交通行业标准 JT/T4-2004、JT/T 663-2006 的要求。

8. 伸缩缝：采用异型钢单缝式伸缩缝 80 型伸缩缝）必须符合交通行业标准 JT/T 327-2004 的要求。

9. 石料：块石采用不小于 MU40，片石采用不小于 MU30。

10. 砂浆：砌筑砂浆勾缝砂浆均采用 M10。

六、设计要点：

(一) 上部构造：

1. 本桥上部构造为 1 联 3 孔 20 米预应力 T 形梁桥，采用 3×20 桥面连续简支体系。

2. 本桥 T 形梁采用长短梁方式布置，T 形梁设计要点详见永胜至宁蒗二级公路《20 米桥面连续简支 T 形梁上部构造通用图》(YNGL—SJT210-20-5) 中通用图设计总说明。

(二) 下部构造：

1. 墩盖梁及台帽均按径向方向设置，每个墩台设支座垫石、防震挡块。

2. 墩台桩基按摩擦桩设计，本图各桩基均考虑地面线以下 2 米范围内为冲刷层，不考虑桩基的摩擦力，图中所示桩长为本桥最低有效桩长，施工时在地质无较大变化的前题下，有效桩长不应低于图中所示桩长值，桩长地质发生重大改变应通告设计方同意，方可下基。若施工过程中，桩基嵌入弱风化完整基岩，此时可改为嵌岩桩，桩长根据实际情况调整，但应保证嵌入弱风化完整基岩的深度不小于 5 米，且应满足承载力和墩顶位移的要求。如改挖孔桩应增长 15%有效桩长，在保证无较大地质病害后方可下基。

3. 本桥对于桥台挡墙均给出了地基承载力的要求，只有在确保地基承载力要求和基底无不良地质的前提下方可施工，对于地基承载力达不到要求的须采取有效措施进行地基处理。

七、施工要点：

(一) 上部构造：

1. 本桥采用桥面连续简支 T 形梁为上部构造，T 形梁体为预应力后张构件，施工时应严格按永胜至宁蒗二级公路《20 米桥面连续简支 T 形梁上部构造通用图》(YNGL—SJT210-20-5) 中有关说明及要求办理。

2. 本桥平面位于曲线上，下部桥墩按径向布置，上部构造梁采用长短梁方式设计，施工时应注意为梁段编号，并严格按《上部构造各部尺寸表》中数据进行放样及施工。

3.《上部构造各部尺寸表》中预制梁长指梁体轴线长，C 指梁体间距，为垂直距离，悬臂值指梁轴线到内(外)路基边沿线的距离，2-7 点为垂直距离，1 点和 9 点为径向距离，端头角为梁体预制时端头与轴线的垂线的夹角。

4. 预应力筋采用张拉力和伸长值双控张拉施工，张拉锚下控制应力按永胜至宁蒗二级公路《20 米桥面连续简支 T 形梁上部构造通用图》(YNGL—SJT230-20-5) 图中数据办理，伸长值则根据施工时钢铰线张拉长度另行计算。

5. T 形梁肋内预应力锚具采用 15-6 型和 15-5 型锚具，波纹管内径为 φ70mm 和 φ55mm，与张拉配套设备技术请参看所选锚具厂家的相关材料。

6. 梁体预制混凝土实际立方强度应不低于设计标号的 90%且龄期不小于 10 天可进行预应力张拉，张拉完成后 24 小时内必需压浆。

7. 当设置伸缩缝时，相应预制梁端部需预埋其锚固钢筋，有关构造尺寸详见永胜至宁蒗二级公路《20 米桥面连续简支 T 形梁上部构造通用图》(YNGL—SJT210-20-5)。

8. 预应力混凝土预制梁存梁时间不宜大于 60 天，否则可能产生过大的反拱度。

9. 整体化现浇混凝土顶面采用喷涂防水材料作为防水层。

10. 桥面铺装、桥面顶板等桥梁通用图中，只绘出了通用桥宽下的结构形式和数量，对于各桥跨径内不同的桥宽，应根据实际的宽度以标准宽度的通用图为依据，对钢筋间距、长度、根数作适当的调整，以满足实际的桥宽需要，其增加的工程数量已分别计列在各座桥梁的数量表之中。

11. 本桥桥面采用 10 厘米厚的沥青混凝土铺装，最薄处不小于 8 厘米。

12. 在桥台胸墙与梁之间用沥青油毛毡或橡胶填塞，以缓和冲击作用。

13. 其他上部构造施工过程要点严格按照永胜至宁蒗二级公路《20 米桥面连续简支 T 形梁上部构造通用图》(YNGL—SJT210-20-5) 中有关说明及要求办理。

(二) 下部构造：

1. 钢筋混凝土钻孔桩，在冲孔完毕及清孔后，应进行质量检查，其允许偏差应符合部颁《公路桥涵施工技术规范》的要求。

2. 为便于吊装，钢筋笼骨架可分节吊装，就地焊接，并注意主筋对准，轴线一致，焊接质量须经检验。

3. 盖梁及台帽顶的垫层必须保持平整、清洁，混凝土桥台施工时，应根据伸缩缝构造详图在胸墙内预留相应的伸缩缝锚固钢筋，并预留一定的高度与伸缩缝混凝土一起浇筑。

4. 考虑到温差对预制梁的影响，台帽及盖梁处挡块与预制梁之间均预留沉 5 厘米空隙，但施工时必须严格按照桥面坐标实施。

5. 所有桥台侧墙尾与过渡段挡墙相接处，以及过渡段挡墙与路基挡墙相接处，锥坡后缘与路基挡墙相接处，均应设置沉降缝。

6. 基坑开挖时，若为岩石地基应清除表面风化部分，地基表面大致修凿平整，砌筑基础时，底面接触密实，必要时基础底层可采用 C20 以上混凝土灌筑，对卵石或砂土地基，开挖时应保持地基面不受扰动，并视情况予以夯实加强。此外，基坑开挖后若地层有变化，达不到设计图纸所要求的地基承载力，或遇到其它特殊情况，如溶洞、软土、膨胀土等，均应对地基进行处理，使之满足设计图纸的要求时，方能在上砌筑基础。另外，回填土宜用砂类土，不得用腐植土、耕作土，若采用一般粘性土，应做好排水处理。

八、其它注意事项：

1. 本桥高程采用路线高程系统，施工时应核对好中线距离及水准点高程，各部放样时核对好有关尺寸，再进行施工。

2. 浇筑盖梁时应结合上部构造梁靴底面高程，核对好盖梁标高后再进行施工，桥台回填应分层夯实。

3. 本桥设计图中提供了两种确定桩基位置的数值（桩基对应中线里程+桩基到中线距离；桩基中心座标）；施工时建议用先放出桩基对应中线里程，再在横断方向按图中提供的桩基到中线距离放出桩基中心，后再用按图中提供桩基中心座标进行复核。.

4. 施工前，施工、监理单位应认真阅读全套图纸，理解设计意图，施工过程中应注意控制标高，若发现实际地形、地质与设计文件不符时，请与设代或设计单位联系以便协商处理。

5. 未尽事宜请严格按《公路桥涵施工技术规范》及《公路工程质量检验评定标准》执行。

全桥上部构造工程数量表

材料 / 项目	混凝土(m3)				沥青混凝土	ϕ^s15.2	HRB335钢筋（kg）							HPB235钢筋（kg）		CRB550	钢板（kg）			钢管及五金铁件（kg）、块						锚具（套）		
	预制C50	现浇C50	现浇钢纤维C50	现浇25	凝土(m3)	钢绞线(kg)	φ28	φ25	φ20	φ16	φ14	φ12	φ10	φ10	φ8	ϕ^R10	□800×480×20			φ50×3钢管	φ40连杆	M36螺母	M36垫圈	φ200垫块（块）	橡胶带垫层dm³	OVM15-5	OVM15-6	OVM15-7
预制T型梁	262.93					5364.93		10179		3351		1078	8109		4291.1											78	12	
行车道板		34.863								6244.3	17959	4360																
横隔板								7344					1650															
预埋件									112.2								964.6											
墩纵横连接构造										14.92										10.02	101	9.18	1.38	8	60			
桥面连续										910					234													
桥面铺装		63			57							609.8				6386.8												
墙式护栏				48.6								4308			1036.5													
支　座																												
伸缩缝			2.436							721.41																		
泄水管																												
合计	262.93	97.863	2.436	48.6	57	5364.93		17523	112.2	11242	17959	10356	9759		5561.6	6386.8	964.6			10.02	101	9.18	1.38	8	60	78	12	

全桥上部构造工程数量表

材料 / 项目	波纹管（m）			橡胶支座（块）			橡胶垫层(dm3)	铸铁泄水管		防水材	收缩缝（m）		铝板（块）			垫圈（个）		砼射钉	防震系钢管（kg）				PVC	波纤格	钢丝	碎石	其它	
	φ50/2.5	φ60/2.5	OVMSB GB-60	GYZφ450×99	GYZφ350×85	GYZF$_4$φ350×87	200×408 δ=20	套数（套）	重量（kg）	料（m²）	FD-80型	QMSF-160型	□120×460	□260×460		φ18	φ36	M8	φ110×1500	φ250×240	φ50×3		管栅 套	栅（m²）	网（m²）	盲沟（m²）		
预制T型梁	771.72	118.98																										
行车道、湿接缝																												
横隔板																												
预埋件																												
墩纵横连接构造																												
桥面连续							46.75																					
桥面铺装										570																		
墙式护栏																												
支　座					20																							
伸缩缝											21			8														
泄水管								15	299																			
合计	771.72	118.98			20		46.75	15	299	570	21			8														

附注：表中未注明尺寸单位的材料型号详见各细部构造图

编制：　　复核：　　审核：

全桥下部构造工程数量表

材料 / 项目		混凝土 (m³)				ϕ^S15.2钢绞线	锚具	波纹管	声测管	橡胶垫块	HRB335钢筋 (kg)								R235钢筋 (kg)		桩长 (m)		圬工体积 (m³)				挖基、回填 (m³)		
		现浇C50	现浇C40	C30	C25	(kg)	OVM15-18 (套)	Φ100 (m)	Φ57 (m)	(dm³)	Φ32	Φ28	Φ25	Φ22	Φ20	Φ16	Φ14	Φ12	Φ10	Φ8	陆上	水中	C25片石砼	M10浆砌片石	M10浆砌块石	M10抹面	回填土	土方	石方
桥墩	盖梁			54.2								5550						365	1356.6										
	挡块垫石			7.3												493.2		115	405.4										
	空心方墩																												
	圆柱墩			47.43								5358.5		216.17					751.48										
	系梁			20.86												1326.9		558.1											
	承台																												
	桩基Φ150			198.24					1423			12313		663.07		505.09			1696.56										
	桩基Φ160																												
	桩基Φ170																												
柱式台或肋板台	台帽																												
	肋板																												
	承台																												
	桩基Φ150																												
	桩基Φ160																												
	耳墙、背墙牛腿																												
	搭板				31.824									3640.4				965.4		20.5									
U型或L台	台帽			60.2													145	1358		525.6									
	挡块垫石																												
	台身																							447.3	298.3				
	台基																						435.3				536.6	774.1	633.5
	护墙基座																						12.2						
	搭板及腿牛																												
附属工程	锥坡																												
	挡墙																												
	改沟、改河																												
	改路																												
合计		0	0	388.23	31.824	0	0	0	1422.7	0	0	23222	0	4519.6	0	2325.2	145	3361	4210.04	546.1	0	0	447.5	447.3	298.3	0	536.6	774.1	633.5

附注：表中未注明尺寸单位的材料型号详见各细部构造图

编制：　复核：　审核：　2010.09

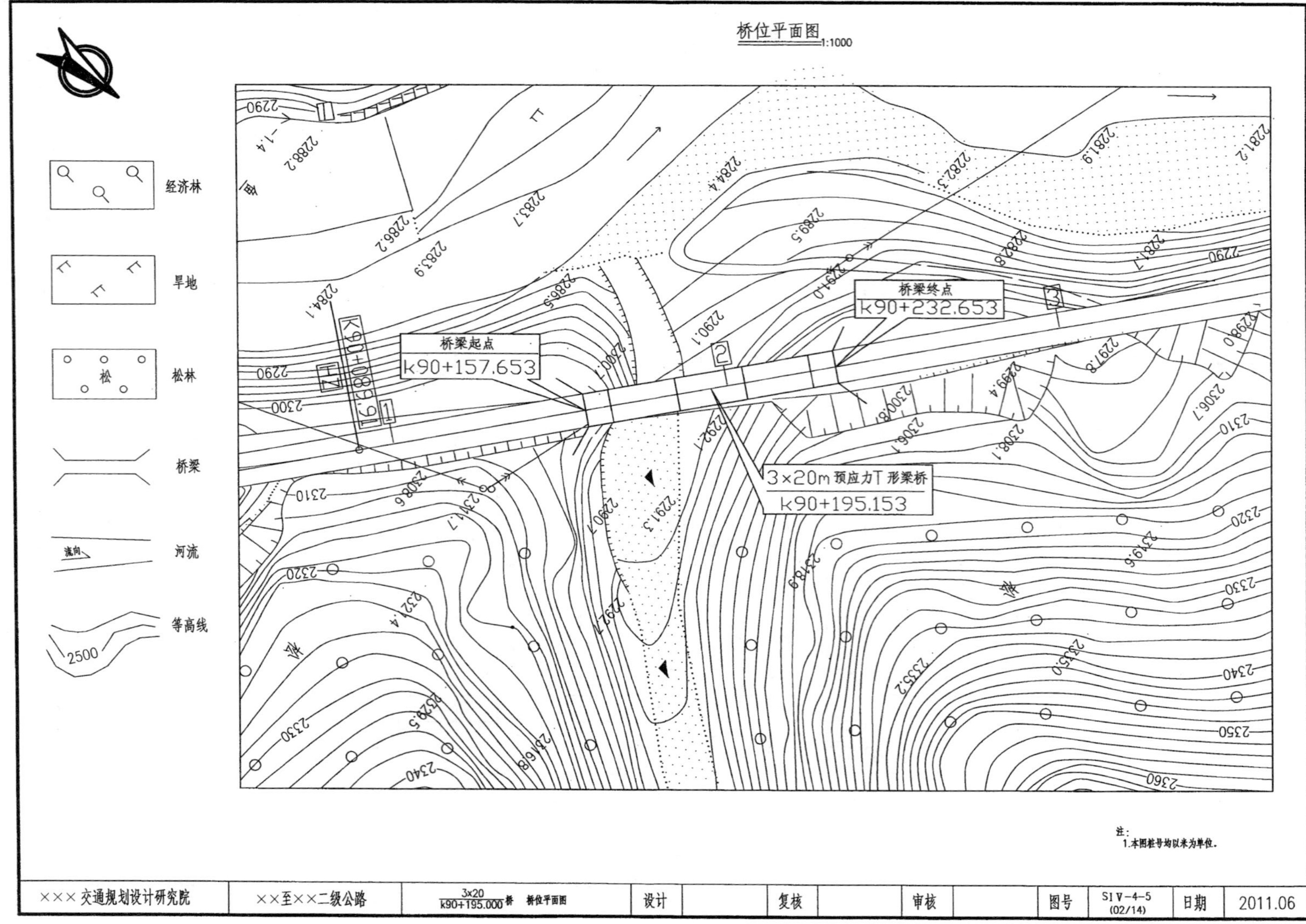
桥位平面图 1:1000
经济林
旱地
松林
桥梁
河流
等高线
桥梁起点
k90+157.653
桥梁终点
k90+232.653
3×20m 预应力T形梁桥
k90+195.153
K90+089.91
注：
1.本图桩号均以米为单位。
×××交通规划设计研究院
××至××二级公路
3x20
k90+195.000桥
桥位平面图
设计
复核
审核
图号
SIV-4-5
(02/14)
日期
2011.06

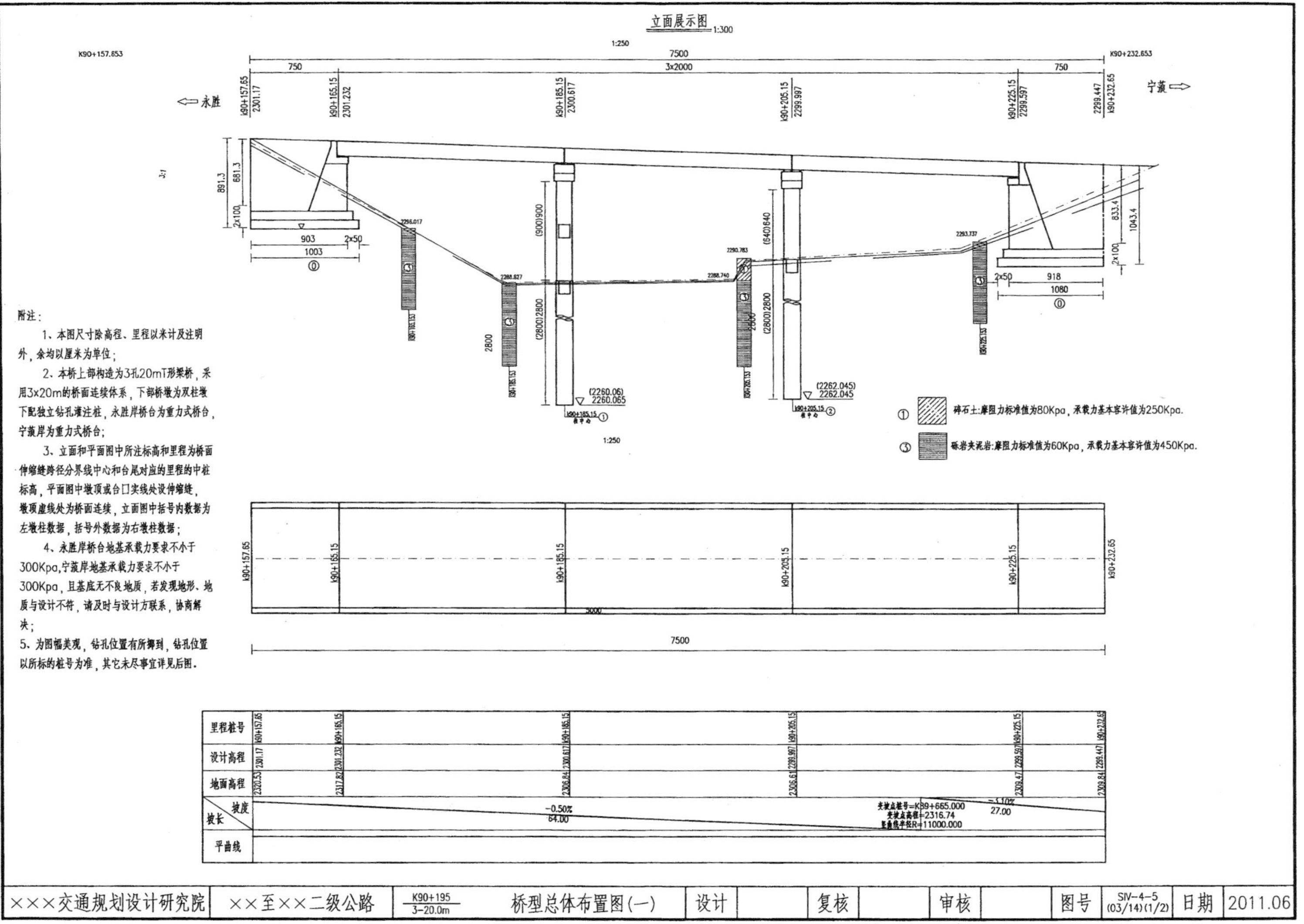

附注：

1、本图尺寸除高程、里程以米计及注明外，余均以厘米为单位；

2、本桥上部构造为3孔20mT形梁桥，采用3x20m的桥面连续体系，下部桥墩为双柱墩下配独立钻孔灌注桩，永胜岸桥台为重力式桥台，宁蒗岸为重力式桥台；

3、立面和平面图中所注标高和里程为桥面伸缩缝跨径分界线中心和台尾对应的里程的中桩标高，平面图中墩顶或台口实线处设伸缩缝，墩顶虚线处为桥面连续，立面图中括号内数据为左墩柱数据，括号外数据为右墩柱数据；

4、永胜岸桥台地基承载力要求不小于300Kpa,宁蒗岸地基承载力要求不小于300Kpa，且基底无不良地质，若发现地形、地质与设计不符，请及时与设计方联系，协商解决；

5、为图幅美观，钻孔位置有所挪到，钻孔位置以所标的桩号为准，其它未尽事宜详见后图。

里程桩号	k90+157.65	k90+165.15	k90+185.15	k90+205.15	k90+225.15	k90+232.65
设计高程	2301.17	2301.232	2300.617	2299.997	2299.597	2299.447
地面高程	2320.53	2317.82	2306.84	2306.61	2309.47	2309.84
坡度 / 坡长	-0.50% 64.00			变坡点桩号=K89+665.000 变坡点高程=2316.74 竖曲线半径R=11000.000	-1.10% 27.00	
平曲线						

×××交通规划设计研究院	××至××二级公路	K90+195 3-20.0m	桥型总体布置图(一)	设计		复核		审核		图号	SIV-4-5 (03/14)(1/2)	日期	2011.06

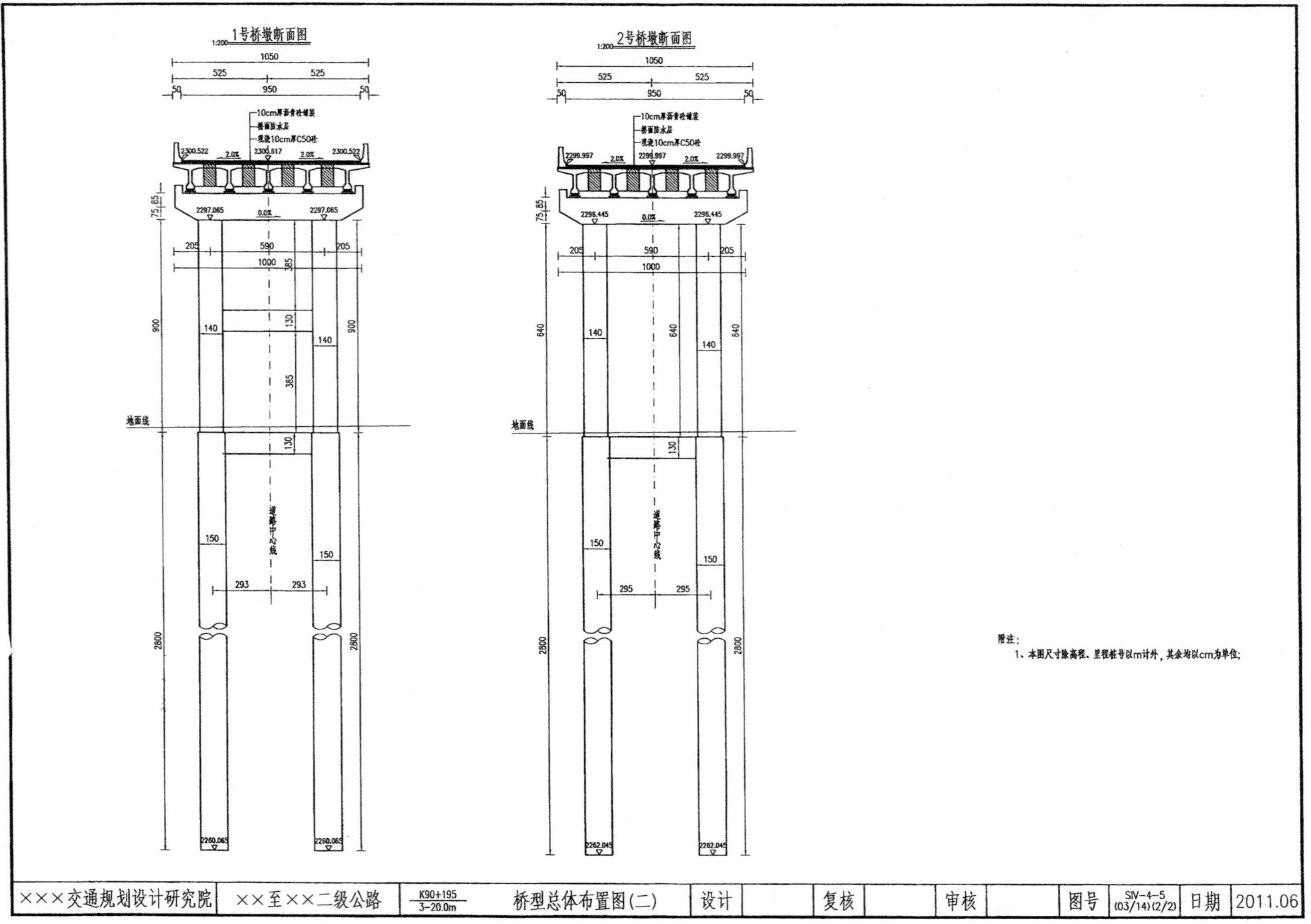

1:200 1号桥墩断面图
1:200 2号桥墩断面图
10cm厚沥青砼铺装
桥面防水层
现浇10cm厚C50砼
地面线
道路中心线
附注：
1、本图尺寸除高程、里程桩号以m计外，其余均以cm为单位；
×××交通规划设计研究院
××至××二级公路
K90+195
3-20.0m
桥型总体布置图(二)
设计
复核
审核
图号
SⅣ-4-5
(03/14)(2/2)
日期
2011.06

墩柱、桩及系梁尺寸表

墩位	柱高 (cm)	桩长 (cm)	系梁个数 (个)	系梁净距L (cm)	p	k	n	n'	m	m'
1号墩左侧	900	2800	2	440	22	30	15	102	5	13
1号墩右侧	900	2800				30	15	102	5	13
2号墩左侧	640	2800	1			21	11	102	4	13
2号墩右侧	640	2800				21	11	102	4	13
合 计	3080	11200	3			102	52	408	18	52

全桥墩柱、桩基及系梁工程数量表

部位	直径 (mm)	总长 (m)	单位重 (kg/m)	总重 (kg)	混凝土 (m^3)
墩柱	Φ28	1109.5	4.83	5358.7	C30：47.4
	Φ22	72.5	2.98	216.2	
	Φ10	1218.0	0.617	751.5	
桩基	Φ28	2549.2	4.83	12312.8	C30：198.2
	Φ22	393.6	2.98	1173.0	
	Φ16	319.7	1.58	505.1	
	Φ10	2749.7	0.617	1696.6	
	声测管Φ57x3.5	337.2	4.223	1424.0	
系梁	Φ16	775.2	1.58	1224.8	C30：18.5
	Φ12	559.7	0.888	497.0	

附注：表中各变量的含义及其计算公式见《墩柱、桩基钢筋构造图(一)》中附注5中说明。

×××交通规划设计研究院	××至××二级公路	K90+195.00 墩柱、桩基钢筋构造图(二)	设计		复核		审核		图号	SIV-2-1 (10/14)(2/2)	日期	2011.06

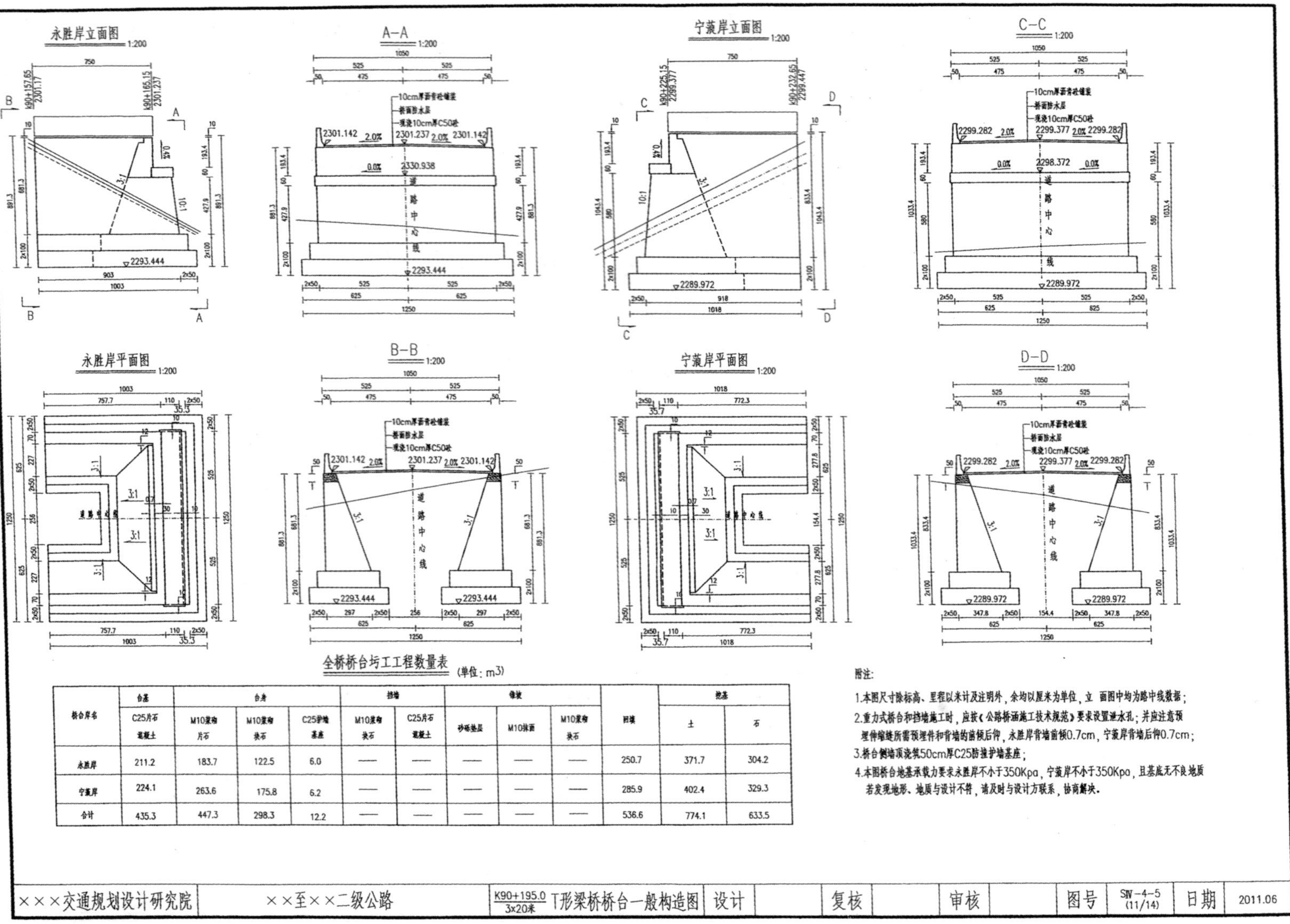

全桥桥台圬工工程数量表 (单位: m3)

桥台岸名	台基	台身			挡墙		锥坡			回填	挖基	
	C25片石混凝土	M10浆砌片石	M10浆砌块石	C25护墙基座	M10浆砌块石	C25片石混凝土	砂砾垫层	M10抹面	M10浆砌块石		土	石
永胜岸	211.2	183.7	122.5	6.0	—	—	—	—	—	250.7	371.7	304.2
宁蒗岸	224.1	263.6	175.8	6.2	—	—	—	—	—	285.9	402.4	329.3
合计	435.3	447.3	298.3	12.2	—	—	—	—	—	536.6	774.1	633.5